财政部规划教材
全国高职高专院校财经类教材

财经应用文写作

李延玲　主　编
曹辰波　任丽英　副主编

中国财经出版传媒集团
中国财政经济出版社

图书在版编目（CIP）数据

财经应用文写作 / 李延玲主编. —北京：中国财政经济出版社，2018.7
财政部规划教材　全国高职高专院校财经类教材
ISBN 978 – 7 – 5095 – 8315 – 9

Ⅰ.①财…　Ⅱ.①李…　Ⅲ.①经济 – 应用文 – 写作 – 高等职业教育 – 教材　Ⅳ.①H152.3

中国版本图书馆 CIP 数据核字（2018）第 134770 号

责任编辑：马立祥　　　　　　责任校对：杨瑞琦
封面设计：孙俪铭

中国财政经济出版社出版

URL：http://www.cfeph.cn
E – mail：cfeph@cfeph.cn

（版权所有　翻印必究）

社址：北京市海淀区阜成路甲28号　邮政编码：100142
营销中心电话：010 – 88191537　北京财经书店电话：64033436　84041336
北京鑫海金澳胶印有限公司印刷　各地新华书店经销
787×1092 毫米　16 开　14 印张　334 000 字
2018 年 8 月第 1 版　2020 年 8 月北京第 4 次印刷
定价：33.00 元
ISBN 978 – 7 – 5095 – 8315 – 9
（图书出现印装问题，本社负责调换）
本社质量投诉电话：010 – 88190744
打击盗版举报热线：010 – 88191661　　QQ：2242791300

编写说明

本书是财政部规划教材,由财政部教材编审委员会组织编写并审定,作为全国高职高专院校财经类教材使用。

在当今的经济生活中,公文的书写、传递与处理工作十分繁杂,它是现代企业管理并维系业务往来的一个重要组成部分,所以财经类应用文书的写作,不仅反映了写作者的知识水平、专业水平和管理水平,还体现着企业的形象、文化和工作效率,在企业的经营与管理中起着极为重要的作用。

近年来,高职院校越来越注重学生财经应用文写作能力的培养,主要是为了实现高职教育培养高素质技能型人才的需要。所谓"高素质技能型",不仅仅指专业知识和技能,也包含学生的写作知识和写作技能。无论是从高职教育人才培养目标来看,还是从高职院校学生毕业后的职业发展需要出发,都需要培养学生的写作能力。

本教材以类定章,有公务类文书、财经事务类文书、商务类文书、财经社交类文书、财经报告类文书、财经传播类文书、财经诉讼类文书、财经新媒体类文书等8大类,加绪论共9章。本书每一章采用统一的格式,内容丰富、阐述有序、案例新颖、见解独到。在编写体例上考虑到学生的认知特点,每一章之前设有"知识导读",每章后设有"拓展练习",充分体现了高职院校应用文写作教学"以学生为主,以实际操练为主"的特点。

本教材由郑州财税金融职业学院的一线教师们共同组稿完成。具体章节的分工如下:全书由李延玲担任主编,负责拟定编写大纲、统稿、定稿,并编写了第一章绪论;于瑜、曹辰波编写了第二章;任丽英编写了第三章;曹辰波编写了第四章;王欣欣编写了第五章;乔增辉编写了第六章;刘雪平编写了第七章;李森编写了第八章和第九章。

本书为用书学校任课老师提供了课后习题答案和电子课件,如有需要,请登录中国财经教育网(http://cjjc.cfeph.cn 或 www.zgcjjy.com)下载,或通过 caijingjiaocai@163.com 索取。

在编写过程中,我们借鉴参考了有关著作和教材资料,在此我们向相关的编者、作者表示深深的感谢。本教材既可作为财经专业基础课教材,也可作为普通高等学校公共课教材。由于编者水平有限,加之时间仓促,不妥之处在所难免,衷心希望广大读者批评指正!

编 者

2018年6月

目 录

第一章 绪论 ... 1

第一节 财经应用文概述 ... 1

第二节 财经应用文写作 ... 5

第二章 财经公务文书写作 ... 14

第一节 财经公务文书概述 ... 14

第二节 公告、通知、通告的写作 ... 22

第三节 请示、批复的写作 ... 33

第四节 通报、报告的写作 ... 37

第五节 意见、决议、决定、公报的写作 ... 42

第六节 命令、议案、函、会议纪要的写作 ... 54

第三章 财经事务文书写作 ... 63

第一节 条据的写作 ... 63

第二节 计划与总结的写作 ... 65

第四章 财经商务文书写作 ... 74

第一节 招投标书的写作 ... 75

第二节 商洽往来信函的写作 ... 80

第三节 经济合同的写作 ... 87

第四节 索赔函与理赔函的写作 ... 92

第五章 财经社交文书写作 ... 97

第一节 简历与求职信的写作 ... 97

第二节 邀请函与聘书的写作 ... 103

第三节 感谢信与贺信的写作 ... 108

第四节 介绍信与证明信的写作 ... 113

第六章 财经报告文书写作 ... 119

第一节 市场调查报告的写作 ... 119

第二节 财务分析报告的写作 ... 124

第三节 财务预算报告的写作 ... 128

第四节 财务审计报告的写作 ... 131

第五节 营销策划报告的写作 ... 135

目录

第六节 学习实践报告的写作 — 139

第七章 财经传播文书写作 — 145

第一节 产品说明书的写作 — 145

第二节 广告文案的写作 — 149

第三节 财经新闻报道的写作 — 153

第四节 财经论文的写作 — 157

第八章 财经诉讼文书写作 — 166

第一节 仲裁申请书与答辩书的写作 — 167

第二节 纠纷起诉书与答辩书的写作 — 174

第九章 财经新媒体文案写作 — 181

第一节 微信营销账号文案写作 — 182

第二节 微博营销账号文案写作 — 194

第三节 电子邮件文案写作 — 205

附录

中共中央办公厅 国务院办公厅关于印发《党政机关公文处理工作条例》的通知 — 209

第一章 绪论

知识导读

党政机关、群众团体、企事业单位及其管理部门乃至个人，都离不开请示汇报工作、交流情况、调查研究、总结经验，并就自己职权范围内的有关事宜，作出决定，下达指示。把这些工作的意图、设想、过程、结果等，用书面语言表现出来的具有直接实用价值和一定惯用体式的文书，通常称为应用文，如公文、书信、报告、条据等。

随着我国工作重心转移到经济建设上，人们的生活更频繁、更紧密地与经济活动相联系。在内部经济管理运作及日常经济交往活动中，需要申报建设项目、了解经济信息、谋求内外沟通、预测市场趋势、交流经营管理经验、宣传企业、推销产品、树立企业和企业家形象等，使诸如"市场调查与预测报告"、"财经活动分析报告"、"会展策划书"、"财经合同"、"企业所得税减免申请书"等专用于经济活动中的应用文得到更广泛频繁的使用，占据了实用应用文的相当大比例，对经济活动起着极为重要的作用。因此，掌握财经应用文的写作要领，才能更快、更好地为经济工作服务。

第一节 财经应用文概述

一、财经应用文的产生和发展

我国财经应用文发展和应用写作的历史悠久，影响深远，具有极大的学习和使用价值，写作和运用水平一直处于世界前列。财经应用文成为记录和加工经济活动的工具，随着经济的发展而发展，源远流长。我们可以在不同社会形态的发展和演变中把握财经应用文的发展脉络。

原始社会没有文字，没有真正意义上的财经应用文。人们结绳记事、刻画符号和图像来记录经济活动和生活场景，记录最直接和最简单的实物交换过程，反映出最原始的分配和消费状况。此时的经济应用形式以符号、图像等形式为代表，体现了写作的萌芽状态。符号、图像的载体作用，已经搭载了财经应用文原始的生命元素。我们可以从祖先留下的原始岩画等遗存中，看到财经应用文写作的原始符号化形态，以及由笔画显现的实用性特征十分明显。

奴隶社会出现由符号、图像构建的文字，人们在可以借助文字沟通和传达信息的同时，经济活动迅速扩大，社会性生产已经初步形成。财经应用文由简单的应用写作发展到了体式的初步确立，意义十分重大。其一，我们目前能看到的我国最早的财经应用文，出现在距今3500多年前的商代甲骨文上。其中记录的食品货物类的内容，反映出财经应用文的应用写作的最原始的实例。其二，在西周青铜器上铸造有291字的铭文里，我们看到的一段赏赐令，已有交易的契约和典当抵押的文书形式。这是财经应用文体式确立的力证。其三，经济理论从无到有，独辟蹊径，达到了一定的高度。

春秋战国时期，记录管子言论的《管子》一书，提出治国先富民的主张，强调供需平衡等内容，是经济理论写作的集大成者。商鞅的《变法令》提出废井田、开阡陌，买卖土地等主张，极富实用性。前者理论见长，后者注重实践，是经济理论写作和实践的两座丰碑。因此，后人对治国富民有作为者常以"管商"并称，以示赞誉。其四，《尚书》为现存最早的记录古时典章的文献，是我国最早的应用文文集。其中有典、谟、训、诰、誓、命六种体例：典，记录重大事件；谟，记录重要会议和讨论过程；训，记载教诲文章；诰，录写训诫之文；誓，为战斗动员令和誓词；命，是指令性文书。《尚书》开了公务文书写作的先河，对今天的应用文写作仍具有积极的影响。

封建社会政治统一，经济繁荣，财经应用文的发展取得长足进步，具有非常积极的意义。在此阶段，一是应用文体在秦汉时期主要有朝廷下发的制、诏、策、戒；上报朝廷的主要有章、奏、表、议；民间使用的主要有书、启、呈、状。二是应用文的制作、表达等已自成体系，并设有专门的机构进行运作。三是财经应用文种类增多，质量明显提高。西汉桓宽的《盐铁论》等，进一步展示了财经应用文的重要地位和作用。南朝时期刘勰的《文心雕龙》一书，以研究写作规律而著称后世，在专门研究应用文的第25篇中，有一半内容是研究财经应用文的写作规律。财经应用文已成为一种专门的文章体裁，其应用性特征得到进一步的体现。

唐宋时财经应用文进入鼎盛时期，使用广泛，体式繁多，已构成不同的体系，是财经应用文的成熟期，也出现了程式化的倾向。明清沿袭宋元，财经应用文文种增多，写作随体取材，格式固定，应用更为系统化。但是，封建社会严重的封闭和经济的自足性，没有从根本上解放生产力，实现有规模的社会市场化生产，财经应用文的发展并没有重大的突破。

进入西方资本主义发展时期，英国工业革命、法国大革命等的爆发，促进了经济的大发展。新技术、新工艺层出不穷，蒸汽机车、汽车等以世界为市场的社会化大生产，使信息的传播成为了发展的第一要素。此时的财经应用文发展已具有划时代的意义：经济理论著作大量出现，新的经济理论更具有指导性和前瞻性；经济消息、经济通讯等新文种应运而生，财经应用文从内容到形式焕然一新；出现了各种人造语言符号系统并结合财经应用文大量使用；财经应用文普及程度、使用范围前所未有，已深入生活的各个领域，其发展速度已大大超过其他文种。

20世纪至今，财经应用文发展突飞猛进，集经济、政治、文化、教育等要素为一体，科学化、学科化、运用化、信息化、国际化、网络化的表现在诸多文体中独树一帜，成了信息社会发展的要素之一。它主要表现为：第一，它已溶入新技术、新知识、新观念、新思维构成的信息化社会，改变了"信息孕育机会、机会提供效益"的思维方式，提示了"信息就是效益"的全新模式；第二，计算机的使用，打破了时间和空间的概念，改变了传统的写作文本模式，财经应用文已集信息、调查、决策、组织、指导、协调、监督等功能于一身，以实用性、兼容性、共用性、创造性等独特的优势，大大超前于议论、记叙等文体，成为唯一与经济紧密结合且更超前、更富生命力的文种；第三，财经应用文进一步扩大体系，已构成专门的学科和研究领域，体式、种类、应用、实效等表现更为丰富多样，其引领经济的独特作用必将再领风骚。

二、财经应用文的概念与作用

（一）财经应用文的概念

财经应用文是以财经活动为主要内容的应用文，是机关、团体、企事业单位及其个人反映财经情况，处理财经事务，传播财经信息，协调财经活动，研究、解决财经实用问题的一种具有特定格式的专业应用文，是应用文的一个重要组成部分。

（二）财经应用文的作用

1. **实用与文档作用**

现代财经应用文的根本功能是实用。财经应用文作为实录性文体，反映各项公务工作的文种有决定、通告、报告、请示等；解决事务性问题的有调查报告、简报、计划、总结等；参与经济活动的有市场调查报告、可行性研究报告等。至于商业广告、经济合同、经济纠纷诉讼文书等使用更为广泛。财经应用文被大量使用，必然成为有价值的档案资料，有重要的文档作用：可以客观反映当时情况，提供背景资料；可以成为政策法规等演变、延伸的依据；可以为作者提供大量的写作信息资料；可以进行交流互动，发挥其一次文献、二次文献和三次文献的作用。

2. **调查与决策作用**

调查报告、总结、财经活动分析报告、财经论文、财经预测报告等不少文种的写作都离不开调查。调查是行文的必备手段，主要体现在联系实际，弄清情况，把握事实，分析和研究解决问题、探索规律的过程中。没有调查就没有行文的根据。这对于作者深入实际，提高写作能力，树立良好的学风也是十分重要的。此外，可行性研究报告、财经预测报告、财经决策方案报告、批示等文种，提出研究和解决问题的计划、措施和方案等又是一种决策性极强的文体，它常常表现在汇总情况、研究方法、提出方案、促进实施等各个方面，决策的作用十分明显。

3. **组织与监督作用**

组织的目的在于提出和落实行为的规范或制度。现行的各种规章制度、政策法规等，是通过财经应用文中的公文类文体的发布来实现实施的，它以组织的手段强调行为的规范和统一，确保实施的效果。同时，它又通过监督来体现政策法规等制定者的严肃性、权威性，又维护了被实施者的合法权益，确保了经济的正常发展。财经应用文的不少文种体现了组织与监督的作用。

4. 信息传播与宣传作用

财经应用文是财经应用的信息库和巨大的使用平台。如财经新闻、商业广告等就是以交流、传播等为手段进行沟通、扩散、复制和应用，实现信息的最大共享。财经应用文扩大了信息的价值空间，提升了信息的质量，构成了自己不断更新和扩大的信息源，宣传优势十分明显。财经应用文的宣传带有的主观色彩和宣传的诉求，要宣传法规，体现政策，推出经验，表扬新人，揭露问题，引起关注，传授知识等，这种多功能的宣传作用是其他文种无法替代的。

三、财经应用文的种类与特点

（一）财经应用文的种类

财经应用文的种类很多，可以按照其使用的具体经济部门的不同细分为财经行政公文、财经事务文书、财经商务文书、财经社交文书、财经报告文书、财经传播文书、财经诉讼文书、财经新媒体文案等，本书按照此种分类分为八大章，共涉及文种近50种。

1. 财经行政公文

公告、通知、通告、请示、批复、通报、报告、意见、决议、决定、公报、命令、议案、函、会议纪要。

2. 财经事务性文书

条据、计划、总结。

3. 财经商务文书

招标书、投标书、商洽往来信函、经济合同、理赔函、索赔函。

4. 财经社交文书

简历、求职信、邀请函、聘书、感谢信、贺信、介绍信、证明信。

5. 财经报告文书

市场调查报告、财务分析报告、财务预算报告、财务审计报告、营销策划报告、学习实践报告。

6. 财经传播文书

产品说明书、广告文案、财经新闻报道、财经论文。

7. 财经诉讼文书

仲裁申请书、仲裁答辩书、纠纷起诉书、纠纷答辩状。

8. 财经新媒体文案

微信营销账号文案、微博营销账号文案、电子邮件文案。

（二）财经应用文的特点

财经应用文除具有一般应用文的实用性、程式化等特点外，更具有其独特性：

1. 极强的政策性

财经应用文反映党和国家的财经方针政策，写作者要懂得社会主义的客观经济规律，谙熟国家的财税金融政策及相关法律法规，了解生产、流通、消费等环节的相关规定和要求，才能写出既符合政策规定又表达出自身诉求的财经应用文。

2. 表述的简约性

财经应用文在表述上直陈其事，借助于相关的政策理论支撑和事实材料支撑，直接表明行文的意图或主张，不借助于情节和形象，不展开阐述和议论，引用各种资料、数据准确无误，表述简约明确。

3. 内容的专业性

财经应用文与经济活动有着高度的内在统一性。在经济活动的不同周期均有不同用途的应用文对之进行指挥、规范、制约和总结，即实施管理。反映经济生活的实用文章，必须尊重客观经济规律，讲究科学性。财经应用文中糅合了经济学的原理和方法，使用大量的经济术语和统计方法。所以写好财经应用文不只是要求写作功底，更要具备相应的专业知识。

4. 行文的规范化

财经应用文中一部分需要行政审批的文书多为格式化范式，如商标注册文书、专利申请书、企业法人登记报告等；一些为半格式化范式，如财经合同、招、投标书等；一些综合性的报告、策划书等，也有相对固定的格式和构成部分。这些规范化的格式对于财经应用文的阅读和处理都具有实际的应用价值。

第二节 财经应用文写作

财经应用文与通用应用文一样，也要求主旨鲜明、中心突出，材料充实、内容完整，结构严谨、条理清楚，语句通畅、表述简约。主旨、材料、结构、语言是构成财经应用文必不可少的四要素。

一、财经应用文的主旨

(一) 主旨的含义和作用

财经应用文的主旨就是行文所要表达的中心意思，即主题，是写作意图和目的在文章中的集中表现，也就是文章的观点、主张、要求等。行文中提出的意见、要求、办法、措施等，都是主旨的延伸。

主旨是文章的灵魂和统帅，起着统领全篇、提纲挈领的作用。一般来说，主旨在写作前业已形成，并贯通整个写作过程。材料的取舍，结构的安排，语言的运用，都受主旨的制约。

(二) 确立主旨的依据

财经应用文主旨的确立，既要根据客观条件要求，即国家的有关规定，又要在此条件下满足主观实际的需要，即行文单位的具体实际及行文主体希望达到的目的。因此，主旨往往在拟稿者受拟之时已确立，这与文学创作通过故事情节的推进和人物形象的塑造自然而然地显现主题有很大的区别。

(1) 党和国家的方针、政策，国家的法律、法规。财经应用文的主旨，必须与党和国家的方针、政策、法律、法规相吻合，不得有悖国家法令，自行主张。如在提倡低碳经济的今天，在一个综合性的项目建议书中，确立主旨时不得有违背国家环保、节能减排精神的内容。

（2）行文单位的领导意图，是指党的方针、政策在本单位、本企业的具体化，它是国家政策与具体单位经济实际相结合的产物，具有很强的政策性和针对性。拟稿时要吃透政策，善于领会和把握领导的意图，深入掌握本地区、本单位具体情况，方能在拟稿中凸现出精当的主旨。

（三）主旨的要求

（1）正确：既符合党和国家大政方针，又具有本地、本单位特色，能经受实践和时间的检验，对工作能起到积极的现实指导作用；否则就会给工作带来损失。如一些财经评论，主题偏激，观点缺乏客观性，未能全面准确传达国家的财经政策，严重误导大众。正确是财经应用文最基本的要求。

（2）集中：财经应用文内容要单一、凝聚，重点突出，要一文一旨，不可多中心。

（3）鲜明：观点显露，态度明朗，不模棱两可、含糊暧昧。

二、财经应用文的材料

（一）材料的含义

材料是作者为撰文而搜集、积累的能够表现文章主题的事实或论据，包括理论观点、事实、上级领导的指示、文件和数据等。材料是文章的血肉，是主旨的依托，是写作的基础。

财经应用文的种类较多，对材料选用的要求也不尽相同，它既不同于记叙文需要时、地、人、事四要素，也不同于一般议论文需要的事实材料和理论材料。但可以肯定的是，财经应用文材料的最大特点在于数据、图表等实证性和专业化资料比其他任何文种都要多。如："×××市场调查报告"，调查的数据、数据分析无疑是其主要材料；"×××广告策划方案"，广告商品的技术资料、目标受众调查数据、广告定位的确立等都是建立在一定的数据基础之上的。至于产业发展报告、项目建议书等，更需要大量的数据、图表资料作有力支撑。

（二）正确处理材料和主旨的关系

材料是提出问题的依据，形成主旨的基础，表述观点的物质内容。任何事实、观念都可以成为文章的材料，但任何写作都是有目的的行为过程，因此材料并非越多越好；材料只有成为主旨的支撑才有存在的必要，主旨也只有通过必要的材料才能成立。选择材料总的要求是真实、切题、典型、新颖。其中，真实是基础，切题是关键，典型和新颖是技巧。

（1）真实。写进文中的材料，大到一个项目的情况，小到一个数据都必须真实准确、确凿无误，这是行文真实性和可信度的前提和基础。如果材料缺乏真实性，就谈不上主旨的正确、集中、鲜明，整篇文章也就失去了应有的价值。

（2）切题。写进文中的材料，必须具有针对性，即紧扣主旨，对主旨形成有力的支撑；否则即是可有可无的材料，只有必不可少的材料才是切题的材料。所以，材料是否切题，要以主旨的需要作为衡量标准。如制订一个区域的产业发展报告，将主旨定为"资源型可持续发展区域"，相关材料的选择即要围绕资源的类别、储量、开发利用能力、交通状况、环保措施等相关方面进行组织，进行可行性论证，舍弃无关的材料。

（3）典型。材料不在多而贵在精，典型材料是能以一当十、直击要害的材料，即是能深刻提示事物的本质，具有代表性和说服力的材料。如"审计报告"中，在"对存在问题的处理意见和建议"时，要充分掌握好政策界限，尽量使用量化指标，选取典型材料，以便定性为"一般性违纪违规"与"触犯刑法"的问题时更具说服力。财经法律文书中典型材料使用的重要性也是如此。

（4）新颖。财经应用文写作时，要尽量选取最新材料，通过最新的角度，反映出最新的思路和创新的意识。过期的材料，特别是反证主旨的过期材料，用后会适得其反。

三、财经应用文的结构

财经应用文的结构是指文章各个组成部分的配合排列，是安排文章的脉络层次和发展顺序。它是全文的骨架，是表达主旨的手段；既是指宏观上的总体构思、大体框架，也指微观上的段落、层次划分，开头、结尾的安排，过渡、照应的设计，以及主次、详略的取舍等。

文章的结构是作者根据主旨、材料和文种等具体情况精心设计出来的。由于文种众多，财经应用文没有完全统一的结构模式，如写合同就需要将合同的条款按标的、数量、质量、价款等内容分条列项地写清楚；写通知要按目的、依据、事项、执行要求的顺序安排结构。但有可遵循的一般原则，具有大致相同的结构特点。

（一）财经应用文的结构原则

（1）正确反映客观事物的发展规律和内在联系。
（2）服从表现主旨的需要，顺利实现作者的写作意图，传达文章的主旨。
（3）适应不同种类的实用文书的特点。
（4）符合人们的一般思维规律。

（二）财经应用文的结构特点

1. 表格化

表格化文书是将某种文书应具备的各种内容项目事先设计，制成统一的表格，供相关人员填写而成的一种文书样式。这种文书具有内容完备、格式规范、简单明了、易于填写的特点，往往在权威部门办理重要审批事项时广泛使用。如工商行政管理部门使用的企业注册登记文书，税务部门使用的税务登记表、纳税申报表、减免税申请书、金融部门使用的借款合同、贴现凭证、信托文书，保险部门使用的投保单、保险单、海关使用的报送单、进出口检验申请单等。

2. 条文化

条文化是指采用条文式结构形式，将有关内容进行归类，分条款地加以陈述说明。这种结构的文书正文可有总分章条式、章断条连式、章断条断式等，常常是第一条即开头，最后一条即结尾，干净利索，避免了繁文缛节和空泛说明。

典型的条文化财经应用文是各种经济、技术、对外贸易合同。因其内容必须全面、具体、明确，表述应准确、严密、清楚、简洁，采用条文式，按照事物的内在联系和外部特征，把内容适当归类，概括为一条或一项，然后依次加以陈述说明，最能充分表现其内容的内在规律和逻辑关系，因而自然成了各种合同的最佳表现形式。

3. 模式化

模式化就是结构布局要按一定的规格、标准和要求进行，形成一种大体固定的模式。它是一种简化和浓缩了的格式，具有一定的抽象性和概括力，这种模式可以暂时脱离内容单独剥离出来，成为便于仿效和学习的一种有秩序的程式，也便于识别、写作、阅读、处理，能更好地适应经济工作的快节奏。

采用模式化结构方式的财经应用文很多，如常用的市场调查与预测报告、审计报告、财经活动分析报告、诉讼文书等都采用这种结构方式。如"财经活动分析报告"，尽管内容、对象、时限有所不同，但大体上须遵循财经活动"怎么样"、"为什么这样"、"怎么办"的模式来写，因而在结构上体现为基本情况、原因分析、意见或建议三个组成部分。在具体写作时可以根据情况有所侧重，灵活处理。

（三）财经应用文惯用结构形式举要

1. 开头

应用文写作开头担负着统领全文、揭示主旨或全文的作用。开头要求符合主旨，开门见山，直接显露，自然而然地引入正文。常见的开头方式有：

（1）小结概述式。语言简明扼要，围绕主旨介绍有关情况或者背景。如财经信息《抗癌药降价加码：18个品种新一轮专项谈判9月底完成》的开头："今年以来，抗癌药降价政策利好不断，最新的消息是，新一轮抗癌药专项谈判稳步推进，谈判工作将于9月底完成。今日，本报聚焦抗癌药降价，希望提供有益的投资价值参考。"这就是概述式开头，也是财经新闻报道常用的开头方式。

（2）说明依据式。开头引用上级指示精神或有关法律，常以"根据""按照""遵照"等词语领起下文。如《关于公布可再生能源电价附加资金补助目录（第七批）的通知》的开头："根据《财政部 国家发展改革委 国家能源局关于印发＜可再生能源电价附加补助资金管理暂行办法＞的通知》（财建〔2012〕102号）和《财政部关于分布式光伏发电实行按照电量补贴政策等有关问题的通知》（财建〔2013〕390号）要求，财政部、国家发展改革委、国家能源局将符合条件的项目列入可再生能源电价附加资金补助目录，并在财政部网站上予以公布。"这种方式常在通知、批复、通告、规章等开头使用。

（3）陈述目的式。开头以简明的语言，直接说明写作的目的和意义，常用介词"为""为了"领起下文。如《关于征求〈企业会计准则通用分类标准海关专用缴款书扩展分类标准（征求意见稿）〉意见的函》的开头："为支持海关总署《海关专用缴款书》打印改革，提高企业会计信息化水平，财政部、海关总署根据……"

（4）说明原因式。开头常用"由于""鉴于""因为"等词领起下文，也可以简述发文的原因，再引出写作目的。如《停电通知》的开头："因设备原因，原定于2018年7月11日06:00至12:00，广场站广场西线538线路昌平胡同停电工作取消。何时停电另行通知。"

（5）阐述议论式。开头用议论的表达方法，表达作者的看法，提出观点。如《化工品迎"美好时光" 需求端唱"梦醒时分"》的开头："化工品近期涨幅惊人，文华商品化工指数从6月26日低点反弹至今累计上涨13.29%。分析人士认为，宏观预期转好、人民币贬值提升商品市场避险价值以及基本面转好，共同促进了本轮化工板块大涨。但在持续快速上涨之后，下游压力开始显现，部分化工品种能否维持强势仍待进一步观察。"

（6）开头提问式。先提出问题，然后引出下文。这种开头方式能引起读者的注意和思考。如新闻分析《央行详解缘何基础货币下降 流动性却合理充裕？》的开头："6月末，我国基础货币较年初减少了3400亿元，但银行体系流动性保持合理充裕。如何看待基础货币下降与流动性合理充裕这看似矛盾的现象呢？日前，中国人民银行在第二季度货币政策执行报告中对此进行了解释。"这就是提问式开头,也常见于调查报告、学术论文的写作。

2. 结尾

应用文的结尾讲究言尽意尽,不留"余味",不添"蛇足",更不能草率。常用的结尾方法有:

(1) 强调式。对文中提出的问题作强调说明,以引起重视。如《南昌市财政局关于有关人事工作的会议纪要》的结尾:"会议要求,此次调岗人员原则上在 12 月 5 日前到位,相关人员要做好传、帮、带工作,保证交接工作顺利进行。"

(2) 结论式。对文中的主要观点或问题,加以归纳总结或略作重申,以加深印象。如财经评论《业内人士:长期价值投资是赚钱的充分但不必要条件》的结尾:"投资者需要理性地认清事实,保持耐心,理性投资者知道长期价值投资是赚钱的充分但不必要条件。因此,投资者实质也是一个基金经理,需要维护资金所有者的利益(资金现在持有人并不一定是最终使用者),确定合理的评价周期,依据价值评估风险收益,保持耐心,大概率会获得合理的超额收益。"

(3) 说明式。对与主体内容有关但性质不同的问题或事项作补充交代、说明,以保证内容的完整性,如公文结尾交代施行日期、执行范围、传达对象、与该文规定不符的原有规定如何处置等;论文结尾说明尚未解决而应另作讨论的问题。

(4) 号召式。提出希望,发出号召,展望未来。如公文中的通报、市场预测、倡议书、计划等常用这种结尾形式。《中共××市财政局党组关于表彰 2017 年度目标责任考核先进集体和个人的决定》的结尾:"希望受表彰的集体和个人,珍惜荣誉、再接再厉,低调务实、埋头苦干。全局要以先进为榜样,进一步增强责任感和使命感,不忘初心、砥砺前进,为推动'四个财政'建设,助力加快发展,决胜全面建成小康社会做出新的更大贡献。"

(5) 建议式。针对设定的施行目标、存在问题提出要求或建议。如《财政部关于做好 2018 年地方政府债务管理工作的通知》结尾:"省级财政部门和财政部驻各地财政监察专员办事处要加强债务调研、核查和检查,发现问题的及时督促整改、严肃问责。"

除了上述几种结尾方式,还有请求式、责令式、表态式等,有的则没有结尾,自然收尾。

四、财经应用文的语言

语言是文书形成的物质基础,是文章的细胞。财经应用文的语言除具一般应用文书语言准确、简练、平实、庄重的共性外,还有其个性。

(一) 用语专业化

财经应用文常常要用一定数量的专业术语,用以说明和叙述经济工作的情况和问题。如财政、金融、外贸、商业、会计等专业,都各有一套与自己专业相适应的业务术语,如外贸术语 CFR(cost and freight,成本加运费价)、C/D(customs declaration,报关单)、FOB(free on board,离岸价)等。专业术语的使用要得当,可用可不用的尽量不用,一些非用不可而又为一般人所不熟悉的术语,可适当加以注释。

(二) 表达数字化、图表化

财经应用文中,经常用数字来揭示经济活动的本质,把握各种经济现象发生质变的数量界限,描述商品生产和销售等事物发展运动的过程,说明事物内在因果关系以及进行预测性研究等。有时为了更加直观，还运用图表，将抽象的数字形象化，如对比鲜明的表格、柱状图、饼状图等，在财经应用文中都得到大量的使用。

数字的使用一定要实事求是，统计要精确，运用要准确，特别是在专业性文书里；书写要规范，在内文中的数字一般要阿拉伯数字；运用要巧妙，在一些非专业文书如财经新闻中，不妨将一些专业性的统计数据"换算"成生动可感的数字。如消息《受关税影响 别克昂科威或退出美国市场》："虽然昂科威在美国市场比较小众、销量不高，但如果再对其征收25%的关税，那么昂科威在美国车市将彻底失去竞争力，这对于通用汽车而言将是一大损失。据悉，2017年，昂科威在中国的销量为21万辆，在美国的销量为4.2万辆。去年别克全球销量达140万辆，美国本土市场只占15%，中国市场则占83%。"

图表多用于财经专题报告中，如资产评估报告、财务分析报告、可行性研究报告等，一般不用于财经消息或财经常用行政公文中。

（三）适当使用模糊语言

模糊语言，是指外延不确定、内涵无定指的特定弹性语言。与精确语言相比，模糊语言具有更大的概括性和灵活性；与含糊语言相比，模糊语言具有客观上的明确性与肯定性。

从语言学角度看，形容词、概数词、程度副词和一部分时间名词、时间副词或短语都属于模糊词，在应用文中出现频率很高，如十来个、近几年、在某种意义上、各单位、各部门、有关人员、屡次、绝大多数、基本、难以估量、普遍、广泛、左右、目前、今后一段时间内、据不完全统计、据有关人士透露、其他未尽事宜等。

模糊语言不是含糊语言、杂乱语言，如某项工程明明完成了一半，不能说是"基本完成任务"，一年只有一到两次的调查研究，不能说成"经常组织调研活动"。使用模糊语言要考虑特定的语言环境，不能因模糊语言的使用而削弱公务文书的严肃性和权威性，"禁止贪污受贿"不能说成"原则上不准贪污受贿"。

五、财经应用文的构思和撰写

构思是作者利用客观资料从内容和形式上孕育文章时，所进行的思维活动过程。财经应用文的构思和撰写有以下基本步骤：

（一）紧扣主旨

主旨集中反映作者的观点和文章的中心。主旨是文章的灵魂、核心，也是行文的根本所在。因此，主旨一经确立，应紧抓不放，选材、构思等写作活动都要围绕主旨进行，不能朝三暮四，随意改变，更不能行文万里，丢了主旨。

（二）巧用材料

材料的选用具有多面性。所谓巧用，就是在已选取的材料中进行筛选，提升材料的使用价值。达到巧用，我们就要做到：一求材料新，二要用得精，三讲有技巧，四有表现力，五是有深度，六应多保存。

（三）确立结构

不同文种有不同结构。财经应用文的文种较多，要求作者按主旨确立相对应的文种结构。确立结构就是内容与形式的统一过程。确立结构要与主旨对应，还要注意确立的方法；一旦确立，不要轻易更改。

（四）选用文种

在确立结构基础上，要选用与之对应的文种。用好文种，尤其要注意文种之间的细微差别，如"请示"与"报告"、"市场预测报告"与"调查报告"等文种在结构和表现方式上的不同点。用好文种，可以达到主旨、结构、文种的高度统一，对具体的写作极有帮助。

（五）写好提纲

精心设计提纲是财经应用文的重要前提。提纲作为写作之纲，即把文章的框架、各部分内容、层次、各层次的要点和事例等，都预先设计好并写出来。有提纲，写作则如行云流水，反之则步履维艰，难以成文。写好提纲，按纲行文，是完成写作的基本前提和必须坚持的原则，对养成良好的学风极为重要。

（六）潜心写作

写作是一项艰苦的劳动，必须用心专一，深入其中。这就要求心思不怠，笔耕不懈，精力集中，认真投入，不为外物所扰，不为杂事所动；要善于构思联想，调整思维，唤起激情，一气呵成。

（七）细心修改

修改是成文的最后一关，是对文章的进一步润色和修饰，有十分重要的意义。文章的修改要把握全局，从整体到局部进行反复推敲。一般说来，修改有标题、内容、结构、表现方法、语言等的局部修改和全文的整体修改，可以从细微处入手，逐步扩展到最后包括对错别字、标点符号的修改，不放过可能存在的任何疏漏。

六、提高财经应用文的写作能力

提高写作能力是一个综合的系统过程。能力的形成有多种因素作用其中，不可能在短时间内形成。因此，提高写作能力，要从主观和客观两个方面入手，把握提高能力的正确方法。

加强综合能力的培养是提高写作能力的重要基石。就主观方面而言，应从以下方面入手：

（一）提高自身修养

修养指作者思想和文化的修养。思想修养，就是作者认识客观世界的观点、立场、方法的修养。在这种前提下，作者的思想观水平，即认识和分析客观事物的水平，把握科学观和方法的水平，对党的路线、方针、政策的学习水平，对经济问题、经济规律的认识与探索水平等，都会体现出自身思想修养的水平。因此，我们必须加强思想修养，有正确的观点、主张、方法，并贯穿于财经应用文写作的整个过程之中。美国著名心理学家马斯洛提出"需求层次论"，把人类需求按重要性分为五个层次，即生理需求、安全需求、社会需求、尊重需求、实现自我需求。显然，从社会这个"大我"的需求和自己这个"小我"的需求角度看，提高自身修养就要从社会需求、尊重需求、自我实现需求入手，建立正确的世界观和人生观，成为有良好道德和情操的现代人。

提高文化修养，利于开阔自己知识的视野和思路，要从以下几个方面加强文化修养：一要精于自身专业，由此涉足其他专业，做到博学多才，构建复合型知识结构；二要扩大、深化在自然、社会、人文等各领域的实际活动，建立多学科、多领域的信息知识库，用文化修养把自己培养成为有知识和实际能力的强者。

（二）善于观察和表达

观察是获取信息、得到感受、丰富思想的首要条件，也是从事写作的必备基础。观察就是查看，是一种对客观事物从感觉到知觉形成的心理认知过程，是作者能力的一种体现。善于观察，就是善于认知客观事物，有利于形成敏锐的观察能力。第一，要有明确的观察目的；第二，要有明确的观察对象；第三，要有周密的计划、具体方法和必要的知识储备来丰富观察的内容；第四，要有观察的不同角度和不同顺序，达到应有的广度和深度；第五，要有详尽记录、整理及分析，从中得到观察的结果。

表达是作者写作能力的又一体现。包括作者表达观察结果的能力、运用语言进行遣词造句的能力、谋篇布局的能力等。要善于表达并培养表达的整体能力，如表达技巧的运用、表达角度的选择、表达艺术化的体现等，形成表达的综合构架。要强化语言文字的训练。在写作中，语言文字是表达的第一媒介。因此，从使用一个词到构成一句话，再到一个段落、一个层次等，都要重视词意、句意、构段语言的表意准确和完美。

（三）善于借鉴和笔耕

借鉴就是用自己的文章、写作经验等与他人的文章、写作经验进行对照，以便取长补短，达到为我所用的方法。多读范文，可以潜移默化，取他人写作之长补自己写作之短，取得"柳暗花明又一村"的效果。勤学多练，熟能生巧是最好的学习方法，是提高写作能力的根本保证。知识向能力的转化，必须依靠勤学多练这个实践的环节，即通过动笔的实践过程，才能把知识变成能力。我们要做到：勤于思考与动笔相结合；勤于总结与提高相结合；勤于写作与修改相结合；勤于超前与创新相结合。只有这样，才能避免眼高手低，提高自己的写作能力，形成自己的写作风格。

（四）增强社会活动能力

财经应用文社会性、公关性很强，有些文种，如财经新闻、求职信、调查报告等，都涉及作者的社会活动能力。社会活动能力是一种能力的综合体，包括交际能力、对话能力、组织能力等多个方面。首先，要善于实践，在实际生活中广收博取，扬长避短，打好多种能力培养的基础；其次，坚持实用、有效的原则，注重能力的价值取向，把最基本又必需的能力和当前最有用的能力放到学习和使用的首位；最后，要协调好自己的心理能力和社会活动能力，切实提高心理素质，加强承受能力，力求能力的综合、和谐、平衡、统一。

（五）联系实际求新知

新知就是新的知识。从广义上讲，包括得到新的知识、新的规律、新的理论、新的概念、新的收获，等等。求得新知最重要的途径就是联系生活实际和工作实际。我们强调实践是检验真理的唯一标准，对财经应用文联系实际求得新知来讲，同样具有十分现实的意义，值得我们去研究分析，建立自己获得新知的体系。国家博物馆研究员、国家级文物鉴定大师史树清，从事鉴定字画等工作70多年，是文物界提倡只用眼睛看文物进行鉴定的"眼学"的第一人。这位大师先后鉴定过不少名人字画，多达上百万件的青铜器、瓷器等文物，从来没有出过错，走过眼，缘于丰富的实际生活和求知的勤奋。他自己总结的经验有两条：一是靠长期鉴定看出来的经验不出错，故倡导"眼学"；二是读书之后背目录，这种"书皮学"最容易找到答案，是真正实在的学问。因此，我们要理论联系实际，实现二者的互动，这就是要把书上的知识和生活的知识结合起来，以互证求得新知,实现认识的不断更新。我们要投入实际,丰富阅历,在实践中增长才干,在生活中感悟人生,要用创造性的思维摄取生活的养料,培养自己务实求真的世界观和人生观,才能成为真正的文武全才之人。

拓展练习

1. 你认为财经应用文写作应该注意哪些方面?
2. 学习财经应用文写作只用财经的视角看待一切显然不对,请谈谈你的看法。

第二章 财经公务文书写作

知识导读

黄梅戏代表作《女驸马》是一部极富传奇色彩的古装戏。该剧讲的是湖北襄阳道台之女冯素贞冒死救夫，经历了种种曲折，终于如愿以偿，成就了美满姻缘的故事。

"为救李郎离家园，谁料皇榜中状元，中状元着红袍，帽插宫花好呀，好新鲜哪！我也曾赴过琼林宴，我也曾打马御街前，人人夸我潘安貌，原来纱帽照呀，照婵娟哪！我考状元不为把名显，我考状元不为做高官，为了多情的李公子，夫妻恩爱花儿好月儿圆哪！"这是黄梅戏《女驸马》中的一段经典唱段。优美的旋律、生动的情节，多少年来久唱不衰。

所谓"皇榜"，就是古代公布国家大事的公告，如皇帝登基、皇帝大婚、立太子、天下大赦等。皇榜由翰林院或者礼部（各个朝代不一样）写完以后，皇帝盖章，然后发布天下。古代的皇榜类似于今天公务文书中的公告，用于向国内外宣布重要事项或者法定事项。

除公告外，今天我们法定的公务文书还有通知、通告、请示、批复、通报、报告、意见、决议、决定、公报、命令、议案、函、会议纪要等。本章我们将重点讲解这十五种法定公务文书的写作。

第一节 财经公务文书概述

一、公务文书的概念

公务文书简称"公文"，它有广义和狭义之分。广义的公文，是指党和国家行政机关、社会团体、企事业单位等在行政管理、处理公务、联系工作等各类公务活动中过程中形成的，具有法定效力和规范体式的所有书面材料的总称。狭义的公文，特指 2012 年 4 月 16 日由中共中央办公厅和国务院办公厅联合印发的《党政机关公文处理工作条例》（以下简称《条例》）中规定的 15 种公文。本章所讲的就是党政机关公文。

党政机关公文是党政机关实施领导、履行职能、处理公务的具有特定效力和规范体式的文书，是传达贯彻党和国家方针政策，公布法规和规章，指导、布置和商洽工作，请示和答复问题，报告、通报和交流情况等的重要工具。

二、公务文书的特点

（一）政策性和权威性

公文本身承担的最重要的职能之一就是传达党和国家重要的方针政策、处理行政公务。它从内容到形式，都代表了国家和人民的根本利益，必然同党和国家的各项方针政策紧密联系。因此，作为管理国家的必要工具，公文必然带有很强的政策性。党和国家的各级机关在使用公文时，必须坚持贯彻党和国家的基本路线、大政方针、治国理念，维护人民的根本利益，最终为巩固和发展社会主义事业服务。

公文作为治理国家、管理社会的重要工具，其权威性主要体现在制定者和内容上。公文的制定者一般是依法成立的具有一定权威和独立活动能力的国家机关和社会组织，他们根据法律赋予的权力和职责制作、发布的公文反映了相应机关对特定问题的权威意见、看法和要求，传达了决策和意图、体现了意志和权力，并受到国家法律的保护，因而具有法定的权威性。

（二）法定性和特定性

公文体现着国家意志、公众利益和各种管理职能，人们必须遵照执行。同时，公文具有明确的法定强制力和行政约束力，是人们工作和生活的依据与准绳，这是公文法定性的具体表现形式。此外，公文的撰写、印发、执行、归档都是依法进行的，是国家法律法规的延伸，在某种程度上扮演着国家法律"形象代言人"的角色，这也体现着公文的法定性。

（三）规范性和程序性

从内容上看，公文的语言运用极其规范准确、简洁明了；从格式上看，公文必须具备国家统一规定的规范体式，严格按照《条例》规定的格式要求。公文的撰写必须按照内容的不同选取相应的文种、标题、行文对象、写法、落款、附注、规格、纸张尺寸、位置都要符合《条例》的要求，做到"对号入座"，不得随意妄为、生搬硬套。随着社会的发展、科技的进步和政策的变更，公文的规范性必将有更严格的要求。

公文的撰写、印发、执行和归档的每个步骤都必须履行规定的程序，程序性是公文合法、完整的形象体现。公文从起草、审核、签发、校验、印刷、登记、盖章、分发，到接收、拟办、批办、承办、回复、归档、清退、销毁，每一个程序都环环相扣、步步相接，程序性极强。

（四）指定性和针对性

公文的指定性是指公文的作者只能是依法成立并能以自己的名义行使权力和承担义务的组织机构及其法定代表人。据此，只有党的机关、人大机关、行政机关、政协机关、人民团体、企事业单位及其他法定的社会组织才有权制发公文。并且，以机关领导和法定代表人名义签署发的公文代表的是法定机关，体现法定机关的职权和意图。

公文是党和国家机关根据现实需要，为解决某个特定问题而制发的，不仅要体现上级机关的意志，而且要结合本地部门实际情况，针对全局或局部工作，对布置的任务、安排的工作、规定的事项、提出的要求都要有明确的针对性。只有有的放矢，在实际工作中才能行得通、有效果。

（五）严密性和约束性

公文的收文、发文和日常管理都有极强的严密性，特别是涉密公文：在收到密件后，首先要检查封皮状态，看是否有破损或损坏痕迹，除了常规登记外，还应注明编号、份数、密级、期限等，再交由专门人员处理；发文时应对保密事项做标记，并划定密级和发文范围，印刷时对原稿和印件都要严格保密，同时还要妥善处置印刷过程中遗留下来的废弃文件，应用碎纸机处理，不得随意堆放或丢弃，封装时应贴上密封条加盖密封章，通过机要交通传递或由专人送达；密件办理完成后应由专职人员妥善保管，在查询和借阅时要有严格履行相关手续，以免泄密。

公文所传的内容不以受文者的意志为转移，公文一旦发布实施，其法定效力将对受文者及相关方面的行为产生不同程度的强制性影响和约束，必须严格遵守或执行，具有极强的约束力。

（六）指导性和执行性

公文的制定是为了解决问题和指导工作，因此具有鲜明的指导性。对于受文单位来说，公文中提出的任务和要求将是接下来一段时期内工作的重心和侧重点，所以，发文机关作为上级领导机关，需要从全局的战略性角度对布置的任务、工作和要求有具体细致的规定和安排，对受文单位的工作部署做出指导。

由于公文具有明确的法定强制力和行政约束力，因为公文具有很强的执行性。主要表现在公文要靠强力的执行性才能保证相关内容和要求得到贯彻落实，从而实现既定目标；执行过程也是检验公文成效的重要手段。没有执行性就没有权威性，那么公文就失去了应有效力。

（七）工具性和实用性

公文是党和国家行政机关、社会团体、企事业单位等在公务管理过程中最常用的一种工具，使用频率极高、文本性极强，所涉及的管理、指导、监督、执行、传播、复制等工作环节极多，其工具性特点非常明显。正式这样的工具性才使公文体现出强大的生命力和别具一格的适用性。

公文是社会发展的产物，它的实用性特点表现在社会生活的各个方面：文种日益增多，反映的内容更为繁复；部分文种格式固定，使用非常方便；涉及的领域愈加广泛，集中了不少其他学科的优势，有巨大的发展空间；有极好的信息传播、记载、筛选、使用、复制的能力；使用效果、使用频率和使用对象，大大超过了其他体裁的文种。

（八）时效性和史料性

公文的发布是为了解决社会热点问题或民生难点问题，要反映现实并指导现实的各项工作，讲究时效性就成了公文的一大要求。时效性体现在撰写及时、制发及时和传达及时，利于及时解决工作中存在的各种具体问题；当公文在得到贯彻落实后，也有检验时效的时限要求。

公文在失去现实效用转为档案材料时，就能作为文献进入资料库，从而体现其史料性。

这些公文是第一手的原始材料,它是历史活动的原始记录;它在实践中自然形成,呈现了各机关单位之间的有机联系;它内容丰富、广泛,是时代的真实反映,基于这些原因,公文的史料性是其原始性、可靠性的重要体现。

(九) 对应性和定向性

党和国家行政机关进行公文的制发时必须根据隶属关系和职权范围来确定,也就是说什么样的公文由什么单位制发、哪一级单位制发等有着具体、明确的对应关系。如党委、政府办公厅可以根据授权向下级党委、政府行文,其他部门和单位则不得向下级党委、政府发布指令性公文或在公文中提出指令性要求。这体现了公文的对应性。

大部分公文在制发时都有特定的对象,不同的公文发放到什么单位必须指定明确。如不同的公文会根据内容对受文机关进行专门规定,即通过"主送机关""抄送机关"和"传达范围"等指定。这是公文定向性的体现。

三、公务文书的作用

(一) 法规和约束作用

公文用于发布法律法规,在国家行政管理和维护社会主义建设秩序方面发挥行为规范的作用。还有一些制度类的应用文体,如"中学生守则""某单位员工管理办法"等,也有一定的约束性质。它使国家各项管理活动有制可依、有规可守、有序可循,从而逐步实现法规化、规范化。

(二) 领导和指导作用

公文常用于传达党和国家机关的方针政策和各项指令,是上级机关或部门实施领导和指导的重要工具。党政机关运用公文的形式发布决策、部署计划,是加强集中领导、维护政令统一、保证工作步伐整齐一致的有效形式。

(三) 宣传和教育作用

公文具有较强的政策性、理论性,在国家建设和管理中发挥着阐明事理、启发觉悟、提高认识水平的宣传教育作用。它既是做好工作的重要依据,又是进行宣传教育的好教材。

(四) 联系和交流作用

由于社会活动的实际需要,上下级机关之间、同级机关之间、不相隶属的机关之间需要日常性的公务联系。公文是机关之间协商工作、协调行动的重要手段,它可以有效的联系上下、沟通左右,有效地确保机关之间联系畅通、运转有序,是非常实用而有效的重要工具。

(五) 请示和答复作用

下级机关工作中的有关事项,需经上级机关批准方可办理时,多以公文形式向上级机关请求指示或批准;向上级机关汇报工作、反映情况、回复询问时,也多以公文形式报告上级机关。上级机关在掌握下级机关的工作情况和存在的问题后,可以进行及时指导,也可以通过公文的形式答复下级机关的请示事项。

(六) 总结和推广作用

公文不仅是传达政策意图的重要工具,还是推广典型经验做法的有效载体。对某些地方和部门工作中形成的经验和做法,及时总结规律,通过公文形式转发给其他地区和部门学习借鉴,推动有关工作的深入开展。

（七）凭证和依据作用

公文是党和国家机关从事公务活动的真实记录，党政机关的许多重大决策、政策法规和重要公务活动事项等信息都可以通过公文得以固定并贮存，它保留了公文在运转处理过程中的各种原始痕迹，成为一个单位的档案材料，既是见证历史的重要凭证和依据，也是今后工作开展的重要参考。

四、公务文书的种类

2012年4月16日，中共中央办公厅、国务院办公厅印发《党政机关公文处理工作条例》，同时废止了1996年5月3日中共中央办公厅发布的《中国共产党机关公文处理条例》和2000年8月24日国务院发布的《国家行政机关公文处理办法》。

（一）根据不同的适用范围，新《条例》将我国党政机关通用公文种类规定为15种

（1）决议。适用于会议讨论通过的重大决策事项。

（2）决定。适用于对重要事项做出决策和部署、奖惩有关单位和人员、变更或者撤销下级机关不适当的决定事项。

（3）命令（令）。适用于公布行政法规和规章、宣布施行重大强制性措施、批准授予和晋升衔级、嘉奖有关单位和人员。

（4）公报。适用于公布重要决定或者重大事项。

（5）公告。适用于向国内外宣布重要事项或者法定事项。

（6）通告。适用于在一定范围内公布应当遵守或者周知的事项。

（7）意见。适用于对重要问题提出见解和处理办法。

（8）通知。适用于发布、传达要求下级机关执行和有关单位周知或者执行的事项，批转、转发公文。

（9）通报。适用于表彰先进、批评错误、传达重要精神和告知重要情况。

（10）报告。适用于向上级机关汇报工作、反映情况、回复上级机关的询问。

（11）请示。适用于向上级机关请求指示、批准。

（12）批复。适用于答复下级机关请示事项。

（13）议案。适用于各级人民政府按照法律程序向同级人民代表大会或者人民代表大会常务委员会提请审议事项。

（14）函。适用于不相隶属机关之间商洽工作、询问和答复问题、请求批准和答复审批事项。

（15）纪要。适用于记载会议主要情况和议定事项。

（二）按照基本使用范围，公文可分为通用公文和专用公文

通用公文是党政军各级机关和人民团体、企事业单位等社会组织在公务活动中普遍使用的公文。

专用公文是财政、金融、外交、司法等单位根据其部门的特殊需要和业务特点而使用的公文。

（三）按照行文方向，可分为上行文、下行文、平行文等

上行文，是指下级机关向所属的上级领导机关汇报工作、请求审批、提出建议等时使用的公文，如报告、请示等。

下行文，是指领导机关向所属机关指导工作、回答问题、通知有关事项时使用的公文，如通知、决定、批复等。

平行文，是指平级单位之间或不相隶属单位之间互相商洽工作、询问或答复有关事情、请求批准等时使用的公文，如函。

五、公务文书的格式

公文格式是指公文的数据构成以及对各数据项目的编排。这是保证公文完整、正确的重要手段，是公文合法性、有效性的标志，也是公文管理和使用的必要条件。公文格式具有相对稳定性和规范性的特点。2012年7月1日发布实施的《党政机关公文格式》是公文法定权威性和法定效力在具体形式上的体现，任何格式方面的错误都有可能导致公文无效。

公文格式包括书面格式、纸张要求等，其中书面格式与公文写作和处理的关系更直接、更密切。

（一）书面格式

1. 版头部分

置于公文首页红色横线以上的各要素统称版头。包括：

（1）份号。为便于涉密公文的登记、查询和归档，须将印制若干份的同一公文依次编号，即份数序号。按照规定，涉密公文应当标注份号。

（2）秘密等级和保密期限。指公文内容涉及秘密程度的等级和保密的期限。涉密公文应当根据秘密程度分别标注"秘密""机密""绝密"和保密期限，一般情况下，秘密的保密期限不超过10年、机密的保密期限不超过20年、绝密的保密期限不超过30年。

（3）紧急程度。指表明对公文送达和办理时限要求的标识符号。根据紧急程度的不同，紧急公文应分别标注"特急""加急"，电报应分别标注"特提""特急""加急""平急"。

（4）发文机关标识。一般由发文机关的全称或规范化简称加"文件"二字组成，也可使用发文机关全称或规范化简称。联合行文时，发文机关标识可以并用联合发文机关名称，也可单独用主办机关名称。

（5）发文字号。又称文号，是制发机关按同一年度公文排列顺序编列的公文代号，主要作用是便于统计、查询和引用。发文字号由发文机关代字、年份、文件顺序号三部分组成，年份位于中间，以六角括号括入。一份公文只有一个发文字号，联合行文时只标注主办机关的发文字号。见图2-1。

图2-1

（6）签发人。审阅核准并签发公文的机关负责人。上行文应当标注签发人，其作用在于表明机关发文的具体责任人，敦促各级领导认真履行责任，提高公文质量，并为直接联系与查询有关事宜提供方便。见图2-2。

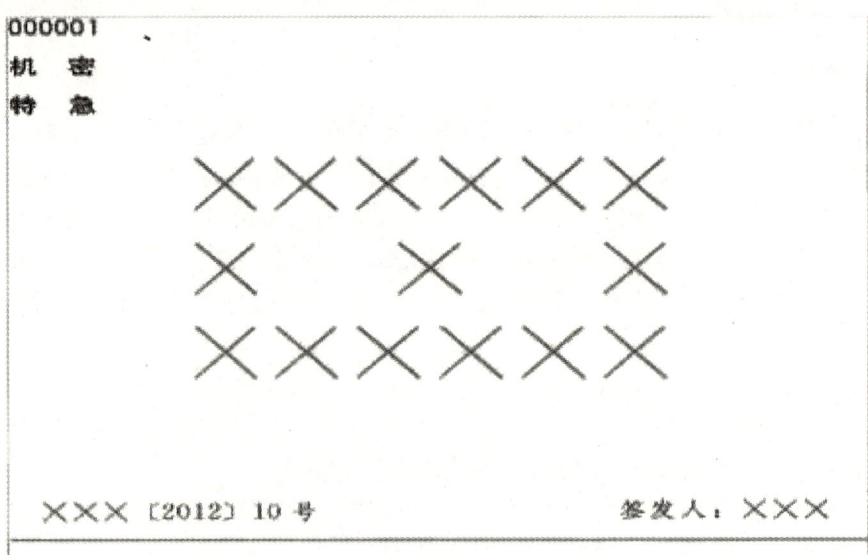

图2-2

2. 主体部分

（1）标题。公文内容的集中体现和高度浓缩，应当准确简要地概括公文主要内容并标明公文种类。公文标题一般由发文机关名称、发文事由和公文种类三部分组成，有的公文标题也可省略发文机关或发文事由。标题中除法律法规、转发文件、制度名称加书名号外，一般不使用标点符号。

（2）主送机关。公文的主要受理机关，即对公文负有主办或答复责任的单位，俗称"抬头"。主送机关应使用受文机关全称、规范化简称或统称。

（3）正文。公文的主体部分，用于阐明公文内容、表达发文意图，使受文者对公文所表达的信息有具体、明确的认识。正文一般要求一文一事。

（4）附件说明。公文附件的顺序号和名称。

（5）发文机关署名。发文机关全称或规范化简称。

（6）成文日期。形成公文的确切日期，用于表明公文开始生效的时间。成文日期以发文机关负责人签发的日期为准，联合行文以最后签发机关负责人的签发日期为准；经会议正式讨论通过方能生效的公文，以会议通过日期为准；电报以发出日期为准。

（7）印章。作为机关权力象征的图章，公文中有发文机关署名的，应当加盖发文机关印章，并与署名机关相符。有特定发文机关标识的普发性公文和电报可以不加盖印章。见图2-3。

（8）附注。需要说明的其他事项，是对公文传达范围、使用方法的规定，如"此件发至县团级""此件可见报"等。请示和上行的意见应在附注处标明联系人的姓名和电话。

（9）附件。随正文发出的其他文件、报表和有关材料等，是公文正文的说明、补充或参考资料，与正文共同构成一份完整的公文。

图 2-3

3. 版记部分

（1）抄送机关。除主送机关外需要执行或知晓公文内容的其他机关，应使用机关全称、规范化简称或统称。确定抄送机关时，要从工作的实际需要出发，不能乱抄乱送，以免给自己和对方增加不必要的工作负担。

（2）印发机关和印发日期。公文的送印机关和送印日期。

（3）页码。公文的页数顺序号。见图 2-4。

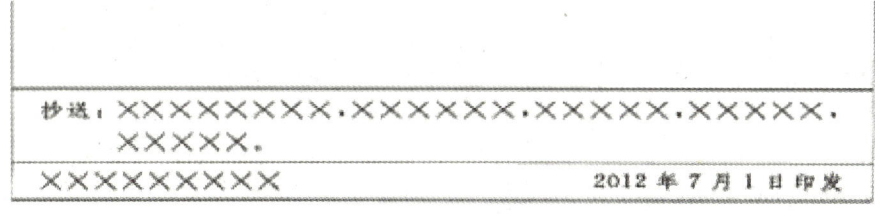

图 2-4

（二）纸张要求

公文用纸一般采用国际标准 A4 型（210mm×297mm），左侧装订。张贴公文的用纸大小可根据实际需要确定。

公文用纸划分为图文区和白边区，眉边留空要恰当，一般是上空白宽于下空白，左空白宽于右空白。

公文一律从左至右书写和排版，少数民族可按其习惯进行。字距、行距自定，正文一般每面排22行，每行排28个字。公文的标点应根据《标点符号用法》的规定使用。

六、公务文书的要求

（一）符合政策，切合实际

公文的生命在于正确体现党和国家的现行政策，切合当前工作的实际需要。制发公文的过程其实是一个研究政策、了解情况、分析问题、寻求办法，以促进社会主义事业和我们当前的具体工作的过程。这就要求公文一方面能够正确贯彻与体现党和国家的方针政策；另一方面要切合现实生活，对具体工作有指导作用。

（二）行文得当，文种正确

公文体现着党和国家的方针政策，关系着党和国家、企事业单位、社会团体及人民群众的各项工作和活动，涉及面极其广泛。所以，在撰写公文时，首先要弄清楚部门间的隶属关系和职权范围，按照行文规则制定，然后根据不同公文的适用范围和内容，选择正确合理的文种。同时，在行文时要注意分清主次，如正确区分主送机关与抄送机关。还要注意时效，一切从实际出发，严格控制发文的数量和范围。

（三）主题明确，结构完整，格式规范

主题是公文所要表达的意图和主张，每份公文都应集中、鲜明、直接地表述主题。一文一事，中心明确，令人一目了然。围绕主题合理安排篇章结构，做到层次清理、条例分明；各项要素项目齐备，格式规范，符合国家规定。

（四）用语庄重严谨，简明通顺，平实得体

公文的语言表述必须符合公文的性质、适用范围、行文目的和发文机关的职权地位。用语要端庄持重，格调严肃，以维护公文的权威性，标明发文机关的立场和态度；周密确切，语义明确，以维护公文的准确性；简明精炼，言简意赅，以达到准确、快捷阅文办事的效果；字斟句酌，流利顺达，做到文理通畅；朴实平和，用语得体，符合文种的表达需要。

第二节 公告、通知、通告的写作

一、公告

（一）公告的概念与作用

公告，是指政府、团体对重大事件当众正式公布或者公开宣告，宣布。国务院2012年4月16日发布、2012年7月1日起施行的《党政机关公文处理工作条例》，对公告的使用表

述为："适用于向国内外宣布重要事项或者法定事项"。其中包含两方面的内容：一是向国内外宣布重要事项，公布依据政策、法令采取的重大行动等；二是向国内外宣布法定事项，公布依据法律规定告知国内外的有关重要规定和重大行动等。公告有如下两个作用：

1. 广而告之

公告的覆盖面居公文之最，其最大的作用，就是广而告之。它向国内外宣布重要事项，使公众知晓公告的精神和内容，既是他的出发点，也是其根本作用的有力体现。

2. 直推事项

公告的发布者可借要公布的事项，将自己的意图、观点、立场等和盘托出，毫不隐讳其目的和用意，它直推事项的作用所显示的公开度与透明度比其他公文来得更鲜明和直接。

（二）公告的特点与分类

1. 公告的特点

（1）发布内容重要。所谓重要事项，是指事关全局或在国内外能产生重大影响的事项。

（2）发布范围广泛。公告是向国内外发布，经常是授权新华通讯社向全世界发布。

（3）发布机关有资格限制。发布机关多为较高级别的国家行政机关或权力机关，例如，全国人民代表大会、国务院、各省、市人民政府及人大等。此外，也可由法定的有关职能部门来制发，不够级别的单位需得到授权才能发布公告。

2. 公告的分类

（1）重要事项公告。凡是用来宣布有关国家的政治、经济、军事、科技、教育、人事、外交等方面需要告知全民的重要事项的，都属此类公告。常见的有国家重要领导岗位的变动，领导人的出访或其他重大活动，重要科技成果的公布，重要军事行动等等。如中国人大常务委员会关于确认中国人大代表资格的公告，新华社受权宣布中国将进行向太平洋发射运载火箭试验的公告，都属此类公告。

（2）法定事项公告。依照有关法律和法规的规定，一些重要事情和主要环节必须以公告的方式向全民公布。例如《中华人民共和国专利法》第三十九条规定："发明专利申请经实质审查没有发现驳回理由的，专利局应当作出审定，予以公告。"

（3）专业性公告。有一类公告是属于专业性的或向特定对象发布的，如经济上的招标公告，按专利法规定公布申请专利的公告；也有按国家民事诉讼法规定，法院递交诉讼文书无法送本人或代收人时，可以发布公告间接送达，是向特定对象发布的，这些都不属行政机关公文。

（三）公告的格式与写作要求

1. 公告的格式

（1）标题。一般由三部分组成："公告"标发文机关和文种，有时只标文种即可；标题如无发文机关名称则在结尾必须落款。"通告"标题一般要标出单位或事由。

（2）正文。包括开头的原因，讲原因目的；主体的事项，及告知的内容，可以分条款写下；最后是写结尾，写实施的期限、范围等必要的补充，也可以简洁地提出对人民的希望，对违背者的警告等，然后再写、或结尾只写结束用语，如"特此公告"等。

（3）文尾。署名公告发布者的全称、加盖公章和注明公告发布时间，是完善公告的必备手段。

2. 公告的写作要求

公告的使用比较混乱，主要有两种情况：一是把公告当作"启事"、"声明"、"广告"用，望文生义，以为"公告"就是公开告知有关事项，如声明某业务与本单位无关，揭露有人冒充某报记者行骗，也用"公告"；二是"公告"代行"通告"，凡公布性事项，事无巨细都用"公告"，甚至街道告知居民领取物价补贴也用"公告"。使用公告必须以"公告适用于向国内外宣布重要事项或者法定事项"的有关规定来衡量，避免公告滥用。

（四）例文赏析

关于"财政库底目标余额管理制度研究"征询意向公告

经财政部批准，财政部国库司正在执行世界银行贷款"现代财政制度与国家治理"技援项目中的一个子项目"政府综合财务报告制度及国库管理相关问题研究"。该子项目中的一项内容是开展财政库底目标余额管理制度研究，目标是通过研究提出建立中国财政库底目标余额管理制度的建议。为此，财政部国库司希望聘请咨询机构，就"财政库底目标余额管理制度"这一任务开展研究。该任务的主要内容如下：

一、比较分析主要发达国家中央（联邦）和地方政府财政库底目标余额管理制度的历史背景、发展历程以及相关法律法规。

二、比较分析主要发达国家中央（联邦）和地方政府财政国库账户体系、财政库底目标余额的确定方式、国库现金管理与货币政策的协调配合情况等。

三、比较分析主要发达国家中央（联邦）和地方政府财政库底目标余额管理制度投融资工具的选择，以及财政库底目标余额管理与债务管理的协调配合情况。

四、研究提出建立中国财政库底目标余额管理制度的建议，最终形成《财政库底目标余额管理制度研究报告》。

附件中的工作任务大纲（TOR）说明了本任务的详细工作要求。

对此工作任务有兴趣的公司/机构须提供信息，说明其有资格完成本任务。请于2017年6月23日之前向我们表达意向，并提交包括以下内容的机构信息（联络信息见公告下方）：

1. 本公司/机构介绍。

2. 说明本公司/机构曾经参与完成过的类似任务经验以及取得的成果。

3. 本公司/机构有能力和时间承担本任务的主要业务骨干的专业领域、资历、经验和成就等相关情况。

在收到三家以上公司/机构的信息文件后，我们将按世界银行"基于咨询者资历"的采购方法，评选出一家公司/机构，并就合同事宜展开进一步磋商。

联系人：吕健　孙士和

邮政地址：北京市西城区三里河南三巷3号

电话：010-68553183/3185

电子邮件：lujian@mof.gov.cn

附件：世界银行贷款"现代财政制度与国家治理"技援项目"政府综合财务报告制度及国库管理相关问题研究"子项目"财政库底目标余额管理制度研究"工作任务大纲

财政部国库司
2017年6月9日

（来源：中华人民共和国财政部门户网站）

简析： 这是一份很典型的法定事项公告。标题由事由和文种两部分组成。正文部分概括地写出了公告的原因、目的，以及需要告知的相关内容。文尾标注了署名和日期。

二、通知

（一）通知的概念与作用

通知，是运用广泛的知照性公文。用来发布法规、规章，转发上级机关、同级机关和不相隶属机关的公文，批转下级机关的公文，要求下级机关办理某项事务等。通知的应用极为广泛。下达指示、布置工作、传达有关事项、传达领导意见、任免干部、决定具体问题，都可以用通知。上级机关对下级机关可以用通知；平行机关之间有时也可以用通知。

通知在实际工作中是使用频率较高的文种，其主要作用表现在以下六个方面：

（1）传达作用。通知常常用来传达上级的有关指示精神。

（2）承转作用。上级机关将下级机关的文件批转给有关单位，用通知。

（3）指令作用。通知常用于向所属下级机关发布有关行政法令和规章制度，有很高的政策性。

（4）决定性作用。上级机关使用通知将对有关问题的处理告知有关部门。

（5）周知作用。通知也用于知照有关单位需要周知或办理的事项。

（6）凭证作用。通知主要是下行文，这就为下级如何工作提供了方针、政策及依据，也为日后总结检查工作提供了凭证。

（二）通知的特点与分类

1. 通知的特点

（1）运用的广泛性。在所有公文中通知的应用最为广泛。通知的发文机关不受级别的限制，国家级党政机关、基层的企事业单位、居民社区、社会团体，都可以发布通知。

（2）功能的多样性。通知的功能是最为丰富的文体。它可以用来传达指示、发布规章、布置工作、技术指导、批转文件、任免干部等等。

（3）较强的时效性。通知是一种制发快捷、运用灵便的公文文种，通知所要求办理的事项，都有比较明确的时间限制，受文机关办理所要求的工作内容时往往大打折扣或造成工作延误。

2. 通知的分类

根据适用范围的不同，可以分为六大类：

（1）发布性通知：用于发布行政规章制度及党内规章制度。

（2）批转性通知：用于上级机关批转下级机关的公文，给所属人员，让他们周知或执行。

（3）转发性通知：用于转发上级机关和不相隶属的机关的公文给所属人员，让他们周知或执行。

（4）指示性通知：用于上级机关指示下级机关如何开展工作。

（5）任免性通知：用于任免和聘用干部。

（6）事务性通知：用于处理日常工作中带事务性的事情，常把有关信息或要求用通知的形式传达给有关机构或群众。

（三）通知的格式与写作要求

1. 通知的格式

（1）通知标题和主送机关。通知的标题一般采用公文标题的常规写法，由发文机关＋主要内容＋文种组成。如《财政部会计司关于政府会计准则制度研究征询意见公告》。也可以省略发文机关，由主要内容＋文种组成标题。如《开展〈政府会计制度〉实施软件配套情况调查问卷工作的通知》。

发布规章的通知，所发布的规章名称要出现在标题的主要内容部分，并使用书名号。

批转和转发文件的公文，所转发的文件内容要出现在标题中，但不一定使用书名号。如《国务院办公厅转发教育部等部门关于进一步加快高等学校后勤社会化改革意见的通知》。

通知的发文对象比较广泛，因此，主送机关较多，要注意主送机关排列的规范性。

（2）通知的正文。首先是通知缘由。发布指示、安排工作，以及晓谕性通知，主要表述有关背景、根据、目的、意义等；批转、转发文件的通知，根据情况，可以在开头表述通知缘由，但多数以直接表达转发对象和转发决定为开头，无需说明缘由；发布规章的通知，多数情况下篇段合一，无明显的开头部分，一般也不交代缘由。

其次是通知事项。这是通知的主体部分，所发布的指示、安排的工作、提出的方法、措施和步骤等，都在这一部分中有条理地组织表达。内容复杂的需要分条列款。晓谕性通知，有时需要列出新成立的组织的成员名单，以及改变名称或隶属关系之后职权的变动等。

最后是执行要求。发布指示、安排工作的通知，可以在结尾处提出贯彻执行的有关要求。如无必要，可以没有这一部分。

（3）通知的文尾。写出发文机关的名称和发文时间并加盖印章。

2. 通知的写作要求

（1）主题单一，内容具体。通知的写作应该坚持一文一事的原则，要注意区分和把握各种类型通知的不同特点和要求，否则会影响主题表达的集中、鲜明。通知的内容必须具体，如指示性通知、告知性通知和会议通知中的事项部分都应该交代得明确具体，才能达到预期的目的和效果；转发（批转）性通知也常常加上简短的按语，作具体的指导，使被转发（批转）的文件具有明确的参照执行价值。

（2）结构灵活，条理清楚。通知的结构具有一定的灵活性。在标题内的"通知"两字之前，可以根据需要加上一定的修饰语，如"紧急""重要""联合""补充"等，以示强调；转发性通知可以在不影响基本意思的前提下对标题做一定的处理，以求简短明了。通知的正文可以短到一句话。写作通知应根据不同的类型、具体内容的需要和表达的习惯，采用不同的正文结构形式，该繁则繁，该简则简。事项较多的通知需要注意层次的安排，因此常采用分条的写法，以求条理清楚。

（四）例文赏析

例文一

关于申报2018年中央集中彩票公益金
支持地方体育事业专项资金的通知

各省、自治区、直辖市、计划单列市财政厅（局）、体育局，新疆生产建设兵团财政局、体育局：

根据《中央集中彩票公益金支持体育事业专项资金管理办法》（财教〔2013〕481号）、《中央对地方专项转移支付绩效目标管理暂行办法》（财预〔2015〕163号）等有关规定，现将2018年中央集中彩票公益金支持地方体育事业专项资金（以下简称专项资金）申报工作有关事项通知如下：

一、总体要求

（一）高度重视2018年专项资金申报工作。各地财政、体育部门要加强领导，落实责任，结合本地区实际情况，扎实做好本地区2018年专项资金的申报工作。

（二）进一步提高申报工作质量。申报单位要按照相关管理要求，做好申报项目的前期立项、论证工作，认真填报项目申报书，并设定项目绩效目标；财政、体育部门要加强项目及其绩效目标的审核，按照相关要求、分轻重缓急予以排序。

（三）做好绩效目标管理工作。请各级体育、财政部门各负其责，按照财预〔2015〕163号文件要求，做好绩效目标管理工作，提高资金使用效益。

二、申报范围和方式

（一）2018年专项资金重点支持青少年赛事、后备人才培养、全民健身赛事和活动、全民健身示范设施建设、国家队转训基地改善条件等。具体项目类别可通过"彩票公益金预算管理系统"查询。

（二）2018年专项资金通过"彩票公益金预算管理系统"进行申请上报。

三、报送要求

（一）请各省、自治区、直辖市和计划单列市财政、体育部门统筹本地区体育事业发展情况，对申报项目进行认真审核汇总，确保报送内容的准确完整。

（二）所有申报项目均应细化到项目单位，填报项目申报材料和项目绩效目标，并按照轻重缓急进行排序。省级财政部门应会同体育部门设定区域绩效目标并同步上报。

（三）场馆设施维修改造和设备购置类项目要做好前期立项、可行性研究和工程概算等前期手续，基本建设项目应获得当地发展改革部门的立项、初步设计和概算批复。

（四）专项资金申请文件由省级财政、体育部门（计划单列市单独申报）联合签发，请于2018年3月15日前将申请文件和相关附表报送财政部（1份）和国家体育总局（3份）。项目申报材料和项目绩效目标实行网上申报，不需报送纸质文件。

四、其他事项

（一）"彩票公益金预算管理系统"登录方法：登录国家体育总局官方网站www.sport.gov.cn首页，点击"办事服务""彩票公益金预算管理"。省级用户登录用户名和密码同2017年，如有疑问请致电体育总局经济司；省级以下用户登录名和密码请致电本省体育局财务部门获取。

（二）咨询电话：财政部文化司010-68553726，国家体育总局体育经济司010-87182137，系统技术支持（待定）。

附件：

1. 2018年中央集中彩票公益金支持地方体育事业专项资金申请汇总表
2. 中央对地方转移支付区域绩效目标申报表

財政部办公厅
国家体育总局办公厅
2018年1月26日
（来源：中华人民共和国财政部门户网站）

简析：这是一份工作性通知，正文由缘由、主体两部分组成。缘由部分简要交代了行文的根据和目的；主体部分包括总体要求、申报范围和方式、保送要求、其他事项四个部分，直截了当，清楚明白。

例文二

国务院办公厅转发国家发展改革委商务部
人民银行外交部关于进一步引导和规范境外
投资方向指导意见的通知
国办发〔2017〕74号

各省、自治区、直辖市人民政府，国务院各部委、各直属机构：

国家发展改革委、商务部、人民银行、外交部《关于进一步引导和规范境外投资方向的指导意见》已经国务院同意，现转发给你们，请认真贯彻执行。

附件：关于进一步引导和规范境外投资方向的指导意见

国务院办公厅
2017年8月4日
（来源：中华人民共和国中央人民政府门户网站）

简析：这是一篇转发性通知，用段篇合一的结构写作。直接说明行文目的、转发文件名称，接着表明发文单位的态度和执行要求。格式规范，表达清晰。

例文三

关于组织参加全国学校安全工作电视电话会议的通知
陕教安办〔2018〕3号

各市教育局，杨凌示范区教育局、西咸新区教育卫体局，韩城市、神木市、府谷县教育局，各有关高等学校：

教育部、公安部定于2018年3月1日（星期四）16:00—17:30召开全国学校安全工作电视电话会议。根据教育部办公厅会议通知安排，现就我省组织参加本次会议有关事项通知如下：

一、会场安排

我省分会场设在省教育厅会议楼1楼第一会议室（西安市长安南路563号，西安邮电大学院内）。各市（区）、县（区）设分会场。

二、参会人员

（一）省级分会场

省委高教工委、省教育厅、省公安厅负责同志。

省委高教工委、省教育厅、省公安厅相关处室负责同志。

西安地区普通高等学校党委书记。

（二）市级分会场

各市（区）教育局局长、分管学校安全管理的副局长，市公安局分管局长，相关科室负责人；市教育局直属中小学幼儿园负责同志。西安地区以外普通高校在各市级分会场参会，请各市教育局做好接洽工作。

（三）县（市、区）分会场

各县（市、区）教育局主要负责同志和分管负责同志、公安局分管负责同志，相关部门负责同志；各级各类学校主要负责人代表。

请各市、县（区）教育部门与本级公安机关做好对接。

三、会议组织

（一）请西安地区普通高校于2月27日（星期二）11：00前将参会人员名单报省委高教工委稳定办。

（二）请各市（区）教育局落实市级分会场组织工作，指导县（区）做好分会场组织工作，并于2月27日（星期二）11：00前将本市参会人数、设立的分会场数量以及市级分会场参会领导名单报省教育厅安全管理处（具体见附件）。

（三）定于3月1日（星期四）9：00—11：00进行网络视频调试。请各市（区）、县（区）分会场提前做好系统的联调测试工作。届时，省教育厅信息与学校保障工作处派出专人负责。联系人：成鑫，电话：029－88668662

（四）请与会人员提前15分钟入场就座。

联系人：

省委高教工委稳定办：郭旭光

电　话：029－88668632　　029－88668631（传真）

省教育厅安全处：吴永亮、李巨娜

电　话：029－88668896（传真）

邮　箱：aqglc318@163.com

附件：参会人员名单

中共陕西省委高教工委办公室
陕西省教育厅办公室
2018年2月26日
（来源：陕西省教育厅门户网站）

简析：这是一篇会议通知，由缘由和主体两部分组成。缘由交代了会议召开的目的、会议的时间、地点等内容；事项部分分别说明了具体的相关要求。行文条理清晰，便于执行。

三、通告

（一）通告的概念与作用

通告，是适用于在一定范围内公布应当遵守或者周知事项的周知性公文。通告的使用面比较广泛，一般机关、企事业单位甚至临时性机构都可使用，但强制性的通告必须依法发布，其限定范围不能超过发文机关的权限。通告的作用有如下两点：

1. 公布事项，广而告之

通告就是公布相关事项，以较为详尽的内容，向社会公布相关信息，告知人们应注意的具体事项，同时提出要求以统一思想、规范行为，使人们从中受到启发和教育。

2. 遵从执行，规范行为

公布事项是为了执行，这是通告的根本目的。通告强调的是有关事项及要求，带有明显的强制性和约束力，要求人们遵从执行。同时，它还为人们提供了具体的规范性标准或行为准则，强调人们的行为、认识等高度共通性，从而万众一心、同心同德地实现共同目标。

（二）通告的特点与分类

通告是知照性下行文，具有鲜明的告知性，一定的制约性等特点，因其内容多涉及具体的业务活动或工作，所以，通告在内容上还具有专业性的特点。

通告按用途可分为周知性（事务性）通告、规定性（制约性）通告两大类。一是周知性（事务性）通告，即在一定范围内公布需要周知或需要办理的事项，政府机关、社会团体、企事业单位均可使用，如建设征地公告、更换证件通告、施工公告等等；二是规定性（制约性）通告，用于公布应当遵守的事项，只限行政机关使用，如《关于禁止燃放烟花爆竹的通告》。

（三）通告的格式与写作要求

1. 通告的格式

（1）标题的写法有四种："通告"，如遇特别紧急情况，可在通告前加上"紧急"二字；"关于×××的通告"；"×××关于×××的通告"；"×××的通告"。

（2）原由。主要阐述发布通告的背景、根据、目的、意义等。通告常用的特定承启句式"为……，特通告如下"或者"根据……，决定……，特此通告"引出通告的事项。

（3）通告事项。通告事项是通告全文的核心部分，包括周知事项和执行要求。撰写这部分内容，首先要做到条理分明，层次清晰。如果内容较多，可采用分条列项的方法；如果内容比较单一，也可采用贯通式方法。其次要做到明确具体，需清楚说明受文对象应执行的事项，以便于理解和执行。

（4）结语。用"特此通告"或"本通告自发布之日起实施"表达。

2. 通告的写作要求

（1）发文的目的要明确。发布通告的目的或原因，一般要在缘由部分扼要地交代清楚，让人们一看就知道为什么要发此通告。

（2）通告事项要符合政策规定。通告的事项，应该符合法律、法令和有关政策规定，不能违犯法令政策。公文作者必须注重学习法律、法令和有关政策。

（3）语言要通俗简洁。经济文书中的通告是一种周知性公文，多用张贴和登报的方式发布。因此，写通告要注重语言的通俗与简洁，简单明了，篇幅不宜过长，利于张贴和阅读。

（四）例文赏析

关于继续施行《新能源纯电动物流车电子备案规程》的通告

深公交（通）〔2018〕34号

为鼓励新能源纯电动物流车的发展使用，做好新能源纯电动物流车电子备案工作，我局将继续施行《新能源纯电动物流车电子备案规程》，现通告如下：

一、备案原则

新能源纯电动物流车电子备案采取自愿的原则。

二、通行管理

已自愿安装RFID、接入GPS数据等方式接受电子备案的新能源纯电动物流车辆进行分级管理，并可享受优惠通行政策，未安装RFID和接入GPS数据暂不享受优惠通行政策：

（一）一级管理

已完成电子备案，接受监管的新能源纯电动轻、微型货车，除周一至周五7时30分至21时禁止通行深南大道（深南/沿河立交至香梅路段）外，允许在深圳市其余道路行驶。

（二）二级管理

已完成电子备案，接受监管的车身长度不超过6米的纯电动重、中型货车，限制通行的时间和路段与普通轻、微型货车限行范围相同。

（三）三级管理

已完成电子备案，接受监管的车身长度超过6米的纯电动重、中型货车，限制通行的时间和路段与普通重、中型货车限行范围相同。

具体的优惠通行规定按照《深圳市公安局交通警察局关于对新能源纯电动物流车继续实施通行优惠政策的通告》〔深公交（通）〔2017〕240号〕执行。

三、办理程序

（一）受理范围

本规程所称的新能源纯电动物流车，是指在深圳市登记上牌的机动车登记证书上燃料种类标明为"电"的微、轻、中及重型载货汽车。

（二）申办材料

1. 车辆行驶证。

2. 车辆列表（详见www.stc.gov.cn/网上办事/表格下载）。

3. 车主身份证明。车主为个人的，提供个人身份证；车主为单位的，提供单位组织机构代码证。

4. 机动车登记证书。

5. 将上述材料原件进行彩色扫描，根据《关于办理通行证材料的规范说明》（详见www.stc.gov.cn/网上办事/表格下载）所述规则将扫描的材料进行整理并填写"办理通行证的车辆列表.xls"。备齐材料后，可通过互联网邮箱pass@stc.gov.cn发送申请材料，或在市民中心行政服务大厅东厅1、2号窗口递交申请材料。

（三）办理流程

申办材料受理后，市公安局交通警察局将在5个工作日内由专人联系申请人进行电子备案，备案完成后，将出具相关的备案证明。不予备案的应及时书面回复申请人。

（四）办理要求

申办车辆取得电子备案证明后，准予按新能源纯电动物流车准予通行的路线通行。不申请电子备案或不予电子备案的新能源纯电动物流车按普通货车准予行驶的路线通行。

（五）备案证明有效期限

市公安局交通警察局出具的备案证明长期有效。

四、备案升降机管理机制

（一）降级管理

新能源纯电动物流车及其驾驶人存在下列情形之一的，对该新能源车予以降一级管理：

1. 发生交通事故造成人员死亡，承担次要以上责任，未构成犯罪的。
2. 发生交通事故后驾车逃逸的。
3. 一年内有3次以上负有次要以上责任事故记录的，或有2次以上事故后不执行快撤规定被予以处罚的。
4. 同一车辆一年内累计有3次以上交通违法记录的。
5. 车辆驾驶员被记录有一次记6分以上重点违法行为的。
6. 因违法停车被一次处以1000元以上罚款的。
7. 违规装载危险化学品的。
8. 一年内违反限行相关规定超过3次的。
9. 不按期参加审验的。

（二）升级管理

黄牌新能源纯电动物流车以及受到降级管理的其他电动物流车一年内无任何违法违规情形的，可书面申请提高一级管理。

五、附则

（一）本规程所称"年"为自然年，"以上"包含本数。

（二）本规程自2018年2月16日至2018年8月15日施行，有效期6个月。

特此通告。

深圳市公安局交通警察局

2018年2月13日

（来源：深圳市公安局交通警察局）

简析：这份通告正文由缘由、事项部分组成。缘由交代了通告实施的原因。事项部分对《新能源纯电动物流车电子备案规程》进行了详细说明。全文主旨鲜明，结构严谨，层次清晰。

第三节 请示、批复的写作

一、请示

(一) 请示的概念与作用

1. 请示的概念

请示是一种适用于向上级机关请求指示、批准的公文。请示的事项一般都是急需明确和解决的，因此时间性较强。凡是下级机关无权解决、无力解决以及按规定应经上级决断的问题，必须正式行文向上级机关请示。

2. 请示的作用

（1）请求指示，支持工作。请示就是一种请求，是下级对上级表示的恳切愿望在要求与认可上的体现。对上级领导机关颁布的方针政策、法规、规章以及决定、指示等，有不理解或难以执行而要求作某些变通处理的问题或事项，请求予以指示与认可。

（2）内容具体，保证实效。请求的内容必须具体清楚。它们主要有审核批准或批转本机关制定的法规、规章或决定、报告；请求批准人员编制、机构设置与调整、干部任免、领导班子组成与调整、经费预算以及对于重大事件（事故）和人员的处理等属自己无权处理的重要事项；请求审定本机关对于某些重要问题（事项）所提出的处理方案与办法；请求协调与帮助解决本机关无法解决的困难与问题；根据规定必须履行审批程序的事项。有了具体的内容，请示所要落实的各项工作才能顺利地得到执行，取得实效。

(二) 请示的特点与分类

1. 请示的特点

（1）时间的超前性。凡需要上级指示、批准、帮助的，都应该在还没有付之实施时，等上级批复后才能实施。不能边干边请示，先干后请示，这种先斩后奏的做法是违背办事原则的。

（2）事项的单一性。不能写几件事同时请示。有什么问题就解决什么问题，既有针对性、单一性，又能提高解决实效，突出请示的使用价值。

（3）内容的请求性。请求性是请示内容得到支持的前提。下级机关、部门在要办理某些事项，而自己又无权自行决定，或者无力办理，或不清楚是否办理时，必须请求上级机关批准同意，才可以去办。

2. 请示的分类

（1）请求指示的请示。此类请示一般是政策性请示，是下级机关需要上级机关对原有政策规定作出明确解释，对变通处理的问题作出审查认定，对如何处理突发事件或新情况、新问题作出明确指示等请示。

（2）请求批准的请示。此类请示是下级机关针对某些具体事宜向上级机关请求批准的请示，主要是为了解决某些实际困难和具体问题。

（3）请求批转的请示。下级机关就某一涉及面广的事项提出处理意见和办法，需各有关方面协同办理，但按规定又不能指令平级机关或不相隶属机关部门办理，需上级机关审定后批转执行。

（三）请示的格式与写作要求

1. 请示的格式

（1）请示的标题有两种写法：一是由发文机关、事由、文种构成，如《××市××局关于××××的请示》等；二是由事由、文种构成，如《关于××××的请示》等。请示的标题使用动词不能与文种词语重复，即一个标题中不能出现两个请示，表述主要内容一般只使用一个动词。如《关于申请批准购置××的请示》这个标题，其中的"请求批准"两个动词可删去。

（2）请示的主送机关只能写一个上级机关名称即主管上级机关的名称。若还要报给其他上级机关，可用"抄报"的形式在文后注明。

（3）请示的正文，一般由请示缘由、请示的具体事项及意见、要求三部分组成。

缘由是请示全文的导语，应开门见山，文字简洁，直接写明目的。正文一般用叙议结合的表达方式。在叙述情况时，应紧扣所要请示的问题，把有关的历史或现实情况、政策规定等写清楚，既不空洞抽象，缺少事实，也不照搬材料，繁琐冗长。在分析议论时，应结合情况，言简意赅。尤其注意行文语气，切勿含有论辩架势或使用教训口气；具体事项及意见是全文的重点，在向上级说明缘由之后，紧接着提出请示的具体事项，还要向上级提出自己对解决问题的态度或意见。有时还可以提出几种意见，供上级选择。但是行文者必须表明自己希望上级批准的哪种意见，并说明理由；要求是请示的结语部分，要明确提出请示要求，一般应另起一行书写。还有一些常用的请示结语规范用语，如"妥否，请批示"，"特此请示，请批复"，"以上意见当否，请指示"等；印章及发文时间与其他公文相同。

2. 请示的写作要求

（1）一文一事，一事一请。一份请示只能写一件事，在具体写作时尤其应注意。如果一文多事，或把不同类型的事情写在一篇请示里，不仅内容杂乱，事无头绪，而且会导致上级机关无法批复。

（2）单头请示，避免矛盾。一份请示只能报送一个上级领导机关。如有需要，对有关的单位可用抄送的形式。这样，可以避免出现推诿、扯皮的现象。受双重领导的机关，向上级机关请示工作时，要根据请示内容的性质和要求，主送一个上级领导机关，抄送另一个领导机关。

（3）逐级请示，把握程序。请示要向有隶属关系的上级机关请示，一般不越级请示，特殊情况越级请示时，要告知被越过的上级机关。请示一般不直接送领导个人，除非是领导直接交办的事项。

（4）要求合理，用语谦恭。写要求时，应从实际出发，理由充分，要求合理。语言要严谨得体，语气要委婉真诚，不能低三下四，委曲求全，更不能使用暗示性的语言。

（四）例文赏析

广州市××机械厂关于给技术革新能手×××同志
晋升两级工资的请示

××局：

我厂青年工人×××同志，入厂以来，虚心向老师傅学习，刻苦钻研技术，积极提合理化建议，去年在工程技术人员和老师傅的帮助下，实现了三项技术革新项目，被评为局系统的技术革新能手。

今年以来，我厂原有产品滞销，如不迅速开发新产品，企业经营将出现极大的困难。在此情况下，×××同志积极进行市场情况调查，根据用户需要，大胆研制新产品 TS-2 型测温仪表。在全厂上下大力支持下，这项新产品已于6月份投放市场，深受用户欢迎。

为了奖励×××同志对工厂的贡献和调动全厂职工的积极性，拟将×××同志的工资级别由二级晋升为四级。

妥否，请批示。

广州市××机械厂
××××年××月××日（公章）

简析： 这是一则请求批准的请示。正文最大的特点，是行文重点放在陈述理由：青年×××同志，"虚心"、"刻苦"、"积极"，技术革新成绩卓著。结尾写主旨和请示语。

二、批复

（一）批复的概念与作用

1. 批复的概念

批复是一种适用于答复下级机关请示事项的公文。针对性很强的下行公文，批复的事项要紧扣请示事项明确作答，不能答非所问，复非所求，节外生枝。

2. 批复的作用

对请示机关作出相应的指示或表态。批复一经下达，受文机关就必须遵照执行、照章办理，具有指挥、领导的作用。

（二）批复的特点与分类

1. 批复的特点

（1）内容的针对性。批复是针对下级机关的请示而做的答复，批复回答的问题是请示中已有的具体事项，不涉及请示以外的其他事项。有请示才有批复，其突出特征是"有请必复""一请一复""不请不复"。

（2）态度的鲜明性。批复是对下级的请示的答复，凡是同意的，要明确表态；不同意的，也要说明理由，不能含糊其辞。

（3）答复的权威性。批复是上级对下级的指示，指令性表现强，代表着上级的意志和权威。批复一旦下发，受文单位必须按照上级批复执行；如对批复有不同意见，也不能随意改变；如果请示的事项上级没有批准，就不能自作主张，自行其是。

2. 批复的分类

（1）指示性批复。对下级机关请示所涉及政策上、认识上的问题，作出指示性答复。

（2）审批性批复。对下级机关请示涉及人事、财物、机构等方面的具体问题，作出批准或不批准，或不完全批准等审批性答复。

（三）批复的格式与写作要求

1. 批复的格式

（1）标题。批复的标题，要写明批复机关名称、内容与文种。有些批复，还要在标题中标明作者对所请示问题的态度,如《财政部 国家税务总局关于个人所得税有关问题的批复》《国务院关于同意财政部发行主权外债的批复》等。批复的标题在形式上分为单介词结构、双介词结构。单介词结构与一般公文标题的主要内容表述形式基本相同,如《广东省财政厅关于同意成立广东中天粤会计事务所有限公司的批复》等。双介词结构的形式由上级发文机关、介词、答复事项、介词、下级受文机关等构成,如《国务院关于同意修订印花税税率税额表给财政部的批复》等。

(2)主送机关。即请求批示和批准的机关。

(3)正文。包括引语、主文、结尾三个部分。

首先是引语:指开头一段(或开头一句)一般是引语,通常引用两个方面的内容分为引用下级机关来文的日期、公文名称或字号。如海关总署、财政部、国家税务总局、外汇局2010年给河南保税物流中心批复的引语:"《郑州海关关于河南省进口物资公共保税中心有限公司申请设立保税物流中心(B型)的请示》(郑关加〔2009〕97号)收悉。按照国务院关于保税物流中心扩大试点的批复精神,根据《海关总署 财政部 税务总局 外汇局关于印发保税物流中心扩大试点审批办法的通知》(署加发〔2008〕505号),现批复如下。"

其次是主文:批复的主体,应针对下级机关请示的事项,表明同意与否的明确态度,并阐述同意或不同意的理由。如果同意,必要时还可给予一定的指示;如果不同意,则要说明理由,并且作出应该如何处理的指示,使下级机关有所遵循。

最后是结尾:结尾都用规范性的语言,如"此复"、"特此批复"。也可不用结尾,主文写完就结束。

(4)制发机关印章与成文日期:写法与其他公文相同。

2. 批复的写作要求

(1)答复明确,针对性强。批复要根据有关的政策法规和实际情况,对下级来文请求的问题逐一作出有针对性的答复,同意或不同意,批准或不批准,必须要明确表态,用语应该肯定、周严;必要时还可以对答复意见略作说明,以便下级理解。还要注意针对下级请求的事项进行答复,请示什么答复什么,没有特别的需要,不应涉及其他的事情。

(2)一文一批复,回复及时。一文一批复忌"一文多批复",请示是"一文一事",批复也应一文一批复。一文一批复可以提高工作效率,专一性很强,有利于批复的尽快落实。批复的撰写与制发都要及时,上级的回复才能及时,应该引起我们的重视。

(3)文字简练,用语肯定。批复是指挥性公文,需对下级的行为有所制约,实现其指挥的目的,语言必须简练,用语必须肯定。

(四)例文赏析

国务院关于同意郑洛新国家高新区建设国家自主创新示范区的批复
国函〔2016〕63号

科技部、河南省人民政府:

你们《关于支持郑洛新国家级高新区建设国家自主创新示范区的请示》(国科发高〔2015〕405号)收悉。现批复如下:

一、同意郑州、洛阳、新乡3个国家高新技术产业开发区(统称郑洛新国家高新区)建设国家自主创新示范区,区域范围为国务院有关部门公布的开发区审核公告确定的四至范围。要按照党中央、国务院决策部署,全面实施创新驱动发展战略,充分发挥郑洛新地区的区位和交通枢纽优势，积极开展创新政策先行先试，激发各类创新主体活力，着力培育良好的创新创业环境，深入推进大众创业、万众创新，全面提升区域创新体系整体效能，打造具有国际竞争力的中原创新创业中心，努力把郑洛新国家高新区建设成为开放创新先导区、技术转移集聚区、转型升级引领区、创新创业生态区。

二、同意郑洛新国家高新区享受国家自主创新示范区相关政策，同时结合自身特点，积极开展科技体制改革和机制创新，在科研项目和经费管理、股权激励、科技金融结合、知识产权运用与保护、人才培养与引进、科技成果转化、科技评价等方面进行探索示范。

三、同意将郑洛新国家高新区建设国家自主创新示范区工作纳入国家自主创新示范区部际协调小组统筹指导，落实相关政策措施，研究解决发展中的重大问题。国务院有关部门要结合各自职能，在重大项目安排、政策先行先试、体制机制创新等方面给予积极支持。

四、河南省人民政府要加强组织领导，建立协同推进机制，搭建创新合作的联动平台，认真组织编制实施方案，细化任务分工，集成推进郑洛新国家高新区建设国家自主创新示范区各项工作。

国务院
2016 年 4 月 5 日

（来源：中华人民共和国中央人民政府门户网站）

简析：这是一份指示性批复。上级单位首先引据下级单位的请示，然后针对下级单位的请示事项及有关问题作出了具体的规定，态度明确、规定具体、切实可行，具有很强的指导性。全文针对性强，内容具体，文字精练，用语得当。

第四节 通报、报告的写作

一、通报

（一）通报的概念与作用

1. 通报的概念

通报是适用于表彰先进，批评错误，传达重要精神或者情况的一种下行公文，对下级和有关方面起倡导、警戒、启发、教育和沟通情况的作用。

2. 通报的作用

（1）嘉奖和告诫的作用。通报在一定范围内是对具体的人和事表扬或批评，借以达到鼓励先进、发扬正气或批评错误、打击歪风邪气的目的。表彰通报或批评通报对当事人的奖励与惩罚，具有行政约束力。

（2）交流作用。传达重要情况和知照事项的通报，能及时交流信息，上情下达，并能促进上下级之间、有关部门之间的相互了解。

（二）通报的特点与分类

1. 通报的特点

（1）知照性。不论哪种类型的通报，都是要将有关情况告诉有关范围内的有关人员，让他们首先了解事实，然后进一步认识事实。

（2）指导性。表彰型的通报，通过先进事迹的宣传，可指导人们学习先进个人或群体的哪些思想品质；批评错误的通报，可告诫人们应吸取哪些教训并引以为戒；传达重要精神和情况，指导人们统一认识，做好工作。

2. 通报的分类

（1）按形式来分，有直述式通报和转述式通报两种类型。直述式通报是由发文机关直接发出的，是内容比较单一的通报。通报文中直接叙述情况，连同处分决定带分析，要求一贯到底，一文完成。例如，《中共××市委纪律检查委员会关于李××等受贿问题的通报》等。转述式通报是发文机关转发已有的成文的通报，或内容较多，不大好归纳成一篇的成文的通报。

（2）根据内容来分类，通报则可以分为批评性通报、表扬性通报和情况通报：批评性通报是一种批评严重错误的通报，其内容如对重大责任事故的处理、对违纪案件处分决定的公布等；表扬性通报是一种表扬先进的通报，其内容如表扬先进人物、介绍先进经验等；情况通报是一种用于传达重要精神与重要情况的通报，可以引起人们的警觉与注意，对当前的工作有指导作用。

（三）通报的格式与写作要求

1. 通报的格式

（1）表彰性通报的写作。正文一般由以下几部分构成：

先进事迹：叙述先进人物（单位）的事迹。写进正文的材料和事件务必真实、准确、实事求是，具有典型性，体现先进性。

先进事迹评价：在介绍事迹的基础上说明其意义，分析评价其精神实质，归纳和论述其典型经验，以供人们效法、借鉴。这部分是全文重点，评价要客观、恰如其分，文字要简明，不必过多议论。

表彰决定：要写得准确、鲜明。

希望和要求：既包括对被表彰者的勉励和期望，更包括对有关方面和群众的希望和号召。要求切实可行，符合实际；行文要有针对性，做到概括、鲜明，不千篇一律。

（2）批评性通报的写作。这类通报的惩戒作用十分突出，除在一定范围内批评处理错误外，着重是要从中吸取教训，引起有关方面和干部群众的警觉，以防止类似事件再发生。

错误事实：围绕通报批评的主要问题，如实反映情况。问题若属有代表性的，在介绍错误事实时，要注意点面结合，全面地反映问题的严重性，以引起大家的重视。

错误原因和教训：针对错误事实分析原因，点明实质，总结教训，指出危害。要写得准确中肯，实事求是，既不可无限上纲，也不可大事化小，分析评议要合情合理，令人信服。

处理决定：处理决定要简明扼要，准确鲜明。

希望和要求：针对错误及其教训，提出切实可行的改进措施和要求，告诫来者，教育大家，力求简洁、明快。

（3）情况通报的写作。这类通报内容集中，多为一事一报，写作比较灵活自如，结构因文而定。主要是据实反映情况，分析问题；有的还要针对通报的情况提出要求和希望。行文要事实清楚，分析入理，突出重点，抓住本质，语言要简洁、得体。

2. 通报的写作要求

（1）注重时效性。发通报要抓住时机，及时将先进典型和经验向社会宣传推广，对反面典型予以揭露，引起警戒，或对某些重大事项和重要情况，及时予以通报，以起到交流情况、信息，指导工作的作用。错过了时机的通报，失去其时效性，行文便无意义可言。

（2）注意指导性。不能事无巨细都发通报，要选择对工作有普遍指导意义的事项来发通报。通报要有普遍的指导意义，就应选择典型。只有选准、选好典型，通报才能起到激励教育、推动工作和批评告诫的作用。

（3）注意真实性。通报中所涉及的事例，必须是客观存在的，经过反复调查，是真实可靠的，绝不允许捏造和虚构。同时，事例的反映要准确，不能夸大或缩小，要实事求是。通报在结尾提出的希望和号召，也必须切合实际，有一定的针对性，使读者能够接受或受到启示。

（四）例文赏析

关于表彰五华县商业局年度商业工作成绩显著的通报

各县商业局、局直属各公司：

去年五华县商业局认真落实经营责任制，强化企业管理，在市场竞争激烈、商业工作难度较大的情况下，团结广大干部职工，鼓足干劲，扎扎实实做好各项工作，取得了显著的成绩。

一、购销利税全面增长。去年，五华县商业系统商品总购销业绩×××万元，比上年增长27.6%，其中总购进×××万元，比上年增长111.7%，总销售业绩×××万元，比上年增长36.74%，其中纯销售×××万元，比上年增长50%；实现利润×××万元（不包括批发税），比上年增长16.6%；上交国家税收×××万元，比上年增长1.8倍，实现了购、销、利润、税收同步增长。

二、亏损大户食品行业扭亏为盈。五华县商业系统按省政府规定，加强生猪购销管理，端正业务指导思想，落实生猪经营和扭亏责任制。全年收购生猪××万担，比上年增长31.4倍，占全县生猪总上市量的70%，完成商品总销售×××万元，比上年增长2.08倍，实现利润××万元，比上年亏损××万元，增盈××万元，35个食品核算单位中，有30个盈利，亏损单位从上年的32个减为5个。

三、加强网点建设，更好地发挥国营商业的主导作用。近几年来，五华县以少花钱多办事的精神，加强商业网点建设，去年扩建了34间门店，到目前为止，营业面积6437平方米，比改造前的3871平方米，增加2566平方米，改造后的门店，美观大方，既增加了服务项目，扩大了经营范围，方便了群众购买，又占领了市场阵地，在市场竞争中，发挥了国营商业的主导作用。

鉴于五华县×××年商业工作成绩显著，市商业局决定予以通报表扬，希望我市各级产业部门在新的一年中，要学习五华县商业局的先进经验，坚持四项基本原则，深入改革，开拓经营，繁荣市场，把商业工作提高到一个新的水平，为发展我市的经济建设做出应有的贡献。

五华县商业局
××××年××月××日（印）

简析：这是一则表彰性通报。正文分三个层次：一是概括介绍五华县商业局的先进事迹，简洁清楚地交代了时间、人物（单位）、事件（事迹）；二是介绍具体的先进事迹材料，即购、销、利全面增长；亏损大户食品行业扭亏为盈；加强了网点建设，更好地发挥了国营商业的主导作用；三是写表彰决定，并发出号召。文章使用绝对数、百分数、对比数等各种不同的数字，便于精确地说明成绩显著的程度，给人以深刻印象。

二、报告

（一）报告的概念与作用

1. 报告的概念

报告是一种适用于向上级机关汇报工作，反映情况，答复上级机关询问的公文。机关、团体、企事业单位使用较多、比较重要的呈报性公文。

2. 报告的作用

报告属陈述性的上行公文，它是下级机关向上级机关反馈信息，沟通上下级机关纵向联系的一种重要形式。下级机关利用报告及时向上级机关反映工作情况，可以取得上级机关指导、帮助；同时，上级机关也可通过报告，及时了解下级机关的情况，以便制定正确的方针、政策，实行科学的领导，能切实指导下级机关的工作。

（二）报告的特点与分类

1. 报告的特点

（1）陈述性。报告无论是汇报工作还是反映情况，都要以陈述事实为主，即把有关事实，包括取得的主要成绩、做法或经验、存在问题和今后打算等如实地报告给上级机关，使之能根据报告情况做出判断。

（2）汇报性。向上级机关汇报工作、反映情况，不能只摆事实，也要表达汇报者的意见，以便上级机关及时了解下级情况，为正确决策提供依据。

2. 报告的分类

（1）按报告内容和用途分：

①工作报告：用于向上级汇报工作进程，反映工作问题，总结经验教训。

②情况报告：用于向上级反映情况，特别是反映调查了解到的重大情况、特殊情况、新情况。

③建议报告：有关职能部门就开展、改进、加强某项工作，向上级领导机关提出意见、建议的报告。

④答复报告：用于答复上级机关的查询、提问；按要求如期汇报执行上级机关某项指示、意见的结果；回答有关代表大会、委员会及其执行机构提出的质询，交付办理的提案、议案的处理意见或处理结果。

⑤报送报告：用于向上级机关说明报送有关文件、材料或物品的情况。

（2）按报告的写作意图分：

①呈报性报告：指呈报给上级机关而不要求上级机关批转、答复的报告，目的在于让上级了解有关情况。

②呈转性报告：指呈报给上级而要求上级批准并转发给有关单位的报告。职能部门为保证工作的顺利进行，必须采取一些措施，需要有关部门密切配合，但又无权向平行的或不相

隶属的机关、部门、地区行文布置工作、发布指示。这就必须就工作的措施、意见写成建议报告，呈报给上级领导机关或综合部门，请求审定、批准并转发给有关部门、有关地区共同执行，协同办理，以便工作顺利进行。

（3）按报告写作范围分：

①综合报告：用于反映一定阶段、一定范围的多方面工作情况，注重综合、全面。

②专题报告：用于反映某一项专门工作或某一方面工作的情况，注重专一性。实际工作中的报告大多是这种类型。

综合报告与专题报告的分类有相对性，有时部门的综合报告对全局而言就成了专题报告了。

（4）按报告时限分：

①例行报告：即定期向上级机关所作的工作报告，如月报、年度报告等。

②不定期报告：指无严格的期限规定，根据工作实际需要而作的报告。

（三）报告的格式与写作要求

1. 报告的格式

（1）标题。报告的标题，一是由事由、文种构成，如《关于××××的报告》等；二是由发文机关、事由、文种构成，如《××市关于××××××的报告》等。反映内容紧急的，则在标题中的"报告"两字前加上"紧急"字样。

（2）主送机关。在标题下正文前顶格书写受文对象，一般是上级机关或业务主管部门。

（3）正文。不同种类的报告，其正文的写法不尽一致，但有一些格式是共同的，如开头一般多说明报告的目的。目的写完以后，用"现将有关情况报告如下"之类的惯用语过渡到报告的内容。报告内容有主要情况、存在问题、经验教训、今后打算等，不同种类的报告，在以上四方面各有所侧重。正文的结束语常用"特此报告"、"以上报告当否，请审核"等惯用语。

（4）印章和日期。与一般公文相同。

2. 报告的写作要求

（1）内容真实可靠。向上级机关汇报工作或反映情况，决不能弄虚作假，也不应掩饰问题。要求上级批转的建议必须做到从客观事实出发，针对性强，可以操作。报告内容的真实与可靠，不仅是一个作风问题，而且也直接关系到领导机关决策的正确与否，关系到我们工作的成败。

（2）注重报告时效。报告要不失时机，一事一报，并且要及时写出，及时上报以达到报告的最终目的。违反了时效性，报告也就失去了意义和价值。

（3）用语简洁明了。报告的写作应做到主题明确，重点突出，用简洁的文字把所要汇报的工作或反映的情况讲清楚，这就要求作者具有较强的概括、综合能力。下笔泻如江河奔腾，结果杂乱而无条理。这样的报告就难以真正起到报告的作用，给上级机关了解情况造成困难，甚至会导致退文的结果。

（4）报告中不得夹带请示事项。对于报告，受文单位可以不用答复，如果夹带有请示事项，不仅不便于处理，还会贻误工作。对呈转性建议报告中所提请上级机关批转有关单位执行的意见，其实也是下级机关提出的建议，不应看作是一种请示。上级机关对此建议，也不必向报告作者机关批示表态。

(四) 例文赏析

××省石油公司英德供应站关于解决油库长期遗留的山地及
树木的归属问题的报告

省石油公司：

  我站于××××年5月新建油罐两个，扩建了油库，占用当地东方村部分山坡地及该地树木。扩建后几年来，库界未定，东方村多次提出，要求补偿被占用的山地及树木，但几经协商，均未有结果，以致发生纠纷，库区围墙被推倒十多米。

  最近，双方本着对国家财产和群众利益负责的精神进行协商，彼此谅解，终于达成协议，由我站给予东方村山坡地及树木一次性补偿费×万元，并经双方划定界线，新建围墙为界，界内土地及树木永久归我站所有。我站应付的补偿费×万元拟在"保管费"中列支。现随文上报所订协议及库区界图，请核备。

附件：1.《××山地及树木归属协议》
    2.《英德石油站界区图示》

英德供应站
××××年××月××日（印）

  简析： 这是一则汇报工作的工作报告。工作报告有综合性报告和专项性报告两种。本文属专项性报告。本报告的正文分三个层次：开头，叙述开展工作的主要背景，即由于新建了两个油罐，遗留下山地及树木的归属问题；主体，叙述报告的具体内容，经过协商，达成协议，并写出具体的处理方法；结尾，用随文上报协议及界区图和"请核备"作结。行文简洁，条理清晰。

第五节　意见、决议、决定、公报的写作

一、意见

（一）意见概述

  意见，是党的领导机关和国家行政机关对重要问题提出见解和处理办法的一种公文。是人们对事物所产生的看法或想法，是上级领导机关对下级机关部署工作，指导下级机关工作活动的原则、步骤和方法的一种文体。

  意见多表现出以下特点：

  1. 行文方向的多向性

  它既可以用作下行文，又可以用作上行文，还可以用作平行文。表明主张，做出计划，阐明工作原则、方法和要求；提出工作建议和参考意见；根据专门工作向平行或不相隶属的有关方面做出评估、鉴定和咨询。

2. 内容的多样性

它既可以对工作做出指导，提出要求，又可以对工作提出建议，或者对工作做出评估，提出批评。它主要用于党政机关，也可用于人民团体、企事业单位。

3. 内容的针对性

意见的制发往往是针对工作中急需解决的问题或必须克服的情形，因此它提出问题要及时，分析问题要结合实际，提出见解、办法要对症下药，具有可操作性。

4. 作用的多重性

有的意见具有指导、规范作用；有的具有建议、参考作用；有的具有评估、鉴定作用。

（二）意见的格式与写作要求

1. 意见的格式

意见一般由标题、主送机关、正文、落款四部分组成。

（1）标题。意见的标题有两种常见写法。一种是由发文机关＋主要内容＋文种组成；另一种由主要内容＋文种组成。

（2）主送机关。直接发布的意见，要有主送机关，主送机关的排列方法和一般公文相同；需要转发的意见，没有主送机关这一项，但转发该意见的通知，要把主送机关写清楚。

（3）正文。一般由前言、主体、结尾三部分组成。

前言写明发文原因。一般是交代提出意见的背景、依据、目的、意义等，陈述"为何提意见"或"为什么发布实施意见"等。然后常用"现提出如下意见"、"特制定本处理方法"、"现提出如下实施意见"等过渡语，转入主体部分。

主体阐述见解办法。是意见的核心部分，主要是对有关问题阐明观点、表明态度，提出相关的见解、建议或规范性的解决办法。

结尾提出希望、要求。如果是报请上级批转或转发的意见，结尾要另起一行，并以"以上意见如无不妥，请批转各地区、各部门执行"做结尾用语。

（4）落款。写明发文机关和发文时间。

2. 意见的写作要求

（1）意见是就贯彻执行上级精神提出带有宣传、引导、说明、阐释意义的指导性文件，语气要相对缓和，不应使用命令性的强制口气。

（2）意见中较多地使用说理的表达方式，但说理要求简明，不应用写论文或宣传材料的手法做全面论述。

（3）意见大多是就现实工作中出现的新情况、新问题，经过调查研究，提出解决问题的思路和办法。因此，意见的写作要注意选题，深入调查研究，掌握第一手资料。

（三）例文赏析

国务院办公厅关于推进社会公益事业建设领域

政府信息公开的意见

国办发〔2018〕10号

各省、自治区、直辖市人民政府，国务院各部委、各直属机构：

社会公益事业是增进民生福祉、惠及社会大众的事业，关系经济社会协调发展，对于保障和改善民生、促进社会和谐稳定、传承民族精神、引领社会风尚具有重要意义。近年来，我国社会公益事业建设取得显著成就，社会各界参与热情和关注度越来越高，但相关信息公开工作还存在不主动、不及时、不全面，面对公众关切解读引导不够等问题，一定程度上损害了社会公益事业的公信力和公平性。为进一步推动社会公益事业建设领域政府信息公开工作，推进国家治理体系和治理能力现代化，经国务院同意，现提出以下意见。

一、总体要求

（一）指导思想。全面贯彻党的十九大精神，坚持以习近平新时代中国特色社会主义思想为指导，按照党中央、国务院关于全面推进政务公开工作的部署和要求，准确把握社会公益事业建设规律和特点，进一步加大信息公开力度，明确公开重点，细化公开内容，增强公开实效，不断提升社会公益事业的透明度，让人民群众享有更多的获得感、幸福感、安全感，增强对党和政府的信任。

（二）基本原则。坚持依法依规，除法律法规有禁止性规定的外，社会公益事业建设领域政府信息都应当主动全面予以公开。坚持突出重点，围绕人民群众最关心最直接最现实的利益问题，明确相关信息公开的主体、内容、标准、方式、程序。坚持高效便民，面向基层，贴近群众，运用多种方式发布信息、解读政策、加强引导，便于群众知晓、理解和监督。坚持问题导向，以公开促规范、促服务、促治理，推动共建共治共享，促进社会公益事业健康有序发展。

（三）工作目标。经过3年左右的努力，公开内容覆盖社会公益事业建设各领域、各环节，公开工作制度化、规范化、标准化水平显著提高，社会公益事业透明度明显提升，社会公益资源配置更加公平公正，社会公益事业公益属性得到更好体现，全社会关心公益、支持公益、参与公益的氛围更加浓厚。

二、明确公开内容

（一）公开决策信息。加大社会公益事业建设领域重大决策公开力度，对群众利益影响直接、社会关注度高的重要改革方案、重大政策措施、重点建设项目等，要广泛征求意见并将各方面合理意见体现到决策中，结合实际尽可能把意见采纳情况予以公开。提升社会公益事业建设领域重大决策公开实效，公开前要认真评估公开的效果，避免引发不必要的攀比、炒作，公开后要认真对待并依法处理公众提出的相关意见。

（二）公开管理和服务信息。重点公开从事社会公益事业的公共企事业单位、社会组织名录，设立、变更、注销登记等审批信息，年检年报、评估检查、奖励处罚等管理信息。全面公开基本公共服务的项目清单、服务指南、服务标准、保障措施，及时准确公开政府购买公共服务、政府和社会资本合作提供公共服务等信息。推动公开城乡社区公共服务设施建设，财政资金直接投入和购买社区公共服务，社区公共服务项目、对象、办理流程、责任部门、供给状况和绩效评估等信息。

（三）公开执行和结果信息。加大党中央、国务院有关决策部署贯彻落实情况的公开力度，主动公开社会公益事业建设领域重要政策落实情况，尤其是国家面向困难群众的扶持、救助等政策落实情况和主要成效。深化社会公益事业建设资金分配和使用情况公开，准确记录资金的具体流向并向社会公开。加大彩票公益金使用规模、资助项目、执行情况和实际效果等信息的公开力度。鼓励开展社会公益事业建设评估，科学评价政策落实效果，及时公开评估结果。

三、突出公开重点

地方各级政府和国务院有关部门要以社会高度关注、公益色彩浓厚的社会公益事业为重点，着力推进脱贫攻坚、社会救助和社会福利、教育、基本医疗卫生、环境保护、灾害事故救援、公共文化体育等领域政府信息公开。同时要根据区域、行业特点，进一步明确本地区、本行业应重点公开的其他社会公益事业建设领域政府信息，不断扩大信息公开范围。

（一）脱贫攻坚领域。围绕"扶持谁、谁来扶、怎么扶、如何退"，进一步做好精准扶贫、精准脱贫信息公开工作。及时向社会公开扶贫政策，扶贫规划，扶贫项目名称、资金来源、实施期限、预期目标、实施结果、实施单位及责任人、举报电话、检查验收结果等信息，向特定区域特定群体公开贫困识别、贫困退出、扶贫资金分配和使用情况、帮扶责任人、扶贫成效等信息。注重运用技术手段实现公开的信息可检索、可核查、可利用，为社会各界参与脱贫攻坚事业提供服务，方便人民群众监督。

（二）社会救助和社会福利领域。重点围绕城乡低保、特困人员救助供养、受灾人员救助、医疗救助、教育救助、住房救助、就业救助、临时救助、老年人福利、残疾人福利、儿童福利、孤儿基本生活保障、计划生育特殊困难家庭扶助等事项，全面公开救助对象认定、救助标准，福利补贴申领及申请审批程序等相关政策，有针对性地公开救助款物的管理使用、福利补贴发放等情况。公开方式方法要因地制宜、因事制宜，既确保公开实效、维护底线公平，又保护好相关人员个人隐私。

（三）教育领域。立足办好人民满意的教育，进一步加大教育信息公开力度，重点做好义务教育、学前教育、特殊教育、职业教育、高等教育等方面的信息公开。紧扣利益关系直接、现实矛盾突出的事项，重点公开相关政策、发展规划、经费投入和使用、困难学生资助实施情况等信息。做好义务教育控辍保学、县域义务教育均衡发展等工作进展情况的公开。推动民办学校办学资质、办学质量、招生范围和收费等信息公开。

（四）基本医疗卫生领域。保障好人民群众对公共医疗卫生的知情权，重点公开重大疾病预防控制、国家免疫规划、突发公共卫生事件、传染病疫情及防控等信息。大力开展健康科普，针对妇女、未成年人、老年人等重点人群和农村、工矿企业等重点区域，开展专项健康科普，用现代医学知识为人民群众提供健康服务。进一步做好疾病应急救助、健康扶贫政策落实情况公开工作。探索利用信息公开手段加强卫生监督。深化食品安全信息公开，完善推广企业"黑名单"制度，让违法者寸步难行，让人民吃得放心。

（五）环境保护领域。进一步做好社会广泛关注的大气污染防治、水污染防治、土壤污染管控和修复等信息的公开工作。重点公开环境污染防治和生态保护政策措施、实施效果，污染源监测及减排，建设项目环境影响评价审批，重大环境污染和生态破坏事件调查处理，环境保护执法监管、投诉处理等信息。及时发布大范围重污染天气预警提示信息，统筹做好重污染天气期间信息发布、舆情引导等工作。健全环保信息强制性披露制度。

（六）灾害事故救援领域。准确及时发布自然灾害、重大事故灾难、公共卫生事件等突发事件的应急处置与救援、医疗救护与卫生防疫、次生灾害预警防范等工作情况及动态信息。及时发布灾害救助需求信息，推动做好救助款物和捐赠款物的数量、使用情况，救助对象及其接受救助款物数额，灾后恢复重建工作进展等信息的公开工作。

（七）公共文化体育领域。立足公共文化体育服务的公益性均等性便利性，大力推进公共文化体育的服务保障政策、服务体系建设、财政资金投入和使用、设施建设和使用，政府购买公共文化体育服务的目录、绩效评价结果等信息公开。公开文化遗产保护、公共文化体育设施名录、公益性文化服务活动、公益性体育赛事和活动、受捐款物管理使用等情况。

地方各级政府和国务院有关部门要按照各自职责权限，加强分类指导，建立健全长效机制，推动有关公共企事业单位、慈善组织如实公开社会公益事业信息。国务院教育、环境保护、文化、卫生计生等主管部门和其他有关部门要在2018年底前建立完善本部门监管的公共企事业单位信息公开制度，国务院民政部门要尽快制定出台慈善组织信息公开办法，不断提升社会公益事业建设领域政府信息公开的制度化规范化水平。

四、增强公开实效

（一）扩大公开范围。地方各级政府和国务院有关部门要梳理细化本地区、本部门社会公益事业建设领域应当公开的事项，主动、全面、及时公开相关政府信息。加强基层政务公开标准化规范化建设，探索形成符合基层实际的社会公益事业建设领域政府信息公开标准和规范。对公民、法人或者其他组织提出的社会公益事业建设领域政府信息公开申请，行政机关要按照《中华人民共和国政府信息公开条例》的规定认真办理，最大限度满足公众的信息需求。

（二）完善公开方式。要充分发挥政府网站、政务服务平台的优势，按照内容权威、格式规范、体例统一的要求，集中发布相关政府信息，归集展示公共企事业单位、社会组织发布的相关信息，便于公众查询利用。稳妥推进社会公益事业建设领域信息共享和数据开放，为部门间核对和社会开发利用提供条件。针对社会公益事业主要服务基层和特定群体的特点，灵活运用政务新媒体、新闻媒体、手机短信、公告栏、宣传手册、政务服务平台等多种载体和方式，定向发布，精准推送，提升信息覆盖面、到达率，确保人民群众看得到、看得懂。

（三）加强解读引导。要高度重视社会公益事业建设领域政策的解读和引导工作。对于出台的相关政策措施，注重更多运用客观事实进行解读，及时准确传递政策意图，赢得人民群众的理解和信任。对于敏感事项和存在地区、领域差异的相关政策，公开时要及时把政策解释清楚，避免误解误读。加强对社会公益事业建设领域热点舆情的预判、跟踪和处置，进一步提高对社会关切事项引导的针对性和时效性。要指导和监督从事社会公益事业的公共企事业单位、社会组织做好相关舆情处置工作，确保不失声、不缺位。

五、强化保障措施

（一）抓好组织实施。各地区各部门要充分认识推进社会公益事业建设领域政府信息公开的重要性，切实增强公开意识和服务意识，结合全面推进政务公开做好统筹谋划，形成常态化机制，务求取得实效。地方各级政府办公厅（室）要加强组织协调，会同本级政府有关部门提出具体措施，明确分工，压实责任，确保各项任务落到实处。

（二）开展考核评估。地方各级政府要把社会公益事业建设领域政府信息公开情况纳入政务公开工作绩效考核范围，加大督促落实力度。各有关部门可以根据工作需要，对所监管的公共企事业单位、慈善组织信息公开工作情况组织开展评估，公开评估结果。畅通群众投诉举报渠道，探索建立政府信息公开社会监督员制度，强化对社会公益事业建设领域政府信息公开工作的社会监督。

（三）强化监督问责。地方各级政府和国务院有关部门要加强对本地区本行业社会公益事业建设领域政府信息公开情况的监督检查。完善工作措施，强化激励约束，建立监督检查情况定期通报制度，对信息公开工作落实好的，予以通报表扬；对落实不到位的，予以通报批评；对违反有关规定、不履行公开义务并造成严重影响的，依法依规追究相关单位和人员的责任。

国务院办公厅
2018 年 2 月 9 日
（来源：中华人民共和国国务院门户网站）

简析：前言写明发文原因，主体部分分别从总体要求、明确公开内容、突出公开重点、增强公开实效、强化保障措施部分提出可实施性意见。结构完整，行文流畅。

二、决议

（一）决议概述

决议是指多个主体根据表决原则做出的决定。是发布经会议讨论通过并要求贯彻执行的重大决策事项的一种下行公文。

决议多表现出以下特点：

1. 权威性

决议是经过党的会议讨论通过才能生效并由党的领导机关发布的，是党的领导机关意志的反映。决议的内容事关重要决策事项，一经公布，全党、全国上下都必须坚决执行。

2. 指导性

决议表述的观点和对事项的评价都具有指导意义。

（二）决议的格式与写作要求

1. 决议的格式

决议由首部和正文两部分组成。

（1）首部。包括标题和成文时间两个项目。决议的标题有两种形式：一种是由发文机关（或会议名称）、事由和文种构成；另一种是事由和文种构成。而成文时间即决议正式通过的日期。一般放在标题下，在小括号内注明会议名称及通过时间，也可只写年月日。

（2）正文。由决议缘由、决议事项和结语三部分组成。

决议缘由一般简要说明有关会议审议决议涉及事项的情况，陈述作出决议的原因、根据、背景、目的或意义。决议事项写明会议通过的决议事项，或会议对有关文件、事项作出的评价、决定，或对有关工作做出的部署安排和要求、措施。结语一般紧扣决议事项有针对性地提出希望、号召和执行要求。有的决议可不单列这部分。

2. 决议的写作要求

（1）决议只能写经会议通过的决议事项，未经会议决定的事项或分歧意见一律不能写入。遣词用句要准确而无歧义，不能有含糊不清、模棱两可的提法。原则性规定和灵活性处置的表述要有分寸感，恰如其分。

（2）决议常以第三人称口气来写，一般用"会议听取（讨论、审议）了"、"会议决定"、"会议指出（认为）"、"会议号召（要求、希望）"等作为过渡起首语。这样显得客观、严正。

（3）决议通常不在正文前标示主送机关，若有必要，可在文尾的抄送机关栏注明发送机关。

(三) 例文赏析

中国共产党第十九次全国代表大会关于十八届中央委员会报告的决议
(2017年10月24日中国共产党第十九次全国代表大会通过)

中国共产党第十九次全国代表大会批准习近平同志代表十八届中央委员会所作的报告。大会高举中国特色社会主义伟大旗帜,以马克思列宁主义、毛泽东思想、邓小平理论、"三个代表"重要思想、科学发展观、习近平新时代中国特色社会主义思想为指导,分析了国际国内形势发展变化,回顾和总结了过去五年的工作和历史性变革,作出了中国特色社会主义进入了新时代、我国社会主要矛盾已经转化为人民日益增长的美好生活需要和不平衡不充分的发展之间的矛盾等重大政治论断,深刻阐述了新时代中国共产党的历史使命,确立了习近平新时代中国特色社会主义思想的历史地位,提出了新时代坚持和发展中国特色社会主义的基本方略,确定了决胜全面建成小康社会、开启全面建设社会主义现代化国家新征程的目标,对新时代推进中国特色社会主义伟大事业和党的建设新的伟大工程作出了全面部署。大会通过的十八届中央委员会的报告,描绘了决胜全面建成小康社会、夺取新时代中国特色社会主义伟大胜利的宏伟蓝图,进一步指明了党和国家事业的前进方向,是全党全国各族人民智慧的结晶,是我们党团结带领全国各族人民在新时代坚持和发展中国特色社会主义的政治宣言和行动纲领,是马克思主义的纲领性文献。

大会认为,报告阐明的大会主题对我们党带领人民奋发图强、开拓前进具有十分重大的意义。全党要不忘初心,牢记使命,高举中国特色社会主义伟大旗帜,决胜全面建成小康社会,夺取新时代中国特色社会主义伟大胜利,为实现中华民族伟大复兴的中国梦不懈奋斗。

大会高度评价十八届中央委员会的工作。党的十八大以来的五年,是党和国家发展进程中极不平凡的五年,改革开放和社会主义现代化建设取得了历史性成就。五年来,以习近平同志为核心的党中央以巨大的政治勇气和强烈的责任担当,提出一系列新理念新思想新战略,出台一系列重大方针政策,推出一系列重大举措,推进一系列重大工作,解决了许多长期想解决而没有解决的难题,办成了许多过去想办而没有办成的大事,推动党和国家事业发生历史性变革。以习近平同志为核心的党中央勇于面对党面临的重大风险考验和党内存在的突出问题,以顽强意志品质正风肃纪、反腐惩恶,消除了党和国家内部存在的严重隐患,党内政治生活气象更新,党内政治生态明显好转,党的创造力、凝聚力、战斗力显著增强,党的团结统一更加巩固,党群关系明显改善,党在革命性锻造中更加坚强,焕发出新的强大生机活力,为党和国家事业发展提供了坚强政治保证。五年来的成就是全方位的、开创性的,五年来的变革是深层次的、根本性的。

大会强调,经过长期努力,中国特色社会主义进入了新时代,这是我国发展新的历史方位。中国特色社会主义进入新时代,我国社会主要矛盾已经转化为人民日益增长的美好生活需要和不平衡不充分的发展之间的矛盾。我国社会主要矛盾的变化是关系全局的历史性变化,对党和国家工作提出了许多新要求。我们要在继续推动发展的基础上,着力解决好发展不平衡不充分问题,大力提升发展质量和效益,更好满足人民在经济、政治、文化、社会、生态等方面日益增长的需要,更好推动人的全面发展、社会全面进步。

大会强调,围绕回答新时代坚持和发展什么样的中国特色社会主义、怎样坚持和发展中国特色社会主义这个重大时代课题,我们党以全新的视野深化对共产党执政规律、社会主义建设规律、人类社会发展规律的认识,进行艰辛理论探索,取得重大理论创新成果,创立了习近平新时代中国特色社会主义思想。习近平新时代中国特色社会主义思想，是对马克思列宁主义、毛泽东思想、邓小平理论、"三个代表"重要思想、科学发展观的继承和发展，是马克思主义中国化最新成果，是党和人民实践经验和集体智慧的结晶，是中国特色社会主义理论体系的重要组成部分，是全党全国人民为实现中华民族伟大复兴而奋斗的行动指南，必须长期坚持并不断发展。

大会强调，坚持党对一切工作的领导，坚持以人民为中心，坚持全面深化改革，坚持新发展理念，坚持人民当家作主，坚持全面依法治国，坚持社会主义核心价值体系，坚持在发展中保障和改善民生，坚持人与自然和谐共生，坚持总体国家安全观，坚持党对人民军队的绝对领导，坚持"一国两制"和推进祖国统一，坚持推动构建人类命运共同体，坚持全面从严治党，这十四条构成新时代坚持和发展中国特色社会主义的基本方略。全党同志必须全面贯彻党的基本理论、基本路线、基本方略，更好引领党和人民事业发展。

大会提出，从现在到二〇二〇年，是全面建成小康社会决胜期。要按照十六大、十七大、十八大提出的全面建成小康社会各项要求，突出抓重点、补短板、强弱项，特别是要坚决打好防范化解重大风险、精准脱贫、污染防治的攻坚战，使全面建成小康社会得到人民认可、经得起历史检验。

大会认为，从十九大到二十大，是"两个一百年"奋斗目标的历史交汇期。我们既要全面建成小康社会、实现第一个百年奋斗目标，又要乘势而上开启全面建设社会主义现代化国家新征程，向第二个百年奋斗目标进军。综合分析国际国内形势和我国发展条件，从二〇二〇年到本世纪中叶可以分两个阶段来安排。第一个阶段，从二〇二〇年到二〇三五年，在全面建成小康社会的基础上，再奋斗十五年，基本实现社会主义现代化。第二个阶段，从二〇三五年到本世纪中叶，在基本实现现代化的基础上，再奋斗十五年，把我国建成富强民主文明和谐美丽的社会主义现代化强国。

大会同意报告关于我国社会主义经济建设、政治建设、文化建设、社会建设、生态文明建设的部署。大会强调，要贯彻新发展理念、建设现代化经济体系，坚持质量第一、效益优先，以供给侧结构性改革为主线，推动经济发展质量变革、效率变革、动力变革，着力加快建设实体经济、科技创新、现代金融、人力资源协同发展的产业体系，着力构建市场机制有效、微观主体有活力、宏观调控有度的经济体制，不断增强我国经济创新力和竞争力。要深化供给侧结构性改革，加快建设创新型国家，实施乡村振兴战略，实施区域协调发展战略，加快完善社会主义市场经济体制，推动形成全面开放新格局，努力实现更高质量、更有效率、更加公平、更可持续的发展。要健全人民当家作主制度体系、发展社会主义民主政治，坚持党的领导、人民当家作主、依法治国有机统一，加强人民当家作主制度保障，发挥社会主义协商民主重要作用，深化依法治国实践，深化机构和行政体制改革，巩固和发展爱国统一战线，巩固和发展生动活泼、安定团结的政治局面。要坚定文化自信、推动社会主义文化繁荣兴盛，牢牢掌握意识形态工作领导权，培育和践行社会主义核心价值观，加强思想道德建设，繁荣发展社会主义文艺，推动文化事业和文化产业发展，激发全民族文化创新创造活力。要提高保障和改善民生水平、加强和创新社会治理，抓住人民最关心最直接最现实的利益问题，优先发展教育事业，提高就业质量和人民收入水平，加强社会保障体系建设，坚决打赢脱贫攻坚战，实施健康中国战略，打造共建共治共享的社会治理格局，有效维护国家安全，使人民获得感、幸福感、安全感更加充实、更有保障、更可持续。要加快生态文明体制改革、建设美丽中国，推进绿色发展，着力解决突出环境问题，加大生态系统保护力度，改革生态环境监管体制，推动形成人与自然和谐发展现代化建设新格局。

大会强调，面对国家安全环境的深刻变化，面对强国强军的时代要求，必须坚持走中国特色强军之路，全面贯彻习近平强军思想，贯彻新形势下军事战略方针，建设强大的现代化陆军、海军、空军、火箭军和战略支援部队，打造坚强高效的战区联合作战指挥机构，构建中国特色现代作战体系，全面推进国防和军队现代化，把人民军队建设成为世界一流军队。

大会强调，保持香港、澳门长期繁荣稳定，必须全面准确贯彻"一国两制"、"港人治港"、"澳人治澳"、高度自治的方针，严格依照宪法和基本法办事，让香港、澳门同胞同祖国人民共担民族复兴的历史责任、共享祖国繁荣富强的伟大荣光。必须继续坚持"和平统一、一国两制"方针，扩大两岸经济文化交流合作，推动两岸同胞共同弘扬中华文化，推动两岸关系和平发展，推进祖国和平统一进程，绝不允许任何人、任何组织、任何政党、在任何时候、以任何形式、把任何一块中国领土从中国分裂出去。

大会同意报告对国际形势的分析和提出的对外工作方针，强调中国将坚持和平发展道路，高举和平、发展、合作、共赢的旗帜，恪守维护世界和平、促进共同发展的外交政策宗旨，坚定不移在和平共处五项原则基础上发展同各国的友好合作，积极促进"一带一路"国际合作，继续积极参与全球治理体系改革和建设，推动建设相互尊重、公平正义、合作共赢的新型国际关系，推动构建人类命运共同体，同世界各国人民一道建设持久和平、普遍安全、共同繁荣、开放包容、清洁美丽的世界。

大会强调，打铁必须自身硬。党要团结带领人民进行伟大斗争、推进伟大事业、实现伟大梦想，必须毫不动摇坚持和完善党的领导，毫不动摇把党建设得更加坚强有力。新时代党的建设总要求是：坚持和加强党的全面领导，坚持党要管党、全面从严治党，以加强党的长期执政能力建设、先进性和纯洁性建设为主线，以党的政治建设为统领，以坚定理想信念宗旨为根基，以调动全党积极性、主动性、创造性为着力点，全面推进党的政治建设、思想建设、组织建设、作风建设、纪律建设，把制度建设贯穿其中，深入推进反腐败斗争，不断提高党的建设质量，把党建设成为始终走在时代前列、人民衷心拥护、勇于自我革命、经得起各种风浪考验、朝气蓬勃的马克思主义执政党。

大会强调，要把党的政治建设摆在首位。全党必须增强政治意识、大局意识、核心意识、看齐意识，坚持党中央权威和集中统一领导，坚定执行党的政治路线，严格遵守政治纪律和政治规矩，在政治立场、政治方向、政治原则、政治道路上同党中央保持高度一致。

大会号召，全党全国各族人民要紧密团结在以习近平同志为核心的党中央周围，高举中国特色社会主义伟大旗帜，认真学习贯彻习近平新时代中国特色社会主义思想，锐意进取，埋头苦干，为实现推进现代化建设、完成祖国统一、维护世界和平与促进共同发展三大历史任务，为决胜全面建成小康社会、夺取新时代中国特色社会主义伟大胜利、实现中华民族伟大复兴的中国梦、实现人民对美好生活的向往继续奋斗！

（来源：新华网）

简析： 该决议全面、准确、高度凝练地将会议通过事宜作了梳理，行文流畅，指导性强。

三、决定

（一）决定概述

决定是适用于对重要事项作出决定和部署、奖惩有关单位及人员、变更或者撤销下级机关不适当的决定事项的公文。各级党政机关、企业事业单位经常使用决定，比如一些表彰、处分、机构编制、人事安排等项目都可用决定行文。决定通常具有制约性、权威性、指导性、稳定性和长远性的特点。

按照具体用途和内容的不同，可将决定分为以下四类：

（1）法规性决定。用于发布权力机关制定、修订或试行的法律文件以及由政府部门制定的行政法规。

（2）指挥性决定。用于对某个问题、某种事项、某种行动进行决策性的指挥部署。

（3）奖惩性决定。用于表彰或处分有关的单位或个人。

（4）变更性决定。用于变更机构人事安排或撤销下级机关不适当的决定事项。

（二）决定的格式与写作要求

1. 决定的格式

（1）标题。决定的标题由发文机关（或通过决定的会议名称）、事由、文种三部分组成。如果是会议通过的决定，还应在标题的下方居中以括号注明批准、通过该决定的会议名称和通过的日期。

（2）主送机关。决定的主动机关为应该知照的单位或群体。普发性的决定没有主送机关。

（3）正文。写明发布决定的背景、根据、目的或意义。行文要求简短明确。用于指挥工作的决定，要写明工作任务、措施、方案、要求等，内容复杂时要用小标题或条款显示出层次来；用于批准事项的决定，要表达出批准意见，如有必要，还可以对批准此事项的根据和意义予以阐述；用于表彰或惩戒的决定，要写明表彰决定和项目，或处分决定和处罚方法。无论是哪一类的决定，决定事项都要写得准确具体，可行性强。

（4）落款。写明发文机关和成文日期。

2. 决定的写作要求

（1）文种使用要正确。决定的内容要和"决定"文种相符，避免把"决定"与"命令"等公文文种相混淆，写作之前要用心体会，正确区分。

（2）原因要简短明确。决定是制约性非常强的公文，要求下级机关无条件执行。因此，行文时，对于做出决定的原因应写得简短明确，不可长篇大论，以示决定的强制性。

（3）事项要具体可行。决定既然要求下级机关无条件执行，那么决定的事项就应该写得具体明确，具有一定的可行性，以利于下级机关遵照执行。

（三）例文赏析

国务院关于2017年度国家科学技术奖励的决定

国发〔2018〕2号

各省、自治区、直辖市人民政府，国务院各部委、各直属机构：

为全面贯彻党的十九大精神，深入贯彻落实习近平新时代中国特色社会主义思想，坚定实施科教兴国战略、人才强国战略和创新驱动发展战略，国务院决定，对为我国科学技术进步、经济社会发展、国防现代化建设作出突出贡献的科学技术人员和组织给予奖励。

根据《国家科学技术奖励条例》的规定，经国家科学技术奖励评审委员会评审、国家科学技术奖励委员会审定和科技部审核，国务院批准并报请国家主席习近平签署，授予王泽山院士、侯云德院士国家最高科学技术奖；国务院批准，授予"水稻高产优质性状形成的分子机理及品种设计"等2项成果国家自然科学奖一等奖，授予"华北克拉通破坏"等33项成果国家自然科学奖二等奖，授予"燃煤机组超低排放关键技术研发及应用"等4项成果国家技术发明奖一等奖，授予"水稻精量穴直播技术与机具"等62项成果国家技术发明奖二等奖，授予"特高压±800kV直流输电工程"等3项成果国家科学技术进步奖特等奖，授予"涪陵大型海相页岩气田高效勘探开发"等21项成果国家科学技术进步奖一等奖，授予"多抗广适高产稳产小麦新品种山农20及其选育技术"等146项成果国家科学技术进步奖二等奖，授予厄尔·沃德·普拉默教授等7名外国专家中华人民共和国国际科学技术合作奖。

全国科学技术工作者要向王泽山院士、侯云德院士及全体获奖者学习，不忘初心、牢记使命，继续发扬求真务实、勇于创新的科学精神和服务国家、造福人民的优良传统，主动担当起建设世界科技强国的历史重任，深入实施创新驱动发展战略，坚定不移走中国特色自主创新道路，加快建设创新型国家，为决胜全面建成小康社会、夺取新时代中国特色社会主义伟大胜利、实现"两个一百年"奋斗目标和中华民族伟大复兴的中国梦作出新的更大贡献。

国务院

2018年1月1日

（来源：中华人民共和国国务院门户网站）

简析：这是一份奖惩性决定。开篇写明发布决定的背景、意义、依据。主体概括了决定的主要内容，最后发起号召。结构完整，语言准确，行文流畅。

四、公报

（一）公报概述

公报也称新闻公报，是党政机关和人民团体公开发布重大事件或重要决定事项的报道性公文，是党和国家经常使用的重要文种。公报具有权威性、指导性和新闻性。

公报按照内容划分，大致分为三类：

1. 会议公报

它是用以报道重要会议或会谈的决定和情报的公报。这种公报一般用于党中央召开的会议。

2. 事项公报

党的高级领导机关用以发布重大情况、重要事件的文件。高层行政机关、部门向人民群众公布重大决策、重要事项或重大措施时有时也沿用此类公报。

3. 联合公报

这是一种特殊用途的公报，用以发布国家之间、政党之间、团体之间经过会议达成的某种协议，如《中俄联合公报》。

（二）公报的格式

公报包括首部、正文和尾部三部分。

1. 首部

包括标题和成文时间。公报的标题常见的有三种形式。一种是直写文种《新闻公报》；第二种是由会议名称和文种构成；第三种是联合公报，由发表公报的双方或多方国家的简称、事由、文种构成。成文时间用括号在标题之下正中位置注明公报发布的年、月、日期。

2. 正文

包括开头、主体两部分。

开头即前言部分。事项公报要求用最鲜明、最精炼的语言概述事件的核心内容，即何时、何地、发生了什么重大事件；会议公报要求概述会议的名称、时间、地点、参加人员等；联合公报要求概述公报的来由，即在何时、何地、谁与谁举行了什么会谈或谁对谁进行了什么性质的访问等。

主体是公报的核心内容，要求把公报的内容完整、系统、有序地表达清楚。常见的有三种写作：一种是分段式，即每段说明一层意思或一项决定；第二种是序号式，多用于内容复杂、问题问绪较多的公报；第三种是条款式，多用于联合公报。

3. 尾部

事项公报和会议公报一般没有尾部；联合公报要在正文之后写明双方签署人的身份、姓名、年、月、日期、并写明签署地点。

（三）例文赏析

中国共产党第十八届中央委员会第六次全体会议公报

（2016年10月27日中国共产党第十八届中央委员会第六次全体会议通过）

中国共产党第十八届中央委员会第六次全体会议，于2016年10月24日至27日在北京举行。

出席这次全会的有，中央委员197人，候补中央委员151人。中央纪律检查委员会委员和有关方面负责同志列席会议。党的十八大代表中部分基层同志和专家学者也列席会议。

全会由中央政治局主持。中央委员会总书记习近平作了重要讲话。

全会听取和讨论了习近平受中央政治局委托作的工作报告，审议通过了《关于新形势下党内政治生活的若干准则》和《中国共产党党内监督条例》，审议通过了《关于召开党的第十九次全国代表大会的决议》。习近平就《准则（讨论稿）》和《条例（讨论稿）》向全会作了说明。

全会充分肯定党的十八届五中全会以来中央政治局的工作。一致认为，面对复杂的国际国内形势，中央政治局高举中国特色社会主义伟大旗帜，坚持以马克思列宁主义、毛泽东思想、邓小平理论、"三个代表"重要思想、科学发展观为指导，全面贯彻党的十八大和十八届三中、四中、五中全会精神，深入贯彻习近平总书记系列重要讲话精神和治国理政新理念新思想新战略，把握时代大势，回应实践要求，团结带领全党全国各族人民同心协力、苦干实干，统筹推进"五位一体"总体布局和协调推进"四个全面"战略布局，开展"两学一做"学习教育，推动全面深化改革、供给侧结构性改革、国防和军队改革迈出重大步伐，党和国家各项工作取得新的重大进展。

全会高度评价全面从严治党取得的成就，认为党的十八大以来，以习近平同志为核心的党中央身体力行、率先垂范，坚定推进全面从严治党，坚持思想建党和制度治党紧密结合，集中整饬党风，严厉惩治腐败，净化党内政治生态，党内政治生活展现新气象，赢得了党心民心，为开创党和国家事业新局面提供了重要保证。

全会总结了我们党开展党内政治生活的历史经验，分析了全面从严治党面临的形势和任务，认为办好中国的事情，关键在党，关键在党要管党、从严治党。党要管党必须从党内政治生活管起，从严治党必须从党内政治生活严起。为更好进行具有许多新的历史特点的伟大斗争、推进党的建设新的伟大工程、推进中国特色社会主义伟大事业，经受"四大考验"、克服"四种危险"，有必要制定一部新形势下党内政治生活的准则。

全会强调，新形势下加强和规范党内政治生活，必须以党章为根本遵循，坚持党的政治路线、思想路线、组织路线、群众路线，着力增强党内政治生活的政治性、时代性、原则性、战斗性，着力增强党自我净化、自我完善、自我革新、自我提高能力，着力提高党的领导水平和执政水平、增强拒腐防变和抵御风险能力，着力维护党中央权威、保证党的团结统一、保持党的先进性和纯洁性，努力在全党形成又有集中又有民主、又有纪律又有自由、又有统一意志又有个人心情舒畅生动活泼的政治局面。

全会强调，新形势下加强和规范党内政治生活，重点是各级领导机关和领导干部，关键是高级干部特别是中央委员会、中央政治局、中央政治局常务委员会的组成人员。高级干部特别是中央领导层组成人员必须以身作则，模范遵守党章党规，严守党的政治纪律和政治规矩，坚持不忘初心、继续前进，坚持率先垂范、以上率下，为全党全社会作出示范。

全会提出，共产主义远大理想和中国特色社会主义共同理想，是中国共产党人的精神支柱和政治灵魂，也是保持党的团结统一的思想基础。必须把坚定理想信念作为开展党内政治生活的首要任务。全党同志必须把对马克思主义的信仰、对社会主义和共产主义的信念作为毕生追求，坚定对中国特色社会主义的道路自信、理论自信、制度自信、文化自信。领导干部特别是高级干部要以实际行动让党员和群众感受到理想信念的强大力量。全党必须毫不动摇坚持马克思主义指导思想，党的各级组织必须坚持不懈抓好理论武装，广大党员、干部特别是高级干部必须自觉抓好学习、增强党性修养。

（来源：新华网）

简析：这是一份会议公报。开头明确了名称、时间、地点、参加人员等，主体部分分段将会议内容完整、系统、有序地进行了表达。

第六节 命令、议案、函、会议纪要的写作

一、命令

（一）命令概述

命令（令）是国家行政机关及其领导人发布的指挥性和强制性的公文。命令（令）适

用于依照有关法律公布行政法规和规章；宣布施行重大强制性行政措施；嘉奖有关单位及人员，撤销下级机关不适当的决定。

命令（令）主要表现为以下三个特点：

1. 强制性

命令（令）是以国家宪法和法律为依据，对重要的行政工作进行决策性指挥的工具，带有明显的强制性。一经发布，受令者必须无条件地绝对服从，迅速坚决地执行。

2. 权威性

上级机关对下级机关有着法定的权威性。命令（令）作为行政管理活动中最具有强制特征的指挥性下行公文，最集中且最充分地体现了发令机关的这种权威性。

3. 指挥性

指挥性主要是指命令的内容具有指挥下级机关或有关人员行动的功能。

（二）命令的格式

命令（令）一般由标题、编号、正文、签署和日期四个部分组成。

1. 标题

一是发文机关＋事由＋文种，三个要项齐全。行政令、嘉奖令的标题都用这种写法。二是发文机关（或机关首长）＋文种，这种写法多适用于任免令和公布令。

2. 编号

一是标题三个要项齐全，编号用发文字号。二是标题只有两个要项，用于个人名义签署的命令。编号用流水号，即从该领导人任职时开始编排，至任职期满为止，下届新领导人任职后又重新编号。

3. 正文

任免令的正文一般包括任免的依据、被任免者的姓名及所任免的职务，是命令中结构最简单的一种类型。

公布令的正文包括两个内容：一是所公布的法规名称及其依据；二是施行的日期。至于法规的全文，则多数作为公布令的附件。

行政令的正文一般由发令原由、命令内容和执行的要求三部分组成。原由部分主要是说明发布该命令（令）的原因、目的和依据。这部分写完后，一般要用过渡语来衔接下文。例如："为此，发布命令如下"、"为此，现发布如下命令"、"为……特命令"等。命令事项是正文的主体部分，一般都分条列项。要求内容陈述得当，条理清晰，语言简洁，用词准确，语气肯定，绝不能含糊其辞，模棱两可。执行要求是正文的结尾部分，主要说明执行的办法、措施等。

嘉奖令的正文由三部分组成。第一部分概括嘉奖对象的主要事迹及简要评价，这也是发文的依据和目的。第二部分写命令事项。这部分是嘉奖令的主体，写明对有功人员嘉奖的办法，要求用语准确，文字简洁，叙述条理清楚。第三部分是结尾，提出希望和号召。

4. 命令（令）的签署和日期

命令（令）有签署领导机关名称的，也有签署领导人姓名的。凡签署领导人姓名者，必须标明该领导人职务的全称署名写在正文的右下方。发布命令（令）的年、月、日，写在签署的下面；也有的命令（令），在标题下注明发布时间。

（三）例文赏析

中华人民共和国主席令

第一号

根据中华人民共和国第十三届全国人民代表大会第一次会议的决定，任命李克强为中华人民共和国国务院总理。

中华人民共和国主席　习近平

2018 年 3 月 18 日

（来源：中华人民共和国国务院门户网站）

简析：这是一份任免令。正文包括了任免的依据、被任免者的姓名及所任免的职务。

二、议案

（一）议案概述

议案是由具有法定提案权的国家机关、会议常设或临时设立的机构和组织，以及一定数量的个人，向权力机构提出进行审议并作出决定的议事原案。

议案的特点主要表现为以下四点：

1. 制发机关的法定性

议案的制发机关只能是各级人民政府，政府的职能部门无权制发。内容的特定性要求人民政府所提议案的内容，必须属于该人民代表大会或常务委员会职权范围内的有关事项。

2. 时效的规定性

各级人民政府的议案，应当而且必须在同级人民代表大会或其常务委员会举行会议规定的限期前提出，否则不能列为议案，超过期限提交的议案一般改作"建议"处理，或移交下次人大会议处理。提交大会审议的议案，必须限期审议表决或提出处理意见。

3. 行文的定向性

议案只能由各级人民政府向同级人民代表大会或其常务委员会行文，不能向其他部门单位行文，主送机关也只有一个。

4. 事项的必要性和可行性

适合提交人大议案审议的事项，必须是重要事项，符合人民群众的意愿和要求，而且议案中提出的方案办法措施，也必须是切实可行的，才有可能获得通过。

（二）议案的格式

1. 议案的标题

议案的标题采用常规公文标题模式，有两种写法，一是发文机关＋案由＋文种，二是省略发文机关，案由＋文种。议案标题一般不能采用发文机关加文种或者只有文种的写法。

2. 议案的主送机关

议案的主送机关，只能是同级人民代表大会及其常务委员会，不能有其他并列机关。要采用全称或规范化简称，不得随意简化。

3. 议案的正文

议案的第一部分叫作案据，这部分要提供提出议案的根据。由于内容不同，这部分的篇幅长短在不同议案中会有很大差异。这个案据和常规的根据、目的、意义式的公文开头很接近。有时案据部分内容很复杂，文字也很多。

第二部分是方案部分，就是对提请审议的事项或问题提出解决的途径、方法的部分。如果是提请审议已制定的法律法规的，解决问题的方案就在法律法规之中，这部分只需写明提请审议的法律法规的名称即可，但要把法律或法规的文本作为附件。如果是任免性议案，要将被任免人的姓名和拟担任的职务写明。如果是提请审议重大决策事项的，要把决策的内容一一列出，供大会审阅。如果是建议采取行政手段解决某方面问题的，要把实施这一行政手段的方案详细列出，以便于审议。不能只指出问题，而没有解决问题的方案。

第三部分结语是议案的结尾部分，主要用于提出审议请求。一般都采用模式化写法，言简意赅。

4. 签署和日期

一般行政公文，最后签署的都是发文机关的名称，而议案有所不同，要由政府首长签署。国务院提交给全国人大的议案，要由总理签署；各省、市、自治区提交给同级人民代表大会的议案，要由省长、市长或自治区主席签署。日期格式与一般行政公文相同。

（三）例文赏析

国务院关于提请审议《中华人民共和国税收征收管理法（草案）》的议案

全国人民代表大会常务委员会：

税收是国家财政收入的主要来源，宏观调控的重要经济杠杆。在我国社会主义现代化建设中，税务机关担负着十分繁重的任务。为了完善税收法制建设，保证国家各项税收法律、法规的贯彻实施，加强税收征管工作，国务院认为，制定法律，强化税收征收管理是十分必要的。

为此，在认真调查研究、总结我国税收征管工作实践经验和广泛听取意见的基础上，拟订了《中华人民共和国税收征收管理法（草案）》。这个草案已经国务院常务会议讨论通过，现提请审议。

国务院总理　×××

××××年××月××日

简析：这是一篇立法议案，正文不长，而内容稍为复杂一些。第1句~第3句为原由部分，很扼要地指出税收的作用和意义，以及设立税收征收管理法的目的。第4句写为草拟本议案而采取的做法。最后一句点明国务院对此议案的态度以及要求。

三、函

（一）函概述

函适用于不相隶属机关之间相互商洽工作、询问和答复问题，请求批准和答复审批等事项。函具有如下几个特点：

1. 行文的不相隶属性

函的行文方向主要是平行。所谓不相隶属性，有两种情况：一是机关之间不属于同一组织系统，不存在上下级关系，例如河南大学与郑州大学两所学校之间不存在上下级关系；二是同一组织系统下的同层级机关，即同级机关之间，例如国务院下属的各部委之间，某省人民政府下属的各厅之间。

2. 使用的广泛性

凡是不相隶属的单位之间，不论是商洽工作、告知情况、还是询问答复问题、请求批准和答复审批事项，都可用函。有隶属关系的上下级之间也可以用函商洽工作，询问和答复问题。

3. 内容的事务性

函主要用于解决具体事务，内容极为实在。有什么情况、什么意见、什么请求、什么需要、什么问题，都要求开门见山说实话，办实事，一般很少讲大道理。

（二）函的格式

1. 标题

函的标题有三种写法：一是由发文机关、事由、文种（函或复函）构成，如《××县人民政府办公室关于棉籽价格问题给××县人民政府办公室的复函》等；二是由事由、文种（函或复函）构成，如《关于请求拨款举办"民间艺术节"的函》；三是由发文机关、文种（函或复函）构成，如《中共中央办公厅秘书函》等。

2. 主送机关

主送机关即接受公函的机关。复函的主送机关与来函的发文机关是一致的。

3. 正文

函的正文，一般分为开头、主体、结尾三部分。函的正文要根据是去函还是复函来确定其写法。

（1）去函。开头写去函的原因、目的、依据，表明为什么去函。主体要具体写告知、商洽、询问或请求批准的事项。结尾根据函的内容可用"可否，请函复"、"请予支持，并盼复"、"盼予函复"、"即请函复"、"请予研究函复"、"特此函达"等常用语。

（2）复函。开头以对方来函作为引据，如"××××年××月××日函收悉"。主体答复对方提出的问题和要求。结尾根据函的内容可用"此复"、"特此函复"、"特此函复，请查照办理"等常用语。

4. 印章和日期

正文结束以后，盖上发函机关印章并写上发函日期。

（三）例文赏析

关于批准录用×××等××名同志为国家公务员的函

省安全厅：

你厅《关于拟录用××××届大中专毕业生的函》（国安政〔××××〕18号）收悉。

根据中共××省委组织部、××省人事厅《关于部分省级机关从××××年应届高校、中专毕业生中考试录用国家公务员和机关工作人员的通知》的规定，经考试、考核合格，批准录用×××等××名同志为国家公务员。

特此函复。

附件：录用人员名单

××省人事厅
××××年××月××日

简析：这是一份批准函。批准函正文，引叙来函作为复函背景、依据。批准项作为复函重点，依据明确，态度鲜明。文章以"特此函复"作结。此函行文简练准确，文字语气合乎批准机关身份。

四、会议纪要

（一）会议纪要概述

会议纪要是一种适用于记载、传达会议情况和议定事项的常用公文。"纪"是综合、整理的意思，"要"是要点，会议纪要是把会议的主要情况、重要精神进行综合整理，形成的文字材料。会议纪要有如下几个特点：

1. 纪实性。

会议纪要应如实反映会议的内容和议定事项，不能把没有经过会议讨论的问题写进会议纪要。这样，才能起到传达会议精神，为有关单位提供工作依据，指导有关工作的作用。因此，纪实性是会议纪要的基本特点，也是撰写会议纪要的基本原则。

2. 提要性

会议纪要是会议的要点，不是会议记录，不能有闻必录，有录必写，而是必须对会议繁杂的情况和内容进行综合、概括性的整理，即概括出会议的主要精神，归纳出主要事项，体现出中心思想，使人一目了然，易于把握精髓。

3. 约束性

会议纪要一经下发，便要求与会单位和有关人员遵守、执行。

（二）会议纪要的格式

1. 标题

（1）单式标题。单式标题一是由会议名称、纪要构成，如《全国农村爱国卫生运动现场经验交流会纪要》等；二是由事由、纪要构成，如《关于黑龙江三江平原农业开发问题的会议纪要》等；三是由发文机关、事由、纪要构成，如《最高人民法院关于十二省、自治区法院审查毒品犯罪案件工作会议纪要》等。

（2）复式标题。由正、副两行标题组成，正标题阐述会议主要内容精神，副标题交代会议名称、范围和文种，如《以十六大精神为指导　开创县、乡企业工作新局面（正标题）——××地区、乡企业工作会议纪要（副标题）》。

2. 正文

会议纪要的正文有会议的基本情况、会议的主要精神、结尾三部分。

（1）会议的基本情况。开头部分用简要的文字介绍会议召开的目的、指导思想、会议的时间、地点、会议名称、主持单位、与会代表、主要议程、讨论的主要问题等。

（2）会议的主要精神。这部分是会议纪要的主体，要写会议研究的问题、讨论的意见、作出的决定、提出的任务、确定的措施等，作为与会单位会后贯彻的依据。常见的一般有三种写法：

第一种是归纳法，即将会议讨论、研究的内容归纳出几个问题来写。有的会议规模比较大，讨论的问题比较多，涉及的方面比较广，这就要把许多意见加以分类整理归纳，并列出小标题或标上序号。

第二种是概述法，即将会议的发言内容、讨论的情况综合到一起，概括地叙述出来的，以反映会议的精神。一些小型会议的纪要,多采用这种写法。

第三种是发言记录式的写法,就是按照会上发言的顺序,把每个人发言中的主要意见写出来,一些座谈会的纪要,多采用这种写法。

用归纳法与概述法写的时候,常用"会议讨论了"、"与会者认为"、"会议认为"、"会议强调"、"会议指出"等语言来叙述,把会议的主要精神阐述出来。

(3)结尾。结尾一般提出号召,要求贯彻会议精神,完成会议提出的工作任务。有的会议纪要也可以不要结尾。

3. 日期

日期可写在正文之后,或写在标题之下,会议纪要可以不加盖印章。

(三)例文赏析

郑州市人民政府关于公交都市创建有关问题的会议纪要

6月28日下午,副市长吴福民在市政府综合楼第二会议室召开会议,研究公交都市创建有关问题,现将会议确定的主要事项纪要如下:

一、关于公交场站建设问题

1. 公交场站建设关系到2017年市政府十大民生实事和公交都市验收能否顺利完成,三家建设单位要充分认识到公交场站建设的重要性,要把场站功能放在首位,加快推进公交场站建设任务。

2. 各区要全力配合三家建设单位,按照28处公交场站建设规划,立即启动建设用地报批、征收补偿和拆迁整理工作,力争7月30日前具备进场条件,9月30日前完成土地划拨手续。

3. 三家建设单位针对公交场站用地涉及土地预审手续办理的,6月29日梳理完毕上报市国土资源局,市国土资源局负责6月30日前集中办理完毕。符合政策规定条件的用地直接出具意见函,市发展改革委据此批复工程,不符合政策规定条件的用地要简化程序办理,及时完成土地相关手续。建设单位要加快招投标工作,确保公交场站按时建成投用。

4. 市公交公司配合三家建设单位,将28处公交场站前期相关手续尽快交接完毕。

5. 三家建设单位针对场站建设任务倒排工期,明确任务和责任单位,并向市政府上报1名场站建设负责人,针对公交场站建设任务完成情况进行考核和问责,确保公交场站建设任务顺利完成。

6. 市交通委定期召开公交场站建设例会,履行监督职责,有问题及时上报市政府。

二、关于提高一卡通使用率问题

1. 市一卡通公司要积极采取措施,多途径加强宣传,开发一卡通更多功能,提高一卡通使用率。

2. 市交通委与市物价局配合,加快研究我市公共交通票制票价改革方案,方案成熟后立即上报市政府。

三、关于公交电子站牌供电问题

1. 现有道路涉及公交电子站牌用电问题,由市公交公司负责通过多种方法予以解决,相关单位积极配合。

2. 新修和改建道路在施工过程中,由建设单位统筹设计,一并解决。

四、关于公交专用道建设问题

1. 市交通委加快推进22条常规公交专用道建设,力争9月底前全部建成并交付使用。

2. 市交通委、交警支队抓紧对《郑州市公交专用道管理办法》（草案）进行研究，广泛征询意见后上报市政府。

与会人员：略

（来源：郑州市交通运输委员会门户网站）

简析： 导言部分介绍了会议主题、会议时间、地点。主体部分分条列项地写了会议议定的四方面的事项。结尾附有参会人员名单。文章指导思想明确，层次分明，语言明晰。

拓展练习

1. 修改下列文件标题。
   ××制药公司解决生产名中成药所需虎骨来源的请示
   ××总公司组建××实业公司的请示报告
   ××公司对非法倒卖建筑材料的××开除公职的通知
   ××公司关于开展春季运动会的决定的通知
   ××总公司对所属单位学徒工转正后关于工资问题的规定

2. 指出该"通知"的不当之处，并进行修改。

××县卫生局《会议通知》

全县各食品加工行业：

根据上级关于对食品加工行业的卫生状况进行一次全面大检查的通知精神，决定召开我县食品加工卫生工作会议，部署卫生检查工作，现将有关事项通知如下：

一、会议时间：2017年10月25日至26日。10月24日下午两点至五点报到。

二、参加会议人员：全县各食品加工单位来一名负责人，各乡、镇及县工商联请派出一名代表列席会议。

三、住宿费回单位报销，伙食费个人自理，按有关财政规定给以补助。

××县卫生局（公章）
2017年9月28日

3. 指出该"请示"的错误之处，并根据公文写作与处理的要求，改写为一份正确的公文。

请示

因工作需要，我县急需购买小轿车一辆，请批准调拨经费××元。另：我县尚缺专业对口技术人员××名，请在制定明年人员编制时一并考虑。

上述意见与要求如无不妥，请批复

此致

敬礼！

××县人民政府
××县财政局
2008年9月6日

4. 按照公文格式及文体要求修改下面这份批复（只需在文后写出修改稿，不需在原文标识，所缺部分要素可根据想象自行补足）。

关于要求拨给抢修校舍专款批复

××镇教育办：

　　你们的请示收到了。这次强台风的破坏，使你镇校舍损失惨重，造成许多班级无教室上课。经过我们的商量，可考虑拨专款15万元以内给你镇抢修教室，不足部分请自筹解决。

　　此致

敬礼！

××县教育局
××××年××月××日

5. 阅读材料，按要求做题。

　　2017年7月9日，××市××高速公路龙湖路段发生了塌方事故，并造成了一定的伤亡后果。事故发生后，近300名消防队员、工地工人、公安干警赶到现场紧急抢救，抢救时间持续近24小时。据了解，××市政总公司第一分公司是该工程的承建商。事故发生前，桥面上分散有三四十名工人，已经浇铸了近260立方米的混凝土，而且违章施工，按照施工程序本应分两次浇铸的混凝土却一次浇铸。估计事故原因是桥面负荷过重。据悉，此次事故已经得到较好地处理。事故发生后××市建设委员会要求××市市政总公司加急将此次事故的处理详情报告给他们，以总结经验教训。

　　根据材料，以××市市政总公司的名义向××市建设委员会写一份情况报告，要体现出有附件说明事故相关人员的资料。

6. 阅读材料，按要求做题。

　　2017年6月17日，在××学院英语四六级考试中，15级法学1班学生小明携带违禁物品进入考场，在考试中试图作弊被巡考员当场抓获。为严肃考试纪律、警示其他同学，××学院决定对小明作出留校察看处分，并取消其2017年12月英语四六级考试的资格。

　　根据材料，以学校的名义拟一份恰当的公文。

第三章 财经事务文书写作

知识导读

经过激烈的竞聘,刚刚毕业的你终于入职了自己梦寐以求的一家商贸公司!

作为一个职场新人,自然有千头万绪的工作需要你去熟悉和适应。但首先应该是明确自己日常的岗位职责,做到各负其责;其次,要立足公司的发展,加强与同事们之间的信息沟通和团结协作,营造和谐的工作氛围;与此同时,还要进一步提升自己的综合素质,继续加强与客户和外界的联系和交流,促进自己不断成长。

一个公司的长足发展总是起步于日常事务的扎实推进。日常工作看起来十分平淡、琐碎,但"细节决定成败",正是这些容易被人轻视和忽略的细小而必需的工作更检验人的工作责任心和敬业精神。用心从最基本的日常事务处理做起,是我们走向成功的第一步!

那么,在处理日常事务的过程中我们需要用到并撰写一些什么文书呢?每个员工在新公司报到伊始,总要到公司相关部门领取一些办公用品,这时就需要他书写一张"领条"作为凭据。不同部门不同职位不同阶段都会有些具体的工作项目要做,为使工作有序进行就需要个人或集体制定"工作计划"。

在对日常事物处理中需要完成的文书有个简单的了解之后,现在就让我们来认真准备,各个击破吧!

第一节 条据的写作

常用的条据包括收条、借条、欠条、请假条、留言条、托事条等等。按照用途的不同,可分为凭证类条据和说明类条据。

一、凭证类条据

（一）常见的凭证类条据

凭证类条据是人们在处理财务、物质或事务来往时，写给对方作为凭据或有所说明的字据。包括收条、借条、欠条和领条等。

收条是收到别人钱物时写给对方作为凭借的条据，是一种凭证性条据。

借条是借到集体或个人的钱物时写给对方的凭证性条据。

欠条是指人们在经济交往中，因不能及时结清钱物手续而写给对方的凭证性条据。

（二）凭证类条据的写法与注意事项

1. 凭证类条据的写法

这几种文书通常包括标题、正文、结语、署名和日期几部分：

标题——第一行居中以稍大字体写出"收条"、"借条"等字样。或者写"今收到"、"今借到"等。

正文——第二行空两格书写正文。应写清楚什么人，什么东西（钱或物），具体数量。

结语——在正文后另起一行空两格书写"此据"字样。也可省略不写。

署名和日期——在右下方位置写上立据者姓名，并在姓名下方写上立据日期。

2. 凭证类条据的注意事项

（1）所涉及的钱物要当面点清，察看仔细，没有问题再写条据。

（2）钱款或者物品的名称要规范、准确，数量必须大写；钱款要写清币种，如"人民币"、"港元"等，末尾要加"整"字。

（3）条据上的数字不能改动，如必须改动，应加盖印章，以示负责。

（三）例文赏析

借　条

今借到张三人民币贰万元整（20000），借款期限一年，于××××年××月××日还清。

此据

领款人：（签章）
××××年××月××日

简析：这份借条简洁明确地写出了借款金额和还款期限，直截了当。但是美中不足之处是没有写明过期未还的情况应如何处理。

小贴士：

在撰写借条时一定要考虑周全，如本金和利息、支付方式等，可在借条里写清这些类目，或若未能如期偿还应如何支付惩罚金等。同时也要注意保存相关证据，如银行转账单等，以备不时之需。

二、说明类条据

（一）常见的说明类条据

请假条是一种特殊的最简短的书信，是因为某种原因不能上学、上班或者参加集体活动，必须向老师或领导说明理由，请求准假的条据。

留言条是在不能面谈的情况下，把要说明的内容书写下来的一种简短的便条。

托事条是委托别人办理有关事务而写的简便书信。

（二）说明类条据的写法与注意事项

1. 说明类条据的写法

说明类条据的写法与书信基本一致，分五部分：标题、称谓、正文、敬祝语（可省略）、落款（署名和日期）。

2. 说明类条据的注意事项

（1）格式要正确。

（2）语言要简洁明了，要把原因和时间写清楚。

（3）理由要充分，情况要真实。如有相应的证据（如医生证明等）可随条附上。

（三）例文赏析

请假条

商务培训中心：

因我行于1月10日晚举行员工大会，任何人不得缺席，所以本人1月10日晚不能回校参加培训。特此请假、恳望批准！

此致

敬礼

工商银行陇海路支行营业部：赵冬
××××年××月××日

简析：这份请假条内容清楚、理由充分、语气诚恳，是一份较好的范文。

小贴士：

请假条的称呼一定要写准确，千万不能张冠李戴，语气要真诚恳切，日期要写得具体。留言条具有一定的公开性，因此不要涉及隐私和机密；如写给十分熟悉的人，可直呼其名，不必写敬祝语。

第二节 计划与总结的写作

一、计划

（一）计划的概念与作用

1. 计划的概念

计划是机关、团体、企事业单位针对未来一段时间内的工作安排而拟定的一种公文。主要包括未来工作要完成的目标、要求、采取的措施和完成期限等内容。计划还有诸多别称，如安排、打算、要点、设想、意见、规划、方案等。其中，短期要做的事叫"安排"；准备在近期内要做的事，但又考虑还不周全的叫"打算"；只是简要地提出下一阶段的工作或学习任务等的叫"要点"；对打算要做的事还没有具体的计划叫"设想"；上级对下级布置工作、交代政策、提出注意要点等叫"意见"；有比较长期的计划，涉及面比较广的叫"规划"；对某项工作有较具体的安排叫"方案"。

2. 计划的作用

（1）筹划功能。筹划功能是计划最主要的功能之一，通过计划我们可以了解到未来工作的重点、要求和具体实施办法，帮助我们在工作中找对方向，少走弯路。

（2）组织功能。制定计划可以让我们在工作中建立良好的工作秩序，提高工作效率。有利于领导对工作进行组织管理，合理分配时间、人力、物力、财力，随时掌握工作进程，进行必要的检查，确保工作顺利完成。

（3）指挥功能。制定计划是现代管理工作的重要环节，一份好的计划可以帮助领导对工作进行合理安排，根据实际情况及时进行调整，减少工作中的指挥失误。

（4）协调功能。详细的计划可以使参与工作的每个人明确各自的工作内容、所应达到的目标，充分发挥个体的能动作用，促进工作协调有序地开展。

（二）计划的特点与分类

1. 计划的特点

（1）预见性。计划着眼于未来，是对工作情况、进度、可能出现的情况的一种预定。这种预定是科学的，要在事实的基础上展开，用科学的方法进行推理。要尽可能地预见实施中可能出现的情况和问题，以此制定出工作的具体目标、措施和步骤。

（2）目的性。任何一份计划都要有明确的目的，这种目的性是由工作的目的决定的，计划的每一个环节都要服从于工作的目的。只有目的明确，才能更好地统一思想，协调行动，最终实现目的。

（3）指导性。计划是国家方针政策在本单位的具体化。计划制定出来，在工作中就要认真执行，努力完成，它是我们工作顺利开展的指导依据。

（4）科学性。"凡事预则立，不预则废"，制定计划正是要对实践进行指导，避免盲目性，计划的内容一旦形成就对实践有约束力，所以计划不能凭空想象，必须对各种因素进行综合分析，做出科学的论证，保证有说服力，有操作性。

（5）实践性。计划制定的过程中要充分考虑实际情况，保证它的可行性，计划的正确与否也必须在实践中检验。客观现实是不断发生变化的，当面对新问题、新情况时，计划就要适时做出调整，不能一成不变。

（6）约束性。计划规定了未来工作的内容、方法及步骤，它不能由人们随意更改，在实践中要遵照执行，如果由于个人利益打乱计划，就会影响全局的工作。

2. 计划的分类

（1）按内容分，有生产计划、建设计划、工作计划、科研计划、教学计划、财经计划等。

（2）按时间分，有长期计划、中长期计划、中期计划、短期计划、年度计划、季度计划、月度计划等。

（3）按形式分，有条文式计划、表格式计划、条文和表格复合式计划、文件式计划等。

（4）按范围分，有国家计划、地区计划、部门计划、单位计划、班组计划、个人计划等。

（5）按性质分，有综合（全面）计划、专题（专项）计划等。

（三）计划的写法与注意事项

1. 计划的写法

计划的格式，要视其具体内容和表达需要而定，并非固定不变。一般计划要包含标题、正文、落款三部分。

（1）标题。标题一般由制定计划的单位名称、计划的适用时间、计划的内容和文种四部分组成。其中一些要素是可以省略的，如《××××年招生工作计划》，省略了单位名称。如果计划需经上级部门批准方可执行的，需要在标题后或标题下方用圆括号注明"讨论稿"或"草案"等。

（2）正文。正文部分要交代制定计划的具体内容，包含计划的基本情况、目标任务、实施办法等。

开头部分，要交代计划的背景和前提，说明为什么要制定该计划，制定它的意义何在，同时要说明制定这项计划的指导思想。这段文字不需要展开叙述，只要简明扼要地说清以上问题即可。

主体部分中的目标、任务和具体指标要写得具体明确，不能模棱两可。目标是制定计划的根本出发点，是计划的努力方向。因此，这里要规定出完成工作的指标，定出完成的时间，并将其具体标准进行量化。

主体部分中的相关措施是为实施计划提供保障的，这里要介绍为完成计划需要调动哪些力量，得到哪些部门的支持，针对可能出现的困难要采取什么应对措施，等等诸如此类的内容，只有把这些问题解决了才能保证计划顺利完成。

主体部分中的具体步骤是执行计划的程序和时间安排。每项任务的完成都有具体的时间要求和指标，这在计划中要写清楚，制定计划要纵观全局，合理安排，分清轻重缓急，明确先干和后干的任务，时间分配也要合理，做到有条不紊。

（3）落款。包括制定者、日期和盖章三项内容。

2. 计划的注意事项

（1）符合政策。任何计划的制定都要符合国家的方针政策，所以在制定计划之前，一定要深刻领会上级的指示和要求，使撰写的计划与国家某个时期的总体战略目标一致，要正确处理国家与集体、全局与局部的关系。

（2）掌握情报。制定一份好的计划，必须要掌握大量真实可靠的信息，所以要分析研究，了解相关工作开展的具体情况，同时还要综合分析过去工作中的经验和教训，为自己撰写计划做好准备。

（3）深入分析。制定计划之前，一定要对国家的方针政策有充分的认识，保证工作不偏离方向。同时要进行调查研究，深入了解本单位、本工作的实际状况，搞清楚计划事项的内部、外部联系，使计划科学客观。

（4）量力而行。计划的制定，一定要坚持实事求是的原则，要符合国家的大政方针，更要注意结合本单位、本部门的实际情况，防止过高或过低。过高无法实现，计划就成了空中楼阁，过低则不能充分调动群众的积极性，使计划失去意义。

（5）留有余地。万事万物都是不断发展变化的，在工作的过程中难免有很多预见不到的情况出现，计划的目标要适当地留有余地，要有一定的弹性和空间。

（6）条理清楚。计划中的各项内容，要注意其前后的逻辑联系，比如目标、措施、实施步骤要环环相扣。在写作中，可以采用总分式结构，先讲明计划的目标，再分项说明实施办法。

（7）用语简练，表达准确。制定计划时，以说明为主要表达方式，用语要恰当，把握好分寸，对于计划中具体的实施办法或措施，要写得具体，避免含糊其辞。

（四）例文赏析

××造纸厂2003年质量管理工作计划

随着我国加入WTO，企业的外部环境发生了很大变化，进入国际市场的机遇越来越多，面对的竞争也越来越激烈。提高产品质量，降低产品成本，成为增强企业竞争能力的重要手段。2003年是本厂产品质量升级、品种换代关键的一年，为进一步提高产品质量，特制定本计划。

一、质量工作目标

1. 一季度增加2.5米大烘缸二台，扩大批量，改变纸页温度。

2. 三季度增加大烘缸轧辊一根，进一步提高纸页的平整度、光滑度。此项指标要达到QB标准。

3. 四季度改变工艺流程，实现里浆分道上浆，使挂面纸板和水泥袋纸板达到省内同行业先进水平。

二、质量工作措施

1. 强化质量管理意识，进行全员质量意识教育，培养质量管理干部。

2. 成立以技术副厂长×××为首的计改领导小组，主持为提高产品质量以及产品升级设备引进、技术改造工作，负责各项措施的落实和检查工作。

3. 由上而下建立好质量保证体系和质量管理制度，把提高产品质量列入主管厂长、科长及技术人员的工作责任，年终根据产品质量水平分配奖金，执行奖惩办法（奖惩办法由劳资科负责拟订，1月15日前公布）。

4. 本计划纳入2003年全厂工作计划。厂部负责监督、指导实施。各部门、科室要协同配合，确保本计划的完满实施。

××造纸厂
××××年××月××日

简析：这是一篇条文式计划。标题为计划单位名称、计划时限、计划内容和文种，属于要素齐全的完整式计划标题。正文导言交代了制订本计划的背景和目的。正文主体的"质量工作目标"，按时间顺序写；"质量工作措施"四条，分别从管理意识、领导体制、质量保证体系、质量管理制度及检查指导等方面加以体现。计划作者思路清楚，语言准确、明晰，目标明确、措施具体，要求清楚。是一篇写得较好的计划。

二、总结

(一) 总结的概念与作用

1. 总结的概念

总结是对前一段工作的回顾与反思,并在此基础上,找出成绩,总结经验教训,以便更好地指导今后工作的一种文体。

2. 总结的作用

(1) 交流信息。对本单位、本部门工作的总结,它的意义并不止于为一个单位、一个部门今后的工作服务,更多的是通过单位与单位之间、部门与部门之间的交流,达到互通有无,取长补短、共同进步的目的,这在信息时代显得尤为重要。

(2) 积累经验。写总结是我们认识事物,由感性认识上升到理性认识的必由之路。为了获得对事物本质的认识,必须养成事后做总结的习惯,它可以帮助我们积累经验,逐步加深对事物的理解,最终上升为系统全面的认识。

(3) 改进作风。一篇好的总结,可以为今后的工作提供指导性建议,帮助改进工作作风,提高领导的决策水平,进行科学的管理,使工作少走弯路。

(二) 总结的特点与分类

1. 总结的特点

(1) 真实性。总结要求按照工作的本来面目,如实地反映情况,不能回避问题、掩饰不足、夸大成绩。要做到材料真实,分析客观,忠实于实践本身。

(2) 实践性。从总结的内容看,要写自身经历过的实践活动,从总结的观点看,它要从实践活动中提炼出来,这些都不能东拼西凑。总结一般用第一人称来写作,因而对实践性的要求非常突出。

(3) 指导性。总结的指导性表现在它归纳出的经验教训,可以帮助我们制定出更加切实可行的计划、方针以指导今后的工作,可以帮助领导加强科学管理,可以为典型的推广提供依据和平台。

(4) 典型性。写总结是我们认识事物,掌握事物发展规律的重要手段;写总结就是要通过对自身生产实践进行分析概括,找到规律性的东西。但工作中存在方方面面的矛盾,在总结中要抓主要矛盾,总结典型经验与教训,这是我们认识事物规律、顺利开展今后工作的需要。

(5) 证明性。进行总结必然要提出自己的观点,对实践活动中的成绩与问题进行客观的评价,找到事物发展的一般规律。总结中得出的观点要来源于实践,同时又能用实践的具体事实加以证明,做到观点与材料的统一,这就是总结的证明性。

2. 总结的分类

(1) 按内容分,有工作总结、生产总结、经营总结、科研总结、思想总结等。

(2) 按范围分,有地区总结、部门总结、单位总结、个人总结等。

(3) 按时间分,有年度总结、季度总结、月度总结等。

(4) 按性质分,有综合性总结、专题总结等。

(三) 总结的写法与注意事项

1. 总结的写法

(1) 标题。总结的标题一般有以下三种：

公文式标题。一般由单位名称、时间、总结的内容、文种四要素构成，如《××学院2018年学生会工作总结》等。其中可以根据情况省略单位名称、时间、内容等要素，如《2018年团委工作总结》、《××学院2018年度总结》等。

新闻式标题。新闻式标题一般是对总结内容的高度概括，起到突出中心的作用，如《自主创新创名牌的启示》等。

新闻式双标题。这种标题是新闻式标题与公文式标题的综合，新闻式标题做主标题，能揭示总结的中心，公文式标题做副标题，能点明被总结的单位名称、时间、内容，如《落实责任制　加强企业管理——××钢铁公司×××年工作总结》等。

(2) 正文：

开头。开头部分要简要地说明工作的基本情况与背景，对工作做一个基本评价，给人以完整的印象。

主体。主体是正文的主要部分，在开头概述的基础上要重点说明以下一些问题：

首先，基本情况介绍。这里包括工作开展的时间、工作背景、完成的经过和结果等。同时要交代指导工作的主要思想，对工作中取得的成绩和存在的问题做简要的叙述，为进一步的分析打好基础。

其次，指出成绩和缺点。总结的目的是肯定成绩，找出差距，以便更好地开展今后的工作，所以首先要客观实在地反映工作的成绩与缺点，选用的材料要翔实具体，这一部分主要用陈述的方式来总结。

最后，写明经验教训。在陈述事实的基础上，要对工作进行理性的分析，通过具体的实例归纳总结出工作中取得的经验和存在的不足。不论是总结经验还是归纳教训都要能说出其产生的主客观原因，总结经验时可以用具体工作实践中的成绩支持观点，归纳教训时主要说明哪些工作完成的不好，造成失败的因素有哪些，以达到吸取教训的目的。

(3) 结尾。提出今后打算。在结尾部分要简洁有力地提出今后的打算，并对工作中存在的问题提出改进意见。

2. 总结的注意事项

(1) 材料丰富，合理取舍。写好总结必须占有大量的材料，没有材料总结就失去了基石，所以要收集各方面的材料，这样才能保证总结的内容有说服力，真实可信。但同时还要学会对收集到的材料进行合理的分析，进行取舍，要选择那些符合国家方针政策、符合本单位实际、属最有代表性的材料，这才是写好总结的前提。

(2) 实事求是，认真分析。写总结必须从实际出发，抱着实事求是、老老实实的态度，一分为二地看问题，既要看到成绩，又要认识到工作中的不足，不能任意夸大成绩或缩小缺点，更不允许弄虚作假，报喜不报忧。要联系过去的工作纵向比较，还要横向地和同时期、同类型的工作进行比较。

(3) 结构严谨，记叙得当。总结的结构要求完整严谨、环环相扣、层次分明。材料与观点要统一，论证时叙述要得当，不能一味陈述材料，也不能脱离材料，生硬地说理。

(4) 语言简练，表达精确。总结的语言要言简意赅，不能拖泥带水、过分修饰，表达要通顺流畅。

(四) 例文赏析

××××年上半年狮山经济工作总结

××年是××区的"社区建设年",在区委、区政府的正确领导下,我办按照市、区经济发展的新思路,树立"大服务"、"大城管"、"大发展"观念,以经济建设为中心,大力推进城市社区建设,通过整合社区资源,发挥"三个主体"作用,促进属地经济与社会的协调发展。半年来,经过全办干部职工的共同努力,狮山经济工作取得了一定的成绩。

一、今年上半年的主要经济指标完成情况及分析

今年1—6月份,实现国内生产总值4018万元,同比增长25.83%,完成年度预期目标任务的52.7%;实现工业总产值11889万元,同比增长81.6%;实现第三产业收入14592万元,同比增长87.5%;实现出口创汇234万美元,完成年度预期目标任务的26.35%;直接利用外资355.9万美元,完成年度预期目标任务的79.08%。

从上述各项经济指标的完成情况看,我办上半年的经济运行继续保持较快增长的态势,工业企业的经济整体效益上升,第三产业出现蓬勃发展生机,带动狮山经济的持续增长,实现了时间过半经济指标也完成过半的良好局面,为今后的经济发展奠定了良好的基础。

二、主要做法取得以上的成绩,我们的主要做法如下:

(一) 领导重视,认识到位。

在今年3月底××区招商引资工作会议和第一季度经济分析会议上,区领导都不同程度地强调了经济工作的重要性,提出要千方百计把我区的经济工作搞上去。面对严峻的经济形势,我办党政班子清楚认识到只有紧跟区委、区政府的工作部署,调整抓经济工作的思路,改变方式方法,切实采取措施,才能尽快扭转经济工作的被动局面,才能确保全区经济的快速持续稳定发展。因此,我们及时摆正经济工作的位置,主要精力抓经济,充分调动全办上下的积极性,形成了以经济建设为中心,广泛开展各项社区建设活动的良好氛围。

(二) 狠抓招商引资。

我办站在谋全局的高度,积极响应"园镇互动"和"做实区、做强镇"的战略,将招商引资工作纳入重要议事日程,及时调整招商工作机构,充实招商引资工作人员,返聘已退休的原分管招商引资、具有丰富工作经验的张悦忠副主任,专抓招商引资工作,从而在组织、人员上确保了招商引资工作的正常开展。街道党政一把手主动拜会外商,大力宣传全市的发展规划、投资环境、引资政策、资源产业等情况,务必使外商投资项目在我区落户。在领导的带动下,我街招商办人员发扬顽强拼搏精神,积极参与粤台经贸会和粤港经贸会等省、市、区招商引资活动,采用"走出去、请进来"的方法,广泛与港、澳、台、内地客商接洽,千方百计争取外商投资,对项目全力跟踪落实,全程服务办理,充分做好"留商培商"工作。1—6月份,成功引进了三家外资企业,投资总额为355.9万美元。

(三) 以小区物业市场化运作为契机,发展城市经济。

狮山辖区地处老城区,属地多为行政事业单位,经济资源相当匮乏,尤其是没有大型工业企业,但是狮山作为政治、文化中心所在地,也有它的优势,如环境、科教、文化等方面,第三产业的发展空间还很大。近期,狮山街道南香社区物业管理通过招投标方式,已成功推向了市场。

三、存在问题

从1—6月份的各项指标构成，以及对具体企业的调查分析看，我办对经济形势不能盲目乐观。存在的问题主要如下：

（一）上规模的企业发展不理想。三家企业中，有两家分别是制衣、纸制品生产的传统工业，科技含量不高，上半年的产值均呈不同程度的下降趋势。上规模的企业太少，已使我办的主要经济指标产生容易波动的特性。

（二）新引进的项目没有达到预期的产出目标，新的经济增长点不足。

（三）由于各种原因的影响，企业多数工人不愿参保，并牵涉到劳资纠纷，使我办完成其他相关任务指标的难度增加。

四、当前要突出抓好的几项工作

（一）目标指标有人落实，工作绩效与考核挂钩。当前，我区在经济方面出台了一系列行之有效的政策和措施，建立了相应的奖惩考核机制，引导各镇、街道用新的方式方法发展经济，我们一定要乘这股东风，在搞好城市管理的同时，突出经济工作"重中之重"的地位，调整充实抓经济工作的人员，保证做到指标有人跟踪落实，服务工作有人抓办。并根据我办实际，制定必要的可操作性强的奖惩措施，把经济发展预期目标的完成情况与党政领导、各部门的年度考核挂钩，建立经济增长目标责任制，实行经济工作的动态管理，确保将今年下半年的经济增长任务落到实处。

（二）发挥资源优势，拓宽第三产业的发展。我办辖区地处城市中心地带，优势资源在于城市商业功能的发挥。因此，我们要抓住各种有利时机，利用城市资源发展各类第三产业。如结合城中旧村改造，引导其向商业街区发展，壮大属地经济。

（三）扶持重点企业，促其加快发展。要组织力量深入企业，及时了解和掌握企业完成生产经营的情况，利用各种条件扶持重点企业的发展，特别对××电子有限公司这种产值、创汇、纳税大户，希望通过市、区、街联动协调，解决其在生产经营过程中出现的调配费、社会保险费的交纳等问题，并提供更多的贴身服务。

（四）利用市、区功能区的条件，以今年下半年航展为契机，加大招商引资的力度，尤其注重对区外资金的引进跟踪。

（五）当前，区正在酝酿对街道的财税分配管理办法，我办要在配合辖区税源调查研究的基础上，提出我们的合理要求，力争做到经济资源的合理配置，充分发挥街道发展经济的积极性，推动辖区经济快速发展。

××区狮山办
××××年××月××日

简析：这一份经济工作总结，正文由经济工作开展的背景、完成情况、取得的成绩、主要做法、存在的问题以及当前的工作重点等部分组成。文章思路清晰，有一定的思想深度，写出了做法经验，找出了存在问题，明确了努力方向。善用数字说明，语言准确，层次分明，是一篇写得较好的经济工作总结。

拓展练习

1. 12月1日—2日，因你要代表学校去参加沙盘模拟大赛，需要请假2天，请向你的辅导员老师写一个请假条。

2. 书香校园活动是你所在学校的一大特色，但开展多年来，同学们的阅读兴趣没有质的提高。假如你是负责此项活动的工作人员，请拟一份工作计划。

第四章
财经商务文书写作

知识导读

标书是投标成败与否的关键,因此在标书上容不得一点马虎,但重新起草一份标书需要花费投标人大量的时间。因此,投标人经常是套用以前的标书,在WORD上修改,"复制""粘贴"几个步骤下来,很快就起草好了一份标书。但在滥用现成标书的过程中,悲剧就产生了。

事件一

有次投标,我做完我的经济标和商务标,因为做技术标的仁兄身体不适回家修养,老板派我上场。我以前就是搞技术的,二话没讲,把一个类似工程的技术标拿来改,投标并中标。在中标后我发现,由于时间仓促,我做的技术标中居然还有多处"玲珑花园"没有改成"曙光花园",中间居然"玲珑花园"业主的名字还在,可真是一背的冷汗!

后果:严重错误,开除!

事件二

有一个酒店工程,投标书中有这样的语句:我公司一定认真组织施工……将本工程建设成××市一流的污水处理厂……

后果:严重投诉,开除!

(来源:搜狐网)

其实像这样滥用现成标书而造成的悲剧还有很多,现实中也确实有这样的事情发生。在商务活动中,招标书、理赔函、索赔函、经济合同、商洽往来信函等一些像投标书一样的商务文书的写作我们经常会遇到,稍有差池,就会带来不必要的纠纷,甚至是巨额的经济损失。这一章,我们就来一起学习常用的商务文书的写作。

第一节　招投标书的写作

一、招标书

（一）招标书的概念与作用

1. 招标书的概念

招标书也称招标通告、招标公告，业主在进行建设合作等项目时，按照规定条件将有关标准、条件等进行公布，通过投标方前来进行竞争，优胜劣汰。

2. 招标书的作用

（1）依据作用。招标书是投标者进行投标的依据，从而使投标者可以按照要求编制内容，制定方案，进行有效投标。

（2）竞争作用。招标单位可以择优选用投标单位，降低成本，保证项目质量，实现既定目标；投标者也可通过竞争，进一步挖掘潜力，提高综合实力，促进自身发展。

（二）招标书的特点与分类

1. 招标书的特点

（1）可靠性。可靠性表现在招标的相关文本依据、依法合法的依据、运作的保证依据，由此才可以按程序进行招标以提高其公信度和真实性。

（2）竞争性。通过考察、评价、审核等，最终确定投标的最佳人选与方案，实现效益的双赢。过程中，投标者必定要扬长避短，力争脱颖而出，体现了招标书固有的竞争性特点。

（3）具体性。招标书要有详细的项目指标、招标要求、实施标准、完成时间等具体内容，投标者才可以依据内容进行准备，积极参与竞争。因此，招标书的内容非常具体，要求明细、可靠。

（4）契约性。招标书本身就是一种书面契约，各方当事人应履约的内容或相关条款，应该承担的责任、义务等都表述得非常清楚。

（5）真实性。招标书必须以公平、公开、公正原则为基础，内容必须真实可靠，不得虚夸、作假。更不能在内容真实、条款充分的情况下，招标者与投标者利用某些特殊关系进行"暗箱操作"。

（6）时限性。主要表现在五个方面：一是及时制作招标书的时间要求；二是及时进行招标的时间要求；三是对投标者为获得项目制作投标书进行竞争的时间要求；四是有明确的项目实施的具体进度要求；五是有最终完成项目的时间要求。

（7）专用性。招标书属于带有极强专业性的专用性文书，有比较固定的格式、行文规范，目的明确，内容专一，条款非常清楚。

（8）约束性。招标书要体现相关的法规精神，有契约性的特征，并且是某种合作的合法依据，其内容对当事人都具有非常明显的约束性。一旦生效，任何人不可随意修改。

（9）广告性。招标书告知性强，一般要通过大众传媒公开，也被称为招标广告，具有公开透明的广告性特点。

2. 招标书的分类

（1）按时间划分为长期招标书和短期招标书。

（2）按内容和性质划分为企业承包招标书、工程招标书、大宗商品交易招标书。

（3）按招标范围划分为国际招标书和国内招标书。

（4）按招标形式划分为内部招标、有限招标、公开招标。

（三）招标书的格式与写作要求

1. 招标书的格式

现行的招标书格式比较固定，一般由标题、前言、主体和结尾四部分组成。

（1）标题。标题写在第一行中间。常见写法有三种：

一是由招标单位名称、招标性质及内容、招标形式、文种四个元素组成；二是由招标单位加上文种组成，如《××工程公司招标书》；三是直接由文种组成，如《招标书》。

（2）前言。前言亦称导语，基本内容有招标的项目名称、招标根据、招标目的和招标范围。前言简洁明了，提示性作用比较强。

（3）正文。招标书的内容核心。要明确招标项目、招标范围、招标方式、招标程序、相关要求、注意事项等内容。仅招标工程一项，就要有项目名称、立项根据、投资总量、工程类型、施工总量、招标单位资格要求、具体施工地址或区域等。至于具体的合同原则、权利与义务等，要求更为明细，不得有任何的疏漏。

主体一般用横式并列结构，也可以用表格加以逐项说明。

（4）结尾。结尾要有招标单位名称（加盖公章）、制定招标书的日期、招标单位的名称地址、电话等内容。若两个以上单位联合招标，应依次写明。

2. 招标书的写作要求

（1）严谨周密。招标书使用广泛，内容繁多，是签订合同的依据。它是一种具有法律效力的文件。内容要具有较强逻辑性，有条理，有依有据。要求措辞周密严谨，语气平和，避免带有个人主观色彩。

（2）简洁清晰。做到条理清晰，字句明晰，准确无误。不能模糊相关内容，不能漏掉一些条款，不能有意提高要求等，突出重点即可。

（3）真诚合作。招标书必须要遵循平等、诚信、公开、公平、公正的原则，共同发展，利益双赢。因此，要合理、合法、立文规范；讲究诚信，突出合作。注意它的特殊性、专业性、商业性、操作性和可变性，以及洽谈、协商等空间。

（四）例文赏析

京九铁路×××编组站通信工程招标书

为了快、好、省地建成京九铁路×××编组站，经铁道部批准，××铁路建设指挥部对京九铁路×××编组站通信工程进行招标。

一、招标工程的准备条件

京九铁路×××编组站通信工程的以下招标条件已经具备：

1. 本工程已列入京九铁路建设计划。

2. 已有经国家批准的设计单位出的设计图和概算。

3. 资金、材料、设备分配计划和协作配套条件均已分别落实。

4. 本工程的标底已报建设主管部门和建设银行复核。

二、工程内容

1. 站场通信工程。

2. 通信站工程。

3. 无线列调工程。

三、工程范围及主要工程数量

1. 工程范围：×××编组站全部通信工程。

2. 主要工程数量：（略）

四、承包方式

1. 中标单位以包工期、包质量、包造价、包材料的原则承包本工程。

2. 中标单位不包的项目及费用：（略）

五、承包工程的工期（略）

六、工程质量技术安全要求、工程监理、工程验收标准（略）

七、物资供应（略）

八、工程价款的支付和结算

详见本工程临时施工合同条款。

九、投标注意事项

1. 投标文件的编制。（略）

2. 标书要加盖企业及其法人代表的印章，密封后，在××××年4月××日下午4点前派专人送到××铁路建设指挥部（××市××路×号）。逾期交送标书作废标论。

3. 开标、评标时间及方式。

（1）开标时间：××××年××月××日。

（2）评标结束时间：××××年××月××日。

（3）开标、评标方式：建设单位邀请建设主管部门、建设银行和公证处及投标方参加公开开标、审查证书，采取集体评议方式进行评标、定标。

（4）中标依据及通知：（略）

十、其他要求（略）

××铁路建设指挥部（章）

地址：×××××

电话：×××××

邮箱：×××××

邮政编码：××××××

联系人：×××

××××年××月××日

简析：这份招标书格式规范。标题直奔中心；正文分为两大部分，即引言和主体。引言直述招标的依据、目的和标的；主体部分先说招标已具备的条件，再说招标工程的内容、范围、质量要求、承包方式、工期以及开标、定标等内容。全文采用分条列项方式写作，思路清晰，内容表达分明。此外，本标书还突出了铁路施工的特点，强调安全施工，对施工地区的人民生命财产安全负责。

二、投标书

（一）投标书的概念与作用

投标书是指投标单位按照招标书的条件和要求，向招标单位提交的报价并填具标单的文书。它是对招标书的回应与承诺，有具体相关指标、要求、事项等回应性内容。投标书与招标书相互依存、互补。

（二）投标书的特点与分类

1. 投标书的特点

（1）求实性。投标书对招标项目的分析以及对乙方的介绍、拟采用的措施和承诺等都具有求实求真、切忌虚假的特性。

（2）竞争性。投标人依靠投标书展现实力，塑造形象，目的在于战胜竞争对手，必然要大量收集和利用相关信息、利用公关手段，扬长避短，强化竞争。

（3）针对性。投标书的内容是按照招标提出的项目、条件和要求而写的，针对性极强。

（4）合约性。招标与投标本身就是一种互利性的经济活动。投标意在中标，投标人必然要综合双方各要素，寻找利益的共同点而实现双赢。

2. 投标书的分类

（1）按内容不同分类。有商业投标书、工程项目投标书、装饰工程投标书、生产投标书、药业投标书、劳务投标书等。

（2）按计价方式不同分类。有固定总价项目投标书、单位不变项目投标书、成本加酬金项目投标书、特殊计价项目投标书等。

（3）按方式不同分类。有公开投标书、内部投标书、特邀投标书等。

（4）按称谓不同分类。有投标通告、投标广告、投标公告、投标文件汇总、投标函件等。

（5）按范围不同分类。有国际投标书、国内投标书、地区（区域）投标书、系统（行业）投标书、单位内部投标书等。

（6）按性质不同分类。有合资投标书、独资投标书、股份制企业投标书、国有企业投标书、个体投标书、集体投标书等。

（7）按作用不同分类。有投标申请书、投标履约保证书、投标方案、投标细则等。

（8）按形式不同分类。有表格形式投标书、文字形式投标书、表格、文字兼有的投标书等。

（三）投标书的格式与写作要求

1. 投标书的格式

投标书一般由标题、抬头、前言、主体、结尾和附件部分构成。

（1）标题。直接写文种，如《投标申请书》、《投标书》等；由投标项目加文种组成，如《水电工程投标书》等；投标单位加文种组成，如《××集团有限公司投标书》等；由投标单位、投标项目加上文种构成，如《××局××项目投标书》等。

（2）前言。主要写明投标的态度、思路和看法。内容简要、清晰明确，是主体的铺垫部分。

（3）正文。投标书的核心、为投标是否成功的关键所在。基本内容有：投标的具体内容；相应的投标步骤或措施；说明自身的应标条件；补充说明应标的其他事宜；对投标作出必要的保证。

（4）结尾。即单位名称、法定代表人姓名、投标人的署名、地址、电话、投标书制发日期等。

（5）附件。附件是对投标书内容的必要补充或说明。随投标书附上有利于乙方中标的材料，如相关担保书、相关证明材料、单位资质证明等。

2. 投标书的写作要求

（1）真实完整。投标书是对招标书的回应，必须真实地反映投标单位或投标人的相关情况，内容真实可信，条款清楚，切忌遗漏。

（2）突出优势。依据招标书内容扬长避短，突出方案，展示优势，是投标书一大要素。突出自身优势以吸引对方；投其所好，引起对方关注，使自己脱颖而出；突出优势要量力而行，强调可行性、科学性、必要性。

（3）注重时效。投标书必须要做到撰写及时、递送及时、补充或修改及时。机会可能稍纵即逝，这是出于竞争的需要、自身发展的需要以及合作双方的需要。

（四）例文赏析

培训楼工程施工投标书

根据××铜矿兴建培训楼工程施工招标书和设计图的要求，我公司完全具备承包施工条件，决定对此项工程投标，具体说明如下：

一、综合说明

工程简况：（工程名称、面积、结构类型、跨度、高度、层数、设备）培训楼一幢，建筑面积10700m^2，主体6层，局部2层。框架结构：楼全长80m，宽40m，主楼高28m，二层部分高9m。基础系打桩水泥浇注，现浇梁柱板。外粉全部，玻璃马赛克贴面，内粉混合沙浆采面涂料，个别房间贴壁纸。全部水磨石地面，教室呈阶梯形，个别房间设空调。

二、标价（略）

三、主要材料耗用指标（略）

四、总标价

总标价3408395.20元，每平方米造价370.23元。

五、工期

开工日期：××××年2月5日；

竣工日期：××××年8月20日；

施工日历天数：547天。

六、工程计划进度（略）

七、质量保证

全面加强质量管理，严格操作规程；加强各分项工程的检查验收，上道工序不验收，下道工序决不上马；加强现场领导，认真保管各种设计、施工、试验资料，确保工程质量达到全优。

八、主要施工方法和安全措施

安装塔吊一台、机吊一台,解决垂直和水平运输;采取平面流水和立体交叉施工;关键工序采取连班作业,坚持文明施工,保障施工安全。

九、对招标单位的要求

招标单位提供临时设施占地及临时设施40间,我们将合理使用。

十、坚持勤俭节约原则,尽可能杜绝浪费现象

投标单位:××建筑工程总公司(公章)
负责人:李×× (盖章)
电话:×××××传真:××××
邮箱:××××

简析:这是一篇工程建设项目投标书。正文先介绍了工程简况,然后说明了标价,耗材指标、工期、计划进度等,对招标书作出了明确的回答。这可以说是投标单位的正式报价单,是评标决标的依据。该投标书还包括了保证工程质量的措施和达到的等级、主要施工方法、安全措施和对招标单位的要求等,是一份写得较完整、规范的投标书。

第二节 商洽往来信函的写作

一、建立关系函

(一)建立关系函的概念与种类

建立关系函是指为了企业的生产与销售,通过多种途径了解客户后,经论证值得与之建立商务、贸易、合资、合作等关系而使用的信函。

根据建立关系函的内容,可以分为建立业务关系函、建立贸易关系函、建立商务关系函、建立合作关系函、建立全面关系函、建立战略关系函、介绍商品函、提供资料函等等。

(二)建立关系函的格式与写作要求

1. 建立关系函的格式

(1)标题。标题要精练、概括地点明去函的主旨内容,可以写成事由+文种,即"建立业务关系函"。

(2)称呼语。称呼用全称显得礼貌。如"北京茶叶进出口有限公司"或者"××经理/先生/女士 台鉴/雅鉴"。

(3)正文。建立关系函的正文包括开头语、主体、结束语等三部分。

开头语:如果是初次联系客户的首发函,先简要说明得到对方消息的途径,或者直接进行简单的自我介绍。同时表示我方有意与对方建立业务关系,进行交易,希望得到对方的合作。

主体:是函件的重点。先介绍本公司的主要业务范围、经营状况,推销商品时要突出产品特色和优点,包括价格优势等。而后说明发函意图,表明合作的意愿。语言表达要具体、明确。

结束语：用惯用语表示出对方回函的愿望。
（4）祝颂语。一般用"顺致商安"、"顺致商棋"等，要求书写规范、礼貌得体。
（5）落款。置于信函的右下角，写明发函公司的名称（盖章）或个人姓名和日期。

2. 建立关系函的写作要求

（1）如果是初次联系的客户，开头语要先做自我介绍，或先说明如何得知对方，再做自我介绍。

（2）产品介绍要求文字生动、活泼，重点突出产品的特色。

（3）给初次联系客户发送电子邮件时，最好不要主动附上附图，以免被删或被反垃圾邮件软件拦截。

（4）结尾语，要求能激发对方愿意合作、联系的愿望。

（三）例文赏析

例文一

建立业务关系函

××陶瓷有限公司：

通过商界朋友的介绍，得知贵公司是专门从事日用陶瓷、工艺美术陶瓷的出口企业。我公司经营中国日用陶瓷、工艺美术陶瓷已有多年历史，是美国最大的陶瓷批发商兼零售商之一。我公司愿与贵公司建立贸易关系。为此，请将你们公司经营的陶瓷目录及价单寄来，以便我们考虑试购一批作为开端，如能寄来几只实样，更为感激。

特此致函，盼复！

顺颂

商祺！

××贸易公司（章）

××××年××月××日

简析：这是一篇初次与对方联系要求建立商务关系的函件，表达了愿与客户建立贸易关系的愿望。标题精练地概括点明去函的主旨内容，称呼用全称显得有礼貌。开头简要说明得到消息的途径，主体先自我介绍公司经营范围，之后说明发函意图，表明合作意愿。结束时，用惯用语表示希望对方回函的愿望。祝颂语写得规范得体。落款包括署名和日期，完整规范。全文结构严谨、层次清晰，有利于对方准确理解内容，把握交易条件。行文简洁，言简意赅，效率高。语言表达礼貌得体。

例文二

建立商务关系函

尊敬的×××先生：

在《化学》杂志上看到贵公司的名称及地址，我们非常希望与您建立商务关系。本公司为化学产品数一数二的出口商之一，在50年的商务经验中具有良好的信誉。我们确信，您会对我们的服务及货物的完美品质甚为满意。如果贵公司对我们的信用需进一步了解，请直接洽询建设银行××市分行。

盼尽快回复。

您真诚的朋友：××公司总经理
××××年××月××日

简析： 这是一篇表达希望与某公司建立商务关系的函件。标题直接点明函件的主题，称呼礼貌。开头简要说明从哪里得到的公司的联系方式并希望建立商务关系。主题则介绍自己公司的经营实力，表达了双方建立商务关系的意愿。结尾则用"盼尽快回复"表达希望对方回复的愿望。函件整体规范得体，行文简洁。

二、询价函

（一）询价函的概念

询价函是指由买方向卖方询问有关商品的交易条件或具体价格而使用的函。它是经贸磋商交易的第一个程序即"询盘"阶段而使用的信函。询价的目的是请对方报价，询价对交易双方都没有法律上的约束力。

（二）询价函的格式与写作要求

1. 询价函的格式

询价函的格式主要包括标题、称呼语、正文、结束语、落款等五部分。

（1）标题。一般直接写上"询价函"三字，也可直接写"咨询函"。

（2）称呼语。顶格写上收函公司的名称或个人姓名＋先生/女士。

（3）正文。写明向收函人索要主要商品目录本、价目单、商品样品、样本等，也可以用发询价单或订单的方式询问某项商品的具体情况。

（4）结束语。希望得到对方的回复。

（5）落款。写明发函公司的名称和具体日期。

2. 询价函的写作要求

询价函写作时要就事论事，写法上直截了当，想知道什么就问什么，突出最主要的未知事项。语言要求简洁明了、结构简单。

（三）例文赏析

询价函

××省土产进出口公司：

我公司对贵方生产的红茶感兴趣，欲订购正山小种红茶、桐木关金骏眉和桐木关银骏眉。品质：一级；规格：每包200克。望贵厂能就下列条件报价：

（1）单价。

（2）交货日期。

（3）结算方式。

如果贵方报价合理，且能给予最惠折扣，我公司将考虑大批量订货。并希望贵公司顺带惠赐样品。

希速见复。

××贸易公司
×××谨上
2011年5月16日

简析：这是一封询问茶叶价格的函。先写明对产品感兴趣，其次说明了希望对方报价的条件，最后提出希望。全文行文目的明确、语言简洁明了、层次分明、格式完整，是一篇行文简洁、规范的询价函范文。

三、报价函

（一）报价函的概念

报价函是指由卖方向买方提供某项商品的有关交易条件或具体价格所写的信函。它是经贸磋商交易的第二个程序即在"发盘"或"报盘"阶段而使用的信函。适用于对询价函所提出的问题进行答复。

（二）报价函的格式与写作要求

1. 报价函的格式

报价函的格式包括标题、称呼语、正文、结束语、落款等五部分。

（1）标题。直接写上"报价函"或"关于××的报价"。

（2）称呼语。顶格写上收函公司的名称或个人姓名+先生/女士。

（3）正文。正文有两种情况：主动报价，一般写上产品价格、规格、发货期、可供数量、结算方式、包装运输等内容。如果是回复对方的报价，首句应先说明接到对方×月×日（编号：××）的函，一般用"悉"或"收悉"。接着可表示感谢对方对我方产品的关注。然后再针对来函的内容做出具体回复，还可提出要求。

（4）结束语。希望对方能订购。一般用"恭候佳音"、"期盼合作成功"等语。

（5）落款。应写明发函公司的全称并盖章或者署个人姓名，同时写上"××××年×月×日"。

2. 报价函的写作要求

写报价函的目的是为了争取最终与客户成交，而要能最终实现成交目的，就必须抓住产品规格相符、报价这两个重点。

所报的价必须是与当前的市场行情相吻合的实价。报价太高会吓跑客户，而报价太低，客户会认为你不是内行，也不会理你。因此，切勿乱报价，应了解清楚行情，多方比较后再报价，这对新公司和新产品尤其重要。

（三）案例赏析

报价函

××先生：

贵方5月16日询价信收悉，感谢您对我公司产品的关注。兹就贵方要求，报价详述如下：

品名	等级	产地	单位	规格	单价（元/包，含包装费）
正山小种红茶	一级	武夷山	包	200克/包	100.00
桐木关金骏眉	一级	武夷山	包	100克/包	100.00
桐木关银骏眉	一级	武夷山	包	100克/包	100.00

包装：标准纸箱，每箱 50 包
结算方式：银行转账支付货款
交货方式：买方自提，运费由买方承担
交货日期：收到订单 10 日内发货

我方所报价格极具竞争力，比市场上同类产品要低 20%，质量绝对可以保证。如果贵方订货量在 1000 包以上，我方可按 95% 的折扣收款。

另我们已邮寄我厂生产的红茶样品往贵公司（每个品种各 3 包，包括价单），请查收。

如贵方认为我们的报价符合贵公司的要求，请早日订购。

恭候佳音。

××省土产进出口公司（章）
2011 年 5 月 20 日

简析：这是一封回复对方询价的函，首句点明收到对方何时发出的函，并向对方表示感谢紧接着根据对方询问进行了回复，同时就价格方面根据订购量多少给予打折的优惠措施，有利于吸引对方大批订购。最后，根据自己的需要，向对方提出尽快回复的要求。全文格式规范、严谨，表意明确、肯定，发函事宜叙述具体、清晰，语言得体、庄重又不失热情，为双方进一步的合作提供了良好基础。

四、还价函

（一）还价函的概念

还价函是指收到报价的一方就对方报价中某些条款感到不能接受，按照自己的能力提出修改意见供对方考虑的一种商业信函。还价函可以是买方就卖方的报价还价，也可以是卖方就买方的还价再进行还价。它是经贸磋商交易的第三个程序即"还盘"阶段而使用的信函。

（二）还价函的格式与写作要求

1. 还价函的格式

还价函的格式包括标题、称呼语、正文、落款等四部分。

（1）标题。直接写上"还价函"或"降低原报价函"。

（2）称呼语。顶格写上收函公司的名称或个人姓名+先生/女士。

（3）正文。主要内容包括还价措施、与原报价函变动情况、还价原因及建议等。

（4）落款。写明单位名称（公章）或个人姓名以及发文日期。

2. 还价函的写作要求

还价函的目的在于磋商报价，以获取更丰厚的利润。还价时要根据市场实际及对方所能承受的范围，不能还得过低，以免使对方误认为你没有诚意。

说明还价原因应有理有据。表明接受对方报价与否，态度要明朗。言语措辞应礼貌得体。

（三）例文赏析

还价函

××省土产公司：

很高兴收到于 5 月 20 日发出的报价函。茶叶的样品和价单也于今日收到，谢谢。

我们对你厂茶叶的质量感到满意，只是价格方面较广东的茶叶批发市场价格要高

10%～20%，现在正是茶叶盛产时期，市场供应量很大，可以随便购买。如贵方能在原有报价基础上降低15%～20%，来日大宗成交将不成问题。

我们也会努力推销，多揽订单，以谋互利。因此，请在价格方面再行考虑优惠折扣，以利今后建立长期业务关系。盼复！

顺致

商安！

××贸易公司（章）
××××年××月××日

简析：此封还价函就对方所报价格提出异议，发函者的意见表述得清楚具体，将不能接受对方报价的理由叙述得非常充分。同时，也表明若能降价以后将长期合作，态度诚恳，有理有据，说服力强。又具体明确了自己能承受的交易条件，以供对方考虑。此文态度明朗，语言礼貌得体，行文简洁，是一份规范的还价函。

五、接受函与订购函

（一）接受函与订购函的概念

1. 接受函的概念

接受函是指买方或卖方接受对方提出的交易条件而使用的信函。它是经贸磋商交易的第四个程序即"接受"阶段而使用的信函。

接受信函可作为双方成交的承诺，并具有法律约束力。如果是买方同意卖方的报价或还价的接受函，一般都要随函说明所需订购的一切货物。在此情况下，买方的接受函实际上也是买方的订购函。

2. 订购函的概念

订购函是指经过反复磋商，彼此均接受了交易条件后，由买方向卖方订购货物而使用的函件。它是经贸磋商交易的最后一个程序即"签下合同"阶段而使用的信函。

（二）接受函与订购函的格式与写作要求

1. 接受函与订购函的格式

接受函或订购函包括标题、称呼语、正文、落款四部分。

（1）标题。直接写"接受函"或者"订购函"。

（2）称呼语。收函公司的名称或个人姓名+先生/女士。

（3）正文。接受函要写明接受对方的具体报价条件，包括商品名称、规格、单价，以及结算方式、交货日期、地点等。订购函一般制成订单式，以表格形式列明各项交易条件。内容包含商品名称、牌号、规格、数量、价格、结算方式、包装、交货日期、交货地点、运输方式、运输保险等。

（4）落款。写明发函单位的全称（盖章）或个人姓名以及具体发文日期。

2. 接受函与订购函的写作要求

接受函、订购函是双方均已接受交易条件，达成交易意向，将产品的订单用书面函件的形式发给对方。因此，接受函、订购函兼有合同的功用，写作函时要求考虑周详，表述应精确严密，以免日后发生纠纷。

（三）例文赏析

订购函

×××先生：

  贵厂×月×日的报价来函收悉。我方同意贵方关于价格给予折扣的建议，特订购下列货物：
1. LG32LH2ORC32 英寸高清液晶电视10台，单价2300元，总计23000元。
2. LG32LD450C-CA32 英寸全高清液晶电视10台，单价2700元，总计27000元。
3. LG42LD550-CB42 英寸全高清液晶电视10台，单价4300元，总计43000元。
4. LG42LE530042 英寸全高清LED电视10台，单价5700元，总计57000元。

交货日期：年×月×日之前
交货地点：××市××仓储部
结算方式：转账支票

  烦请准时运达货物，以利我地市场需要。送货时请一并将货款发票（总计人民币壹拾伍万圆整，请注明我单位名称）带来。
  我方接贵方货物后，将立即开具转账支票。
  请即予办理为荷。

××公司（章）
××××年××月××日

  简析： 此函是经过双方磋商后，买方向卖方出具的订购函单。正文开头表明同意对方×月×日的报价，接着详细写了订购产品的信息和交代应注意的事项。事项表述具体明确、重突出，格式完整规范，语言表达简洁明了。此函是一篇比较规范的订购函。

小贴士：

接受函与订购函的异同

  相同点：均是彼此均接受了交易条件后而使用的函件，有时接受函也是订购函，二者均具有合同的功用，受到法律的约束。因此，都要求考虑周详，表述精确严密。
  不同点：接受函可以是买方发出，也可以是卖方发出。而订购函是买方向卖方订购货物而发出的函件，具有订单的作用。

六、催款函

（一）催款函的概念

  催款函用于催交款项，是卖方在买方未按约定期限缴交款项而使用的函，意在提醒买方付款结账。商务贸易中，常会出现买方超过规定期限尚未将货款付给卖方的情况，此时卖方就应致函提醒买方付款结账。

（二）催款函的格式与写作要求

1. 催款函的格式

  催款函包括标题、称呼语、正文、落款四个部分。
  （1）标题。可直接表明"催款函"，也可在标题前写上"紧急"二字，以示催收的是紧急款项。标题一般需注明编号，便于查询和联系。

(2) 称呼语。顶格写上收函公司的名称或个人姓名＋先生/女士。

(3) 正文。催款单位和欠款单位的全称和账号，必要时写上催款单位的地址和电话以及经办人的姓名等；双方交易往来的原因、日期、发票号码、欠款金额、拖欠货款情况等。处理意见，可从这几方面予以说明：一是要求对方说明拖欠的原因；二是重新确定一个付款的期限，希望对方按时如数交付欠款；三是如再次逾期拖欠，将采取罚金或其他措施。

(4) 落款。写明催款单位的全称，并加盖公章，最后注明发文日期。

2. 催款函的写作要求

催款函目的在于催收欠款，既要触动对方，达到收回欠款的目的，又要顾及对方的脸面，维持原来的良好合作关系。因此，写作催款函时语言要得体，不必虚礼客套，只需简洁地表达清楚催款的主题即可；注意避免使用威胁口气和过激的言语，才能达到收回欠款的目的，并能促使对方今后继续合作。

（三）例文赏析

催款函
（第6号）

××电器商场：

贵方于××××年××月××日向我公司订购液晶电视机××台，货款金额计×万元，发票编号为××××。根据贵我双方的合同约定，贵方应在×年×月×日付清该款。可能由于贵方业务过于繁忙，以致忽略承付。故特致函提醒，请收到此函后×天内将上述款项汇入我公司账户（公司银行账号××，开户行：××××，户名：×××）。逾期按合同规定，加收千分之八的罚金。如有特殊情况，请即与我公司财务科王××联系，电话：×××，邮编：××××，地址：×××市××路×号。

特此函达

××公司（章）
××××年××月××日

简析：这是关于催收款项的催款函。正文的开头写了双方交易往来的原因、日期、发票号码、欠款金额、拖欠货款情况等，简洁明了。接着提醒公司需付清款项，用"可能由于贵方业务过于繁忙，以致忽略承付"一语，不直接指责对方逾期付款，照顾到对方的面子，更易于为对方接受。最后，提出自己的处理意见，重新确定一个付款的期限，并指出逾期未付将按合同加收罚金，态度明朗。全文表述条理清晰，语言得体，结构完整。

第三节　经济合同的写作

一、经济合同的概念与作用

（一）经济合同的概念

经济合同是合同的一种，是民事主体之间为实现一定的经济目的，明确相互权利义务关系的协议。依法签订的各种经济合同，都会受到国家法律的保护，合同各方都必须严格遵守。

（二）经济合同的作用

1. 保障作用

合同的订立，使当事人的权益以法律的形式得到了保护。合同规定了当事各方的权利和义务，任何一方不履行合同都要受到经济或法律的制裁；同时，各方的利益又依赖合同条款所规定的法律关系得到有效的保障。

2. 约束作用

依法订立的合同一经签署就具有法律约束力，当事人既可以充分享受合同规定的权利，又必须全面履行合同所规定的义务。任何一方不得擅自变更合同的内容或解除合同。如某方未经对方同意，单方面擅自变更合同内容或解除合同，使对方权益受到侵害，要罚以违约金，并赔偿因此给对方造成的经济损失。

二、经济合同的特点与分类

（一）经济合同的特点

1. 合法性

合同的撰写要严格遵守《合同法》的规定。经济合同是具有法律效力的文书，它所起作用要以合法为前提，内容不合法视为无效合同。另外，对经济合同的订立与履行、变更和解除、违约责任等，国家都以法规的形式作了规定。

2. 平等互利性

经济合同的平等性，首先表现为签订合同双方或多方的法律地位是平等的，当事人之间应是平等互利的合作关系。合同中权利与义务是相互对等的。

3. 公平性

合同的定力与履行以及纠纷的解决都应当公平合理，要求当事人订立合同的机会均等，公平竞争，反对垄断。

4. 诚信性

合同双方均应诚实表达自己的意思，实事求是；履行合同时，应当遵守自己的承诺。

5. 规范性

为了合同的合法性、公平性、完备性，撰写合同应符合规范化的要求。合同的书面形式是较为统一、固定的，即内容的构成、先后顺序都有一定的要求。语言方面，要求使用规范的表达方式，准确、严谨、不可含糊不清。

（二）经济合同的分类

根据经济合同涉及的不同时间分类分为长期经济合同、中期经济合同、短期经济合同；按经济合同的表达方式分类分为书面经济合同、电子文本合同等。其中书面形式合同又可以细化为合同书、信件、电报、电传、电子邮件等形式；按经济合同的表达格式不同分类分为条款式合同、表格式合同、条款和表格组合式经济合同等；按经济合同的业务性质和内容的不同分类分为购销合同、供电（水、气、热力）合同、赠与合同、借款合同、租赁合同、建设工程合同、运输合同、委托合同等。

三、经济合同的格式与写作要求

（一）经济合同的格式

经济合同种类繁多，从结构上讲表现形式有两种，即条文式和表格式合同。一份完整的经济合同一般分为以下几个部分：

1. 标题

标题写在第一行中间，一般有三种形式：直接由合同种类充当标题，如《绿化工程承包合同》；由标题加文种构成，如《格力空调购销合同》；由当事人名称、标的再加上文种构成，如《金源公司购房合同》。

2. 当事人名称

在标题左下文上下分两行，或左右平行分行写明签订合同当事人的全称，并用括号标明甲方、乙方，如"以下简称甲方"或"以下简称乙方"有些合同不写甲方乙方，而写"供方""需方"。订立合同的上方单位名称要用全称，不能用容易引起混淆的简称，以免引起纠纷。

3. 正文

开头又称缘由，一般写明签订合同的目的、依据或简单经过。

主体即合同的具体内容和相关条款，为合同核心所在。一般是按照合同法规定的主要条款以及签订合同的主次关系顺序进行表达。经济合同的主要条款包括标的、数量和质量、价款或酬金、履行的期限、地点和方式和违约责任。

标的指劳务、货物、工程项目等，是当事人各方权利与义务指向的对象。标的是签订经济合同的前提，没有这样的前提，合同不能成立。

数量是指标的数目。

标的质量是指产品（商品）的内在质地和外表形态的统一，标的质量可以凭借国家规定的相应标准进行参照，制定合同各方经协商认可的标准。

价款之称用于以货物或工程为标的经济合同中。酬金用于以劳务为标的经济合同中。货币应写明币种、单价、总金额、结算方式等。

履行期限是指提交货（款）或完成劳务的日期，即合同中规定的实现权利和义务的限定时间。期限有明确的年、月、日等时限要求。

履行地点是指交货物或完成劳务的地方，会影响到履行合同的费用和时间。

履行方式是指当事人采用怎样的方法来完成交货或劳务。标的不同其履行方式亦有所不同。

违约责任指合同当事人一方不履行合同，或不适当履行合同，出现违反共同确认的权利与义务时应当承当的经济和法律责任。违约责任主要以罚违约赔偿金形式体现，其具体处理方式由各方当事人根据法律规定协商约定。违约责任是经济合同中非常重要的条款，应当予以充分重视。

4. 附则

附则主要说明合同的有效期、条款未尽事宜的处理、合同份数、保存方式等内容；随合同如有附件、标的样品、图表等，则要写明数量或相关情况，并与合同具有等同效用。

5. 落款

写清签订合同当事人单位全称、法定代表人姓名、代表人姓名（签字）、相关证件，并加盖公章或合同专用章，写明签订合同的时间、地点、电话号码、银行账号等。对一些比较特殊的经济合同还可以进行公证，加盖鉴定机关公章及写明鉴定时间。

（二）经济合同的写作要求

1. 经济合同的内容必须合法

经济合同所涉及的内容必须符合国家法律、法规和有关职能部门或行业的管理规定，符合国家政策。同时，合同的内容应是当事人意愿的共同体现，平等互利、协商一致。

2. 经济合同的格式必须规范

可向当地工商行政管理机关或业务主管部门购买合同纸，也可按照示范文本格式自行印刷使用。撰写经济合同时，一定要按规定的文本格式和要求进行。撰写要严肃认真，不得随意涂改。合同如有错误或遇到特殊情况确需修改时，应将双方同意的意见作为附件附上。如在原件上修改，应加盖双方印章。

3. 经济合同的条款必须完备

必须按《经济合同法》规定条款来撰写。主要条款，如标的、数量和质量、价款和酬金、履行的期限和地点、方式，违约责任等不能遗漏；合同附则的相关内容、落款的相关要求必须周详完备，条款清楚。

4. 经济合同的语言必须准确

不允许出现含糊不清或模棱两可的句子或语言，以避免在合同的履行中出现不必要的争执和纠纷。合同中使用的概念，当事人应该有一致的理解，忌用模糊概念，以防歧义产生。不说空话、套话。经济合同的数字应核对无误，金额应大写。同时还要注意正确使用标点符号，防止句号、逗号用错或点错而造成不必要的纷争。

四、例文赏析

货物运输合同

托运方：　　　　　　　　　　　合同编号：
承运方：　　　　　　　　　　　签订地点：

根据《中华人民共和国合同法》及相关法律法规的规定，本着诚实信用，互惠互利的原则，经过双方充分协商一致，订立本合同。

第一条　货物情况

1.1 货物名称：_____

1.2 货物单位：_____

第二条　包装要求

2.1 托运方必须按照国家规定的标准对货物进行包装。

2.2 没有规定国家或行业包装标准的，应根据保证货物运输安全的原则进行包装，否则承运方有权拒绝承运。

第三条　运输费用

4.1 运输费总额为：_____

4.2 运输费的支付方式：_____

4.3 运输费的支付时间_____

第四条　托运方的权利义务

6.1 托运方的权利

6.1.1 要求承运方按照合同约定的时间、地点、把货物运输到合同中约定的目的地。

6.1.2 货物托运后，托运方需要变更到货地点、收货人或者取消托运的，有权向承运方提出变更合同的内容或解除合同的要求，但必须在货物未运到目的地之前或起运之前通知承运方。

6.2 托运方的义务

6.2.1 按约定向承运方交付运费。

6.2.2 托运方对托运的货物，应按照约定的标准进行包装并按照合同中约定的时间和数量交付托运货物。

第五条　承运方的权利义务

7.1 承运方的权利

7.1.1 向托运方收取运费。

7.1.2 对于超过合同期限仍无法交付的货物，承运方有权予以提存。

7.2 承运方的义务

7.2.1 在合同约定的期限内将货物运到指定的地点。

7.2.2 按合同中约定的方式和时间运输并负责托运货物的安全。

第六条　违约责任

8.1 托运方的违约责任

8.1.1 未按合同约定的时间提供托运的货物，托运方应付给承运方违约金_____元。

8.1.2 未按合同约定进行包装，致使其他货物或运输工具、机械设备被污染、腐蚀、受损，托运方应承担污染、腐蚀、受损部分的赔偿责任。

8.1.3 未按合同约定支付运费，每逾期一日向承运方支付运费 1 %的违约金。

8.1.4 其他违约责任：

8.2 承运方的违约责任

8.2.1 未按合同约定的时间运输货物，向托运方支付违约金_____元。

8.2.2 未将货物运到合同中约定的地点，向托运方支付违约金_____元。

8.2.3 运输过程中货物灭失、短少、变质、污染、损坏，向托运方赔偿货物的实际损失。

8.2.4 在符合法律和合同约定的条件下运输，由于下列原因造成货物灭失、短少、变质、污染、损坏的，承运方不承担违约责任：

①不可抗力。

②货物本身的自然属性。

③货物的合理损耗。

④托运方或收货方本身的过错。

8.2.5 其他违约责任：_____

第七条　不可抗力

9.1 不可抗力的范围：(略)

9.2 因不可抗力的原因导致双方不能按约履行合同，合同双方均不承担违约责任。

第八条 争议的解决方式

本合同在履行过程中发生的争议,由双方协商解决。如果双方不能协商一致时,选择以下第一种方式解决:

(一)向仲裁委员会申请仲裁。

(二)向人民法院起诉。

第九条 本合同自双方签字盖章之日起生效。

第十条 本合同正本一式贰份,双方各执壹份。

第十一条 本合同未尽事宜双方另行协商。

托运方(章):	承运方(章):
法定代表人:	法定代表人:
委托代理人:	委托代理人:
地址:	地址:
电话:	电话:
开户行:	开户行:
账号:	账号:
年 月 日	年 月 日

简析:这是一份运输合同,合同内容要素齐全,值得借鉴。

第四节 索赔函与理赔函的写作

一、索赔函

(一)索赔函的概念

索赔函是指在贸易过程中产生合同争议或发生经济纠纷后,受损一方依据有关协议或规定向违约一方提出赔偿要求的信函。

索赔函的产生,与多种因素相关,主要有质量问题、数量问题(如短缺等)、包装问题、时间问题(如未及时运送),以及其他违反合同规定等问题。

(二)索赔函的格式与写作要求

1. 索赔函的格式

索赔函的格式主要包括标题、称呼语、正文、附件、落款等五部分。

(1)标题。直接写上"索赔函",也可注明索赔的原因,如《质量不符索赔函》。

(2)称呼语。顶格写上收函公司的名称或个人姓名+先生/女士。

(3)正文。索赔函主要包括索赔的依据、期限、赔偿损失的办法和金额等内容。一般按以下条款来写:简述事由、陈述违约事实、说明索赔理由、陈述对方违约给自己带来的损失、提出具体的索赔要求。

（4）附件。提供相关检验报告或其他索赔的证据材料。

（5）落款。索赔方的单位名称、签章和具体日期。

2. 索赔函的写作要求

（1）在写作索赔函前，应先认真研读买卖双方所签订合同的相关规定细则和双方交易过程中有关的往来函电，以分清是非责任。

（2）提供足够的书面文件和有关方面的证明。

（3）提出的索赔要求应合情合理，不漫天要价。

（4）应根据引起索赔的原因和不同的索赔情形选择相应的措辞和语气。

（三）例文赏析

例文一

索赔函

××公司：

贵我双方合作多年，尤其是在对欧洲的海鲜罐头运输业务上，我方本着对贵公司的信任，一直使用贵公司的船，但是在××××年××月××日的冰冻鱿鱼运输到英国业务中，贵方在未收到正本提单的情况下就将两柜冰冻鱿鱼放行，造成了我方的货款损失。根据贵我双方共同签订的运输合同规定，现将我方的索赔要求提出如下：

一、海运费：3000英镑×2柜＝6000英镑

二、去程陆运及港杂费：4500元×2柜＝9000元（人民币）

三、货物损失费：6000英镑×2柜＝12000英镑

以上共计18000英镑＋人民币9000元，折合人民币200810元（贰拾万零捌佰壹拾元整）。

上述索赔要求是我们考虑到与贵公司是长期合作关系，仅就丢失的货物给我公司造成的直接损失提出的，希望贵公司认真对待，并尽快答复。我公司将在收到贵方答复后提供有关单据和文件。

顺祝

商祺

××食品进出口公司（章）

××××年××月××日

简析：这是一封由于船运公司无单放货致使食品进出口公司遭受经济损失，损失一方因此向对方要求索赔而写的函。正文首先对以往双方的愉快合作表示肯定，接着具体说明造成损失的事实，明确指出索赔理由，并具体提出索赔要求。以分条列项的方式列出索赔的项目、金额。结构完整、层次清楚，用简洁的语言表达，便于对方回复。态度坚决、果断，有理有据，但语气和缓，不卑不亢。

例文二

质量不符的索赔函

×瓷砖厂：

第26号销售合约的300箱白色瓷砖，已于××月××日运抵本公司。我方质检员验货

时发现,其中有 50 箱在运输的过程中破损,箱内损耗率超过 10%,远远超过合同规定的"损耗率低于 1%",估计共损失 5 箱白色瓷砖。另有 30 箱瓷砖的质量明显低于贵方所提供的样品。其后请××市××质量监督局人员进行检验,有关报告与我方质检员的结论一致。因此,特向贵方提出:

一、补偿已破损的白色瓷砖 5 箱。

二、不符合质量标准的货物按降低原成交价 30% 的折扣价处理。

三、赔偿检查费 100 元人民币。

随函附质检报告一份,烦请早日解决赔偿事宜。

特此函达,盼复!

附:××市××质量监督局质量检验报告一份

××装修公司(章)

××××年××月××日

简析:这是关于质量不符和数量不足而向对方要求索赔的函。首先开头告知货已到,并指出验货时发现破损严重,后又经过检验,进一步得到证实。接着写明赔偿的具体要求,并希望对方早日解决赔偿事宜。全文层次鲜明,语言简洁,内容明确,有理有据,赔偿要求具体、明确,是一份规范的索赔函。

二、理赔函

(一) 理赔函的概念

理赔函是指合同争议或纠纷产生后,违约一方受理遭受损失一方的赔偿要求的信函。一般是针对索赔函而作的答复函。

(二) 理赔函的格式与写作要求

1. 理赔函的格式

理赔函的格式由标题、称呼语、正文、结束语、落款等构成。

(1) 标题。直接写上"理赔函",也可注明理赔的原因,如"质量不符理赔函"。

(2) 称呼语。顶格写上收函公司的名称或个人姓名+先生/女士。

(3) 正文。理赔函一般是作为答复对方索赔要求而写的,因此应先引述来函要点;提出处理意见。根据实际情况及相关的证据材料确定理赔方案,可用"我们已经就你们提出的索赔做了仔细研究"来引出具体的处理意见,如全部接受对方的索赔要求,或部分受理,或拒绝理赔等,表明已方态度。如果确实是己方的责任,应做出诚挚的道歉,并保证以后不再发生类似失误;如果责任不在己方,则可用"我们很抱歉,不能接受你方索赔"等语,态度要诚恳,内容要明确。

(4) 结束语。一般用"特此函复""此复""特此函达"等。

(5) 落款。单位名称、签章和具体日期。

2. 理赔函的写作要求

写作理赔函,应认真研读索赔函,看看对方的索赔理由是否成立,函中提供的证据是否有效,索赔金额是否合理,索赔期限是否逾期,然后据此确定不同的理赔策略。

(三) 例文赏析
例文一

理赔函

北京市××连锁超市有限公司：

  贵公司于9月28日的来函已收悉。对信中提到的20箱不合格馅饼问题，我公司立即进行了全面调查，发现是由于装箱时工作人员误将次品当作合格品，从而造成这一事件的发生。这是我公司工作的失误造成的，对此我们向贵公司表示诚挚的歉意。

  我公司对于贵公司在信函中提出的有关要求和处理意见完全接受。对于因此造成的贵公司不必要的损失，我公司将负责赔偿，并将在最短时间内责成当地办事处的有关人员协助办理此事。

  这件事的发生给我公司的管理工作敲响了警钟。我公司将在生产管理中进一步强化责任意识，杜绝此类事件的再次发生。

  特此函复

××食品有限公司（章）
××××年××月××日

  简析： 这个理赔函第一段引述来函要点，以及作出的具体反映；第二段表示自己完全接受对方提出的"有关要求和处理意见"，并提出具体的赔偿意见；第三段表明"杜绝此类事件的再次发生"的态度，态度明确，语言简洁，层次清晰，结构完整，用词礼貌得体。

例文二

理赔函

××装修公司：

  贵方××月××日函及货样收悉。对信中提到部分瓷砖的质量与样品不符一事，我方立即进行了调查，发现是由于装箱时误装了部分二等品。这是我方工作的疏忽，对此，我们深表歉意。因此，我方愿意接受贵方的要求，部分质量不符的产品按降低原成交价30%的扣价处理。我方保证以后将不再出现类似失误。

  另，关于索赔破损5箱白色瓷砖的要求，很抱歉这一点我们不能接受你方要求进行理赔。按合同"损耗率允许在1%"的规定，我们仅补偿你方两箱白色瓷砖即可。

  特此函复。

××瓷砖厂（章）
××××年××月××日

  简析： 此篇理赔函就主要的理赔依据、理赔标准做出清楚的表述。根据合约有关规定，"不符合质量要求的按降低原成交价30%的扣价处理"，而对破损索赔要求，则"补偿你方两箱白色瓷砖即可"。按照实际情况，不同问题做出不同的处理意见，有理有据，让人心服口服。全篇态度鲜明、语言简洁、层次清晰、结构完整。

拓展练习

1. 从××职业技术学院门户网站获悉，该校欲订购一批财会类学生用书。××师范大学出版社高职类教材齐全，质量较高，欲与该职业技术学院合作。假如你是出版社市场部的王某，请替他写一份建立商务关系函。

2. 根据下述内容，写一份买卖合同。

大丰果品商店的代表张三先生，于××年××月××日与光明园艺厂的代表叶四小姐订了一份合同。双方在协商中提到：大丰果品商店购买光明园艺场出产的水蜜桃8000斤、鸭梨10000斤和香蕉苹果15000斤。要求每种水果在八成熟采摘后，一星期内分三批交货，由光明园艺场负责以柳条筐包装并及时运到大丰果品商店；其包装筐费和运输费均由大丰果品商店负担。各类水果的价格视质量好坏，按国家规定的当地收购牌价折算，货款在每批水果交货当日通过银行托付。

如因突发的自然灾害不能如数交货，光明园艺场应及时通知大丰果品商店，并互相协商修订合同。在正常情况下，如果大丰果品商店拒绝收购，应处以拒收部分价款20%的违约金；光明园艺场交货量不足，应处以不足部分价款30%的违约金。这份合同一式四份，双方各执一份，各自送上级单位备案一份。

3. 某小卖部的老张从A食品公司进了100箱××牌火腿肠。近日，媒体曝光××品牌肉制品检测出添加了瘦肉精。霎时，人心惶惶，很多超市都把这一牌子的火腿肠下架了。老张担心店里火腿肠滞销造成损失，便把购进的火腿肠去食品质监局检测，结果也检测出也含有瘦肉精。老张想让A公司赔偿他的损失，请你替老张写一封索赔函。同时，也代A公司写一封回函。

第五章
财经社交文书写作

知识导读

20世纪50年代初,一位美国记者在采访周总理的过程中,无意中看到总理桌子上有一支美国产的派克钢笔。那记者便以带有几分讥讽的口吻问道:"请问总理阁下,你们堂堂的中国人,为什么还要用我们美国产的钢笔呢?"周总理听后,风趣地说:"谈起这支钢笔,说来话长,这是一位朝鲜朋友的抗美战利品,作为礼物赠送给我的。我无功受禄,就拒收。朝鲜朋友说,留下做个纪念吧。我觉得有意义,就留下了这支贵国的钢笔。"美国记者一听,顿时哑口无言。

美国记者的发问显然不怀好意,若听任对方挑衅,则国威何在?若勃然大怒,则修养何在?周总理微微一笑,在幽默风趣的回答中既给对方致命一击,又尊称对方为"贵国",不失外交礼节,充分展示了自己的外交智慧。俗话说:"良言一句三冬暖,恶语伤人六月寒。"语言是一种纽带,还是一扇窗口,在社会活动日益频繁的今天,社会交际是人类最普遍的行为和最基本的需求,大方、得体、谦虚、礼貌、真诚的语言有助于拉近距离、增进感情,这也是社交文书在语言上的基本特点。

第一节 简历与求职信的写作

一、简历

(一)简历的概念和作用

简历是对个人学历、经历、特长、爱好及其他有关情况所作的简明扼要的书面介绍。在用人单位没有面试之前,简历是帮助用人单位了解求职者基本情况的主要途径。

简历是求职的"敲门砖",很多企业都是通过简历来初步筛选所需人才的。另外,简历的设计、书写从一定程度上也能反映一个人的思维模式和表达能力，这也是企业考察一个人是否符合公司和岗位要求的重要标准之一。

（二）简历的特点和种类

1. 简历的特点

（1）真实性。写简历时一定要客观、真实地总结自己的经历和"闪光点"，不要试图弄虚作假，编造业绩和工作经历。

（2）正面性。简历中尽量展示求职者的优点、长处、业绩和所获奖励，负面的内容要远离简历。

（3）精练性。简历不宜过长，要简明扼要，条理清晰，层次分明。

2. 简历的种类

（1）时序型。时序型简历是以时间为顺序逐条罗列求职者的学习或工作实践经历，应重点强调最近几年的情况。这种简历适合于工作经历丰富的人，它的优点是一目了然，能够演示出一个人持续、向上的成长全过程。

（2）功能型。它强调求职者的资历与能力，并对求职者的专长和优势加以一定的分析和说明。工作技能与专长是功能型简历的核心内容。一份功能型简历一般包括目的、成绩、能力、工作经历和学历等内容。

（3）综合型。综合型简历是时序型和功能型简历的综合运用，这种格式提供了最佳选择——首先突出了求职者的市场价值（功能型），随即列出求职者的工作经历（时序型），它既强化了时序型格式的功能同时又避免了使用功能型格式而招致的怀疑，因而很受求职者和招聘单位欢迎。

（三）简历的格式和写作要求

1. 简历的格式

一份完整的简历一般包括以下几方面的内容：

（1）个人基本信息。个人基本信息包括姓名、性别、出生年月、民族、籍贯、政治面貌、婚姻状况、毕业院校、专业、学历、住址、联系方式等。

（2）教育经历。教育经历由时间、学校、学历、专业、所学课程（与专业、职位相关的）等内容构成。教育经历一般只写大学的教育经历，如果没有经历过大学教育，只写一个最高教育经历即可。另外，倘若自己所学专业与岗位不对口，那么在简历中可以不写所学专业，只写时间、毕业院校和学历即可。

（3）实践与工作经历。对于应届毕业生而言，这里填写的主要是实践经验，包括在校期间的勤工俭学、兼职打工、专业实习、社会调查、参加的社会团体活动以及所任职务和取得的效果成绩。对于有工作经验的求职者而言，这项主要填写工作经历和取得的成就。

（4）获奖情况和技能、证书。所获得的各种奖励和证书包括发表的论文、社团成员资格、奖励和获得承认的计算机技能、英语等级、语言技能等一些资格证书，有关个人兴趣爱好的荣誉证书也可以针对求职意向有选择地列举两三项，让用人单位了解求职者的工作、生活情况。

（5）求职意向。即求职目标或个人期望的工作职位。求职意向要明确、具体，切忌含糊其辞。

(6) 自我评价。自我评价是为了帮助用人单位更全面地了解求职者，要真实、突出、简洁地总结求职者最大的求职优势，同时还要杜绝千篇一律的大话、套话、废话、空话，对自己的评价要恰如其分，尽可能使求职者的特长、兴趣、性格与所谋求的职业特点和要求相吻合。

(7) 附件。主要包括个人各种获奖证书的复印件，如外语、计算机、发表作品等证书的复印件。

2. 简历的写作要求

(1) 内容要真实。简历制作要实事求是，不能脱离自身实际能力进行虚夸，更不能虚构教育背景、实践经历、个人技能和获奖荣誉，要坚持诚信的原则。

(2) 表述要全面。在用人单位没有面试之前，简历是帮助用人单位了解求职者基本情况的主要途径。所以简历虽简，但内容要全面和完整，使招聘单位能对你有一个基本的认识和了解。

(3) 重点要突出。简历虽然要求全面，但绝非要面面俱到、主次不分，针对性越强的简历越容易得到用人单位的青睐。制作简历时要依据特定的应聘单位、特定的职位，结合自身的强项，突出自己有竞争优势的重要信息。

(4) 语言要简明。招聘人员每天要面对大量的求职信、简历，如果简历写得过长，主次不分，条理不明，缺乏逻辑性，就会使招聘人员缺乏耐心去完整阅读整个简历，从而遗漏个别有效信息，因此，简历不宜太长，而应简洁明了。

（四）案例赏析

个人简历	
基本信息 姓名：李军辉　　　　性别：男 民族：汉族　　　　　政治面貌：中共党员 籍贯：湖北武汉　　　体重：66kg 出生年月 1990/2/10　身高：175cm 毕业院校：××大学　专业：广告学 学历：本科　　　　　联系电话：135×××××××× 通信地址：×××××××	个人基本信息包括姓名、性别、出生年月、民族、籍贯、政治面貌、婚姻状况、毕业院校、专业、学历、住址、联系方式等。
教育培训经历： 2008/09—2012/06　××大学新闻传播学院广告学专业。 2009年参加校电脑平面广告设计和电脑办公自动化培训。 **主修课程：** 广告编辑、广告经典作品评析、广告心理学、行政管理学、广告策划与创意、广告文案写作、市场营销学、广告学概论、广告媒体研究、大众传播学、公共关系学、市场调查与分析等。	教育背景：可以按照时间顺序来写自己学习、培训经历，以及主修、选修课程，尤其要突出与谋求职业相关的科目和专业知识。
社会实践和工作经历： 2009/04—2012/04 担任晨风文学社副社长，参与组织了校内摄影比赛、经典诵读比赛和大学生辩论赛等多项活动。	

2009年暑假在房地产公司实习，协助企划部经理撰写"都市田园"活动文案策划。 2010年暑假在报社实习，担任实习记者，发表文章数篇。 2012年在青苹果广告有限公司企划部实习，获得公司企划部经理孙华的好评。 **所获奖项：** 连续四年获得国家二等奖学金。 2010年获得优秀社团工作者荣誉称号。 2011年获得社会实践先进个人荣誉称号。 2011年获学校"十佳青年"荣誉称号。 **技能证书：** 熟悉掌握office办公软件及其他现代办公设备，获得全国计算机二级证书。 普通话标准流畅，获得普通话一级乙等证书。 英语口语表达较好，获得全国英语六级证书。 **求职意向：** 广告创意、文案策划、平面设计。 **自我评价：** 对广告行业感兴趣并立志在文案、策划、市场、公关方面发展； 具有文案策划、广告设计等实习经验，获得实习单位好评； 性格开朗，喜欢挑战，组织沟通能力较强。	实践和工作经历：主要写大学期间及工作之后各个阶段的情况，要突出主要才能、贡献和成果。 所获得的奖励和证书包括发表的论文、社团成员资格、奖励和获得承认的计算机技能、英语等级、语言技能等一些资格证书。 求职意向要明确、具体。 自我评价要真实、突出、客观。

简析： 该简历较为详细地展示了求职者的基本情况，并着重突出了业务技能方面的优势，是一份较好的简历。

小贴士：

不要带一份简历去面试。很多求职者去面试的时候，往往只带了一份简历，要知道，有时候是几个面试官一起面试你，多备几份简历有百利无一害，给面试官一人一份简历。也不要认为自己已经在网上投递过简历了，对方有你的简历就不带打印版的简历前去面试，对方虽然有你的简历电子版，但是因为求职者众多，一时难以找到你的简历，找到了还得打印出来。与其方便自己，不如方便别人，给别人一个良好的印象。

二、求职信

（一）求职信的概念和作用

求职信是求职者向用人单位介绍自己、推销自己，并申请谋求某个职业岗位的专用文书，又称自荐信或自荐书。

求职信是沟通求职者和用人单位之间的桥梁，它起到毛遂自荐的作用。写求职信的目的就是推销自我，给用人单位提供一个最初的印象和最基本的了解，从而给自己争取面试的机会，进而获得工作。

（二）求职信的特点

（1）针对性，即对方要什么。不同职业、不同岗位，对人才的需求是不同的，写求职信要目标明确，依照用人单位对岗位的要求，结合自身的优势和不足有针对性地来写。

（2）自荐性，即我能给什么。求职信的目的在于介绍自己、展示自己，求职者要善于推销自己，扬长避短，用自己的"闪光点"吸引对方，以期引起用人单位的兴趣。

（3）独特性，即为什么要我。在用人单位不了解自己的情况下，求职者要在有限的篇幅内展示自身独特的竞争优势，以期达到脱颖而出的目的。

（三）求职信的格式和写作要求

1. 求职信的格式

一封完整的求职信一般由标题、称谓、正文、结尾、落款五部分组成。

（1）标题。求职信的标题通常由文种名单独构成，即在第一行居中写上"求职信"三个字。

（2）称谓。标题下一行顶格写用人单位名称或联系人、负责人姓名，并在称呼后加冒号。求职信的称呼一般视具体情况而定，一般可称呼"××公司"、"××经理"、"××先生（女士）"等。有时，还可以在称谓前面加上表示尊敬的词语，如"尊敬的××"。

（3）正文。正文要另起一行，空两格开始写。正文是求职信的主体部分也是求职信的重点，内容较多，要分段写。它一般包括以下几个方面的内容：

①自我简介。简要介绍本人的基本情况，如姓名、年龄、政治面貌、毕业院校、所学专业及与岗位相关的专业成绩和社会实践。还可概括介绍自己担任的职务、专业特长、业务技能、外语水平、个人爱好等潜在的能力和优点。但要注意简洁，切忌冗长。

②求职的原因。首先开门见山写清楚有关招聘信息的来源，然后对照招聘条件说明自己求职的原因，明确谋求的职位或职务。这部分是正文的开端，相关内容要写得简明扼要，求职意向要写得明确具体，重点要突出，文字要有吸引力，切勿流于套话、空话。

③求职的条件。求职条件是求职信的核心部分，应说明自己能胜任所申请职位的各种知识和能力，写清楚自己与工作要求相关的兴趣、性格、才能和特长，要善于挖掘自己应聘的优势和"闪光点"，充分展示自己的水平。这段文字的语言既要谦虚、中肯，又要表现出充分的自信，以期给对方留下深刻的印象。

④提出希望和要求。求职者要表明加入对方单位的诚意和愿望，并希望得到用人单位的认可和接纳，恳请对方能给予回复。在正文即将结束时，应简单概括全文内容，再次强调自己的求职愿望，以加深对方印象。之后要写出带有应酬性的结束语，如"如蒙回复，不胜感激"、"若认为本人条件尚可，请惠予面试，本人将准时赴试"等等。

（4）结尾。结尾要另起一行，空两格，写上简短的表示敬意、祝愿之类的话。如"此致"、"敬礼"、"愿贵公司鹏程万里，事业发达"等等。

（5）落款。在求职信的右下方署上求职者的姓名和成文日期，日期要写清楚年月日。

2. 求职信的写作要求

（1）真实客观，实事求是。

（2）行文简洁，通俗易懂。

(3) 重点突出，有的放矢。
(4) 紧扣目标，突出特长。
(5) 真诚恳切，谦恭礼貌。

（四）案例赏析

求职信	
	标题首行居中。
尊敬的领导：	称谓顶格写，态度要诚恳，用语要礼貌。
您好！首先衷心感谢您在百忙之中审阅我的求职信。	
我叫×××，今年23岁，毕业于××大学商学院会计专业。从智联招聘网上获悉贵公司要招聘会计一名。我虽然毕业于一所普通高校，但却拥有一颗不甘于平凡的心。	
大学四年，我既注重基础课的学习，又重视对能力的培养。在校期间，我抓紧时间，刻苦学习，熟练掌握了会计学原理、财务会计、成本会计、预算会计、管理会计、会计电算化、用友、EXCEL在公司财务管理中的运用等重要的会计学理论知识。同时，我还阅读了大量有关物流、营销、企业管理等方面的书籍，并且利用业余时间学习操作金碟、速达等财务软件和OFFICE系列办公软件。	正文包括以下几方面内容：简要的自我介绍；求职信息的来源及求职意向；能胜任所申请职位的各种知识和能力；最后再次强调自己的求职愿望，表明加入对方单位的诚意，并礼貌地提出希望参加面试的要求。
理论和实践对我来说同样重要。学习之余，走出校门，我尽量去获取每一个可以锻炼的机会。做兼职家教、促销员、收银员、出纳，到会计事务所实习，并撰写实习报告和论文。总之，我珍惜每一次锻炼的机会，积累了一定的工作经验。	
我的求职意向是会计、出纳、统计等与财务相关的工作。贵公司是行业中的佼佼者，我真诚地希望能够加入贵公司，同时也恳请贵公司给我一个机会，让我有幸成为你们中的一员，我将以百倍的热情和勤奋来回报您的知遇之恩。	
希望各位领导能够对我予以考虑，我热切期盼着您的回音。	
此致 敬礼	
求职者：××× 20××年××月××日	右下方署上求职者的姓名和成文日期。

简析：这是一封刚毕业的大学生向用人单位发出的求职信。求职意向明确，重点突出，结构完整。求职者首先介绍了自己的专业和个人情况，接着用大量篇幅强调了自己能胜任所申请职位的知识、技能以及实践工作经验，最后诚恳地向用人单位提出了自己的希望和要求。用语得体，态度诚恳。

小贴士：

有说服力的附件对求职的成功起到一个锦上添花的作用。附件主要是能向对方证明自己能力和水平的相关材料，如个人简历、成绩表、考试等级证书、毕业证、学位证、荣誉证书等证件的复印件，若有专家推荐，还应附上推荐信复印件。附件可随求职信一并送上，也可在面试时带去。这些材料是个人专业优势和能力特长的凭证，对用人单位来说是反应个人才能、知识的重要证据，所以求职信的附件是不可忽视的组成部分。

【求职信参考模板】

求职信

尊敬的领导：

　　您好！首先衷心感谢您在百忙之中抽出时间来审阅我的求职信。

　　我叫×××，毕业于××××××××。从×××获悉贵公司要招聘×××××××，真心希望××××××××。

　　在校期间，我××××××××××。

　　在社会实践方面，我××××××××××。

　　最后，再次感谢您在百忙之中对我的关注，×××××××××××。期盼您的回音。

　　此致

敬礼！

××××
××××年××月××日

第二节　邀请函与聘书的写作

一、邀请函

（一）邀请函的概念

邀请函是邀请某单位或个人参加某项活动时所用的请约性书信。邀请函又称邀请信或邀请书，它在国际交往以及日常的各种社交活动中广泛应用，写作时要写清楚时间、地点和内容，有的还要说明活动的背景、目的、意义及相关安排。邀请函的使用充分显示了邀请者的郑重其事和对被邀请人的尊重。

（二）邀请函的特点和种类

1. 邀请函的特点

（1）感情真挚，礼貌性强。邀请函的邀请对象一般是亲朋好友、知名人士或专家，作为一种请约性的社交文书，包含表达尊重、联络情感的意味，邀请者要表现出充分的诚意，用语要热情、谦恭、有礼貌。

（2）使用广泛。邀请函广泛使用于国际交往以及日常的各种社交活动中，单位、企业、个人都可以使用，而且它的使用不受级别高低和单位大小的限制，行文具有多向性，上行、下行、平行都可以。

（3）语言简洁、明了。邀请函是现实生活中常用的一种应用文写作文种，要注意语言的简洁明了，看懂就行，文字不要太多、太深奥。

2. 邀请函的种类

（1）普通邀请函。这类邀请函一般是个人信函，如邀请某人参加聚会、共进晚餐、出席典礼等，邀请对象一般是亲朋、好友，所以在内容格式上的要求相对比较宽松，只须写清楚时间、地点、内容和活动意图就行。但既然是邀请函，就仍旧要表达出希望对方参加的强烈意愿。

（2）正式邀请函。这类邀请函一般是事务信函，通常是邀请知名人士或专家参加会议或学术活动，被邀请的人一般都比较有社会威望，所以此类邀请函相对要正式一些，用语要热情有礼。

（三）邀请函的写作格式和要求

1. 邀请函的写作格式

完整的邀请函一般由标题、称谓、正文、结尾、落款五部分构成。

（1）标题。标题一般由文种名单独构成，居中写上"邀请函"字样即可；也可以由"事由＋文种名"构成，如"××公司年终客户答谢会邀请函"；有的邀请函还可以包括个性化的活动主题标语。需要注意的是"邀请函"三个字是完整的文种名称，与公文中的"函"是两种不同的文种，因此一般不能拆开书写，如"邀请×××的函"。

（2）称谓。称谓要另起一行顶格写，写明受邀单位名称（全称）或个人姓名，并在称谓后加冒号。姓名前一般要加敬语，姓名后一般要缀职务、职称或"先生""女士"，如"尊敬的×××总经理"或"尊敬的×××先生/女士"。

（3）正文。正文在称谓下另起一行空两格开始写，是邀请函的主体部分。开头一般先向被邀请人简单问候，接着交代举办礼仪活动的缘由、目的、事项及要求，写明礼仪活动的日程安排、时间、地点，并对被邀请方发出得体、诚挚的邀请。

（4）结尾。结尾一般要写上常用的邀请惯用语。如"敬请光临"、"敬请参加"、"请届时出席"之类的敬语。有些邀请函可以用"此致""敬礼"、"顺致节日问候"等敬语。

（5）落款。在邀请函的右下方署上邀请单位的名称或发函者的姓名，并署上发函日期。邀请单位还应加盖公章，以示庄重。

2. 邀请函的写作要求

（1）"邀请函"三个字是完整的公文名称，不可拆开写成"邀请×××的函"。

（2）邀请函的形式要美观大方，不可用书信纸或单位的信函纸草草了事，而应用红纸或特制的请帖填写。

（3）邀请函须提前发送，使受邀方有足够的时间对各种事项进行准备安排。

（四）案例赏析

例文一

邀请函 尊敬的×××： 　　为丰富广大学生的业余文化生活，活跃校园气氛，体现大学生朝气蓬勃、积极向上的精神状态，培养发掘辩论人才。我校将于2015年××月××日（星期二）晚上7:30在一号楼学术报告厅举行××大学第十三届"挑战杯"辩论赛。诚邀您担任此次比赛的评委，敬请拨冗莅临。 　　学校全体师生对您的关心与支持表示衷心的感谢！ 　　　　　　　　　　　　　　　××大学 　　　　　　　　　　　××××年××月××日	标题首行居中 称谓顶格写 正文首先交代了举办活动的背景目的，接着写明此次活动的时间、地点和内容，最后向对方发出了诚恳的邀请。 落款在右下方署上邀请单位的名称，并署上发函日期。

例文二

邀请函

尊敬的××先生/女士

　　您好！

　　为隆重庆祝××省××市第二中学建校一百年，我校将于2014年×月×日（星期六）在本校举行百年校庆庆典，诚邀请您拨冗出席，与我校师生及万千校友一道，齐襄盛典，见证历史，同谱华章！

　　　　　　　　　　　　　　　　　　　　　　××省××市第二中学
　　　　　　　　　　　　　　　　　　　　　　　　　2014年×月×日

简析：这封邀请函结构合理完整，称谓得体，正文开门见山，交代了此次活动的目的，接着说明本次活动的时间、地点和内容，最后向被邀请方发出了得体、诚挚的邀请。

例文三

2014年全国普通高校评卷教师
邀请书

××中学××老师：

　　经研究，决定邀请你参加今年全国普通高考数学科评卷工作。如果你不需要回避，无直系亲属参加今年普通高考，请于××月××日到××大学阅卷场报到（请开具介绍信，并带工作证）。

　　此致

敬礼！

　　　　　　　　　　　　　　　　　　全国普通高考××大学阅卷场办公室
　　　　　　　　　　　　　　　　　　　　　　　　2014年×月×日

简析： 这封邀请函是邀请参加全国普通高校评卷工作的，因而措辞带有体现工作性质的严肃和庄重，还具有类似于行政公文的指令性特征，可作为邀请函的特例。

小贴士：
邀请函的用语，也并不完全是礼貌、典雅、恭敬的，而是得考虑邀请对方参与的工作或活动内容的性质，并与之相统一。

二、聘书

（一）聘书的概念和作用

1. 聘书的概念

聘书是聘请书的简称。它是一个单位聘请某些有专业特长或名望权威的人完成某项任务或担任某种职务时的专用文书。

2. 聘书的作用

聘任制作为现今用人制度的主要形式为聘书的使用提供了广阔的市场，聘书在人们的生活中起到了越来越重要的作用。

（1）加强协作的纽带。聘书把人才和用人单位很好地联系了起来。一个单位在承担了某项任务后，或在开展某项工作的时候，为了请到一些本单位缺乏的人才，就需要用到聘书。聘书不仅使个人同用人单位联系了起来，同时还加强了不同单位之间的合作，使之可以互通有无，互相支援，起了不可替代的纽带作用。

（2）加强应聘者的责任感、荣誉感。一个人接到了聘书也就等于必须为自己所聘的职务、工作负责任，应尽力做好自己的本职工作。因为聘书是出于对受聘人极大的信任和尊重才发出的，这无形中就加强了受聘人的责任感和荣誉感。

（3）表示郑重其事、信任和守约。

（二）聘书的适用范围

一般来讲聘书适用于以下一些情况：

学校、工矿企业等单位在需要某方面有特长或有专业技能的人才时，会发出聘书。这种情况下，往往是用人单位承担了某项工作，靠自己本单位或现有的人才资源无法顺利完成任务；或者由于企业的发展，事业的扩大，需要重新聘用一些有专长，在工作中起重大作用的人。总之，这是一种对专业人才所发的聘书。

社会团体或某些重要的活动为了提高自身的知名度，扩大影响力，常常聘请一些有名望的人加盟或参与，以期更好地开展活动，如聘请名人作顾问、作指导、作为某项比赛的评委等。

（三）聘书的格式和写作要求

1. 聘书的格式

日常生活中常见的聘书形式比较固定，一般是按照书信格式印制好的。完整的聘书一般由以下五部分构成。

（1）标题。标题一般由文种名单独构成，即居中写上"聘书"或"聘请书"字样，有的聘书也可以不写标题。

（2）称谓。被聘者的姓名称呼可以在开头顶格写，然后再加冒号；也可以在正文中写明受聘人的姓名称呼。常见的印制好的聘书大都在第一行空两格写"兹聘请××……"。

（3）正文。聘书的正文一般包括以下几方面内容：

①要交待清楚聘请的原因和所要去担任的职务或所做的具体工作。

②写明聘任期限。如"聘期自××××年××月××日至××××年××月××日"或"聘期×年"。

③聘任待遇。聘任待遇可直接写在聘书上，也可以另附详尽的聘约或公函写明具体的待遇，这要视情况而定。

另外，正文还可以写上对受聘者的希望、要求；也可以不写，而是通过其他的途径使受聘人切实明白自己的职责。

（4）结尾。聘书的结尾一般另起一行，空两格写上表示敬意和祝颂的话，如"此聘""此致""敬礼"等。

（5）落款。落款要署上发文单位名称或单位领导的姓名、职务，并署上发文日期，同时要加盖公章。

2. 聘书的写作要求

（1）聘书要书面整洁、大方、美观，不得污损、涂改。

（2）聘书要加盖公章方为有效。

（3）聘书的语言要规范严谨，简洁明了，切忌拖沓冗长，过分渲染。

（4）聘书要郑重严肃，对有关招聘的内容要交待清楚。

（四）案例赏析

例文一

聘书

兹聘请×××同志为××集团法务部总监，负责集团整体法律风险体系搭建及管理。聘期自20××年××月××日至20××年××月××日，聘任期间享受集团总监全额工资待遇。

此聘

××集团（盖章）
20××年××月××日

例文二

聘书

×××同志：

鉴于您在本专业领域的造诣和杰出成就，特聘请您担任我公司总设计师，全权负责本公司新产品的研发和设计，聘期两年，聘任期间各项待遇依照我公司高级工程师标准执行。

此聘

××公司（盖章）
20××年××月××日

简析：以上两份聘书，尽管形式稍有区别，但都格式规范，结构合理完整，语言简洁明了，聘请原因、担任职务、聘请期限、待遇报酬等内容交代清楚，值得借鉴。

【聘书参考模板1】

聘书

兹聘请×××同志担任××××一职，聘期自××××年×月×日至××××年×月×日，聘任期间享受×××××××待遇。

此聘

××××（盖章）

××××年××月××日

【聘书参考模板2】

聘书

×××同志：

经考核，特聘请你担任××××职务，负责×××××××××，聘期自××××年×月×日至××××年×月×日，聘任期间享受×××××××待遇。望你恪尽职守，做好本职工作，全心全意服务大众。

此聘

××××（盖章）

××××年××月××日

第三节　感谢信与贺信的写作

一、感谢信

（一）感谢信的概念和作用

感谢信是向帮助、关心和支持过自己的集体（党政机关、企事业单位、社会团体等）或个人表示感谢的专用书信，具有感谢和表扬的双重含义。

感谢信的用途十分广泛，它可以应用于个人与个人之间、个人与组织之间、组织与组织之间，用以向给予自己帮助、关心和支持的对方表示感谢。因此，写感谢信既要表达出真切的谢意，又要起到表扬先进、弘扬正气的作用。

（二）感谢信的特点和种类

1. 感谢信的特点

（1）感谢对象要明确。感谢信都有确切的感谢对象，以便让大家都知道是在感谢谁。

（2）感谢事由要具体。感谢别人要有具体的事由，否则信件就会显得抽象空洞。

(3) 感情表达要真挚。感谢信要情真意切，字里行间充满强烈的感激和致谢之情。

2. 感谢信的种类

感谢信依据不同的标准可以有不同的分法。

(1) 按感谢对象的特点来分：

①写给集体的感谢信。这类感谢信，一般是个人遇到困难时，得到了集体的关心和帮助，使自己最终克服了困难，度过了难关，事后用感谢信的方式表达自己的感激之情。

②写给个人的感谢信。这类感谢信，是个人、单位或者集体为了感谢某个人曾经给予的帮助或照顾而写的。

(2) 按感谢信的存在形式来分：

①公开张贴的感谢信。这类感谢信是可以在布告栏张贴、报社刊登、电台播放的一种公开形式的感谢信。

②寄给单位、集体或个人的感谢信。这类感谢信是直接寄给单位、集体或个人来表达感激之情的信件。

(三) 感谢信的格式和写作要求

1. 感谢信的格式

感谢信通常由标题、称谓、正文、结尾和落款五部分构成。

(1) 标题。感谢信的标题一般有以下几种写作方式：

①由文种名"感谢信"三个字单独构成。

②由"感谢对象+文种名"构成，如"致×××的感谢信"。

③由"感谢双方+文种名"构成，如"×××致×××的感谢信"。

(2) 称谓。标题下一行顶格写被感谢的单位、团体的名称（全称）或个人的姓名，并在个人姓名后面加上"同志"等称呼，然后再加上冒号。

(3) 正文。正文从称谓下一行空两格开始写，要求写上感谢的事由，具体叙述对方的先进事迹，交待清楚人物、事件、时间、地点、原因和结果，尤其重点叙述关键时刻对方给予的关心和帮助。同时总结对方的可贵精神，表示向对方学习的态度和决心。

(4) 结尾。正文结束后，可以在结尾部分写上再次表示敬意和感谢的话，如"致以最诚挚的敬礼""再次向您表示衷心的感谢"等，或者另起一行空两格写上"此致"，再换一行顶格写上"敬礼"。

(5) 落款。在感谢信的右下方署上写信者的单位名称或个人姓名，并且署上成文日期。

2. 感谢信的写作要求

(1) 感情真挚，评誉恰当。感谢信是以表达谢意为主的，感情要朴素、真诚。同时评誉对方时要恰当，不可夸大溢美，过于拔高，以免给人一种失真的印象。

(2) 用语适度，叙述精练。感谢信在语言上要求精炼、简洁，遣词造句要把握好一个度，不可过分雕饰。

(四) 案例赏析

感谢信	标题首行居中
尊敬的中国银行××支行领导及全体员工：	称呼顶格写
我叫万芳芳，2015年4月3日上午10点左右来贵行办理业务时，不慎将自己的钱包遗失在银行柜台上。钱包内装有人民币2000元、银行卡3张以及身份证等有效证件，这些东西对我来说十分重要。当我发现钱包遗失后十分着急，万幸这个钱包被贵行员工王美珍女士捡到并如数归还了我。	正文：要求写上感谢的事由，交待清楚何人、何时、何地做了何种好事。同时总结对方的可贵精神，表示向对方学习的态度和决心
王美珍女士这种拾金不昧的高尚品质，深深地感动了我的家人和朋友，纷纷表示要向王美珍女士学习。在这个物质丰富、市场经济飞速发展的时代，我以为助人为乐、拾金不昧的精神已经渐行渐远了，人与人之间的情感是淡漠的，但是王美珍女士用她的实际行动告诉了我，人与人之间还是有真情的。在此，特向王美珍女士和贵行深表谢意，并建议对王美珍女士的高尚行为予以表扬。同时，我希望广大市民要向这种拾金不昧的高尚品德学习，也希望贵行继续弘扬崇高的职业道德，让前来办理业务的市民感到放心、舒心。	
此致 敬礼	结尾：写上再次表示敬意和感谢的话
失主：万芳芳 　　　　　　　　　　2015年4月4日	落款：右下方署上写信者的单位名称或个人姓名，并署上成文日期

　　简析：这是一封失主赞扬中国银行××支行员工王美珍女士拾金不昧行为的感谢信。正文部分首先简述失主丢失钱物的时间、地点和心态，接着简叙王美珍女士拾金不昧的表现，颂扬和评价了对方的高尚品德，表示要向对方学习，最后在向对方表示深深感谢的同时，还建议对方单位对王美珍女士进行表扬。全文格式规范，语言简练，情感真挚，无论内容还是形式都符合感谢信的一般写法，值得借鉴。

二、贺信

(一) 贺信的概念和作用

　　贺信是机关、团体、企事业单位或个人向其他集体单位或个人表示祝贺的一种专用书信。

　　贺信在日常生活中应用广泛，当某个组织或个人取得重大成绩、做出卓越贡献时，可以用贺信表示祝贺；当某个重大节日举行隆重集会或某个重要人物生日等值得庆贺的时刻，也可以用贺信。贺信的运用，可以起到联络感情、增进友谊、促进交流、加强合作、缓解矛盾等作用。

（二）贺信的种类

（1）上级单位对下级单位或所属单位的职工发出的贺信。这类贺信可以是节日祝贺，也可以是对工作成绩表示祝贺，并且最后都要提出希望和要求。

（2）下级单位或职工给上级领导机关发出的贺信。这类贺信除了祝贺之外，一般还要表明下级对完成某项任务的决心和行动。

（3）同级单位之间发出的贺信。这种贺信除了向对方表示祝贺之外，还要表示想向对方学习的意愿，起到相互鼓励的作用。

（4）对重要领导人或重要人物的贺信。

（三）贺信的格式和写作要求

1. 贺信的格式

贺信一般由标题、称谓、正文、结尾和落款五部分构成。

（1）标题。贺信的标题通常由文种名单独构成，即在第一行正中书写"贺信"二字。有的还可以在"贺信"的前面加上谁写给谁的内容，或者写明祝贺事由等，如《中共中央国务院致第十一届亚运会组委会的贺信》。个人之间的贺信也可以不写标题。

（2）称谓。标题下一行顶格写明被祝贺单位或个人的名称或姓名。写给个人的，要在姓名后加上相应的礼仪名称如"同志""先生/女士"。

（3）正文。贺信的正文要交待清楚以下几项内容：

①首先结合当前的形势状况，说明对方取得成绩的大背景，或者某个重要会议召开的历史条件，道明祝贺的事由，表示热烈祝贺之情。

②概括说明对方都在哪些方面取得了成绩，分析其成功的主观、客观原因。

③表示热烈的祝贺。要写出自己祝贺的心情，由衷地表达自己诚挚的慰问和祝福，还要写些鼓励的话，提出希望和共同理想。

（4）结尾。结尾要写上祝愿的话。如"祝大会圆满成功""祝争取更大的胜利""祝您健康长寿"等。

（5）落款。在正文的右下方写上发文单位或个人的姓名、名称，并署上成文的日期。

2. 贺信的写作要求

（1）感情要热烈而真诚，富有鼓舞人心的力量。

贺信要体现的是自己真诚的祝福，是加强彼此联系、增强双方感情的重要手段，所以感情要真挚、饱满，用语要热情、喜悦，使对方感受到鼓励和温馨。

（2）贺信的内容要实事求是，评价成绩要恰如其分，表达决心要切实可行。

（3）贺信的写作和使用要及时、迅速。

（4）语言要简练生动、流畅得体，长而空是不受欢迎的。

（四）案例赏析

贺信	标题首行居中 称呼顶格写
尊敬的屠呦呦研究员： 　　欣闻您荣获2016年度国家最高科学技术奖，宁波市委、市政府并代表全市580万家乡人民，谨致以最热烈的祝贺和最崇高的敬意！ 　　40多年来，您专注医学研究，带领科研团队致力于抗疟新药研发，经过艰苦卓绝的努力，先驱性地发现了青蒿素，开创了疟疾治疗新方法，世界数亿人因此而受益，为我国中医学事业发展作出了重要贡献。您始终淡泊名利、敬业奉献，严谨治学、孜孜以求，在为人、为师、为学等方面是大家的学习楷模，是家乡人民的杰出代表。当前，宁波正处在推动转型升级、创新发展的关键时期，特别需要您这样的大师，加强对宁波科技教育卫生事业发展的指导，培养更多的创新拔尖人才，带动提升我市的自主创新能力和水平。诚邀您及家人回家乡看看、走走。 　　衷心祝您科学之树常青！	正文：首先道明祝贺的事由，并表示热烈祝贺之情；接着结合当前形势，概括说明对方取得的成绩及重大意义；最后再次表示热烈的祝贺 结尾：要写上祝愿的话
中共宁波市委　宁波市人民政府 　　　　　　　　　　　2017年1月9日	落款：在正文的右下方写上发文单位或个人的姓名、名称，并署上成文的日期

简析：这是中共宁波市委、宁波市人民政府就屠呦呦荣获2016年度国家最高科学技术奖发出的贺信。贺信首先向取得重大成就的屠呦呦研究员表达了诚挚的问候和崇高的敬意，接着高度赞扬了屠呦呦团队为中国医学事业做出的重大贡献，同时总结了屠呦呦研究员高尚的人格魅力，最后又对屠呦呦研究员提出了殷切的希望。全文结构严谨，感情热烈，语言凝练庄重、朴素亲切。

【贺信参考模板】

贺信

××××：
　　欣闻××××××××××××，在此，我谨代表××××向××××致以热烈祝贺和亲切慰问。
　　××××××××××××××××××××××××，对××××××具有重大意义。

希望你们××××××××××××××××××××，为×××××××××
×××××××××××××××××做出更大贡献。
　　祝×××××××××。

　　　　　　　　　　　　　　　　　　　　　　　　××××
　　　　　　　　　　　　　　　　　　　　　　××××年××月××日

第四节　介绍信与证明信的写作

一、介绍信

（一）介绍信的概念

介绍信是机关团体、企事业单位派人到有关单位或部门联系工作、了解情况或参加各种社会活动时所出具的一种专用书信。它具有介绍和证明的双重作用。

（二）介绍信的特点和种类

1. 介绍信的特点

（1）证明的特性。介绍信是机关团体必备的具有介绍、证明作用的书信。使用介绍信，可以使对方了解来人的身份和目的，以便得到对方的信任和支持。因此，对于持信人而言，开具介绍信必须实事求是，事实清晰，不得弄虚作假；对于出具介绍信的机构而言，要秉承严肃认真的态度，在介绍信中明确交代事由，真实、客观地说明情况，并要加盖公章；对于接信人而言，要认真核实情况，以免上当受骗。

（2）时效性。介绍信就相当于一个在一定时间内的有效证件，它可以帮助对方了解你的身份、来历，同时也赋予了你一定的责任和权利，所以介绍信一般都开列出一定的时日期限，这是一种在有效期内才具备有用性的一种专用文书。

2. 介绍信的种类

常用的介绍信大致可以分为两类：普通介绍信和印刷式介绍信。

（1）普通介绍信。普通介绍信是一种较常见的介绍信，一般采用公文信纸书写或书写在机关、团体、单位自制的信笺上，最后只要加盖公章即可。

这种介绍信虽然便捷，但因其用纸、书写没有什么严格的要求，所以容易被人伪造，因此在更为正规的场合下最好少用这种介绍信。

（2）印刷式介绍信。印刷式介绍信可以细分为两种：一种是带存根的介绍信，一种是不带存根的介绍信。带存根的介绍信通常一式两联，存根联由开介绍信的一方留档备查，正式联由被介绍人随身携带。

印刷式介绍信格式制作统一，使用时简单方便，只需填写个别内容即可，可以提高工作效率，是一种比较正式的介绍信。

（三）介绍信的格式

介绍信一般包括标题、称谓、正文、结尾、落款等一些内容，具体到不同形式的介绍信，其格式内容也略有不同。

1. 普通介绍信的格式

普通介绍信一般包括标题、称谓、正文、结尾、落款等五部分。

（1）标题。一般以文种名为标题，在信纸的第一行居中写上"介绍信"三个字。

（2）称谓。称谓在标题下另起一行顶格写，要写明联系单位名称（全称）或个人的姓名，称呼后要加上冒号。

（3）正文。正文在称谓下另起一行，空两格开始写。内容一是要写清楚被介绍者的姓名、年龄、政治面貌、职务等内容，其中年龄和政治面貌有时可以省略；二是要写明接洽或联系的事项，以及向接洽单位或个人所提出的希望和要求等。这两项内容不必分段写。

（4）结尾。介绍信的结尾要写上表示祝愿和敬意的话，譬如"请予支持和帮助"、"请接洽"、"请协助"、"此致、敬礼"等。最后还要注明该介绍信的有效期限。

（5）落款。在介绍信的右下方写上发文单位名称和成文日期，并加盖公章。

2. 印刷式介绍信的格式

不带存根的介绍信一般由单位按照统一的固定格式印刷，构成与普通介绍信基本相同，也是由标题、称谓、正文、结尾、落款等部分组成。

带存根的印刷式介绍信一般由存根联、正式联和间缝三部分组成。

（1）正式联部分：由以下几部分内容构成。

①标题。第一行居中写上"介绍信"三个字。

②文号。第二行在右下方有"××字（年份）第×号"字样。如果是市人民政府的介绍信就写"市府字第×号"，"×号"是介绍信的页码编号。

③称谓。称谓要顶格写，写明所联系的单位或个人的称呼。

④正文。正文应另起一行，空两格再写介绍信的具体内容。内容主要写明持介绍信者的姓名、人数、要接洽的具体事项、要求等。

⑤结尾。写明祝愿或敬意的话，一般要写些诸如"请接洽"、"请指教"、"请协助"等类似的话，后边还要写"此致、敬礼"。最后还要注明该介绍信的有效期限。

⑥落款。在右下方要署上发文单位的名称和成文日期，并加盖公章。

（2）间缝部分。存根与正式联部分之间有一条虚线，虚线上即有"××字（年份）第×号"字样。这里可按存根第二行"××字（年份）第×号"的内容填写，同时，要在虚线正中加盖公章。

（3）存根部分。存根部分与正式联部分内容构成基本相同，只是结尾只注明成文日期即可，不必署名，因为存根仅供本单位在必要时查考。

（四）介绍信的写作要求

1. 保证内容的真实性。写作要严肃认真，不得弄虚作假。
2. 接洽和联系的事宜要写得简明、具体。
3. 明确写明介绍信的有效期限。
4. 确保信面整洁，内容不得有涂改和污损。
5. 对于印刷式介绍信，除本文部分需加盖公章外，存根与本文之间的虚线正中亦要加盖公章。

(五) 案例赏析

【普通介绍信】

介绍信 ××律师事务所： 　　兹介绍我校法学专业王辉、张颖两位同学，前往贵律师事务所实习三个月，请予接洽。 　　此致 敬礼 　　　　　　　　　　××大学（盖章） 　　　　　　　　　　××××年××月××日 （此信限__10__日内有效）	标题：首行居中写 称呼：顶格写收信单位名称 正文：写清楚被介绍人的姓名、人数、身份、职务、接洽事项等内容 落款：署上单位名称和成文日期，并加盖公章 有效期限必须明确

【带存根的介绍信】

介绍信（存根） 　　　　　　　　　××字（2017）第×号 __陈志远__等__壹__人，前往__××××人才交流中心办理档案调离手续__。 　　　　　　　　　××××年××月××日 ·········××字（2017）第×号········· 　　　　　（间缝处加盖公章） 介绍信 　　　　　　　　　××字（2017）第×号 ××××人才交流中心： 　　兹介绍我单位工作人员__陈志远__同志（身份证号：__××××××××××__），持身份证原件前往__贵单位办理档案调离手续__，请予接洽。 　　此致 敬礼 　　　　　　　　　××××（盖章） 　　　　　　　　　××××年××月××日 （此信限__10__日内有效）	存根：出具单位留存备查 间缝：编号要与存根部分和正式联部分的编号一致，并加盖出具单位的公章 正式联：基本与普通介绍信的格式相同

简析： 以上两封介绍信，被介绍人的姓名、人数、身份、接洽事项、有效期限等内容交代清楚。语言简明具体，结构完整合理，符合介绍信的写作方法，值得借鉴。

二、证明信

（一）证明信的概念和作用

证明信是以行政机关、社会团体、企事业单位或个人的名义凭借确凿的证据，证明某人的身份、经历或某件事情的真实情况时所使用的一种专用书信，它通常也被称作证明。

证明信对了解和考察相关人员和事件的真实情况，有着重要的证明和参考作用。

（二）证明信的特点和种类

1. 证明信的特点

（1）凭证性。证明信的作用贵在"证明"二字，是持有者用以证明自己身份、经历或某事真实性的一种凭证，所以证明信的首要特点就是它的凭证性。

（2）权威性。证明信须有单位公章或者当事人亲笔签名，证明所述内容的真实性，证明者对被证明的人和事负有法律、政治和道义上的责任。

（3）书信体的格式特点。证明信是一种专用书信，尽管它有好几种形式，但它的写法同一般书信的写法基本一致，大部分采用书信体的格式。

2. 证明信的种类

证明信可以分为两种：以组织名义出具的证明信和以个人名义出具的证明信。

（1）以组织名义出具的证明信。这类证明信多是证明某人曾在或正在本单位工作。它可以证明此人的身份、经历、职务，以及同该单位的所属关系等真实情况。这种材料的来源一般出自该单位的档案，或来自调查研究。此种证明信又可分为普通书写证明信和印刷证明信。

（2）以个人名义出具的证明信。这种证明信由个人书写，证明信的内容完全由个人负责。写这样的证明信，个人一定要严肃认真，仔细回忆，不得信笔由缰，马马虎虎。

（三）证明信的格式和写作要求

1. 证明信的格式

证明信一般由标题、称谓、正文、结尾和落款五部分构成。

（1）标题。证明信的标题通常由以下两种方式构成：

①以文种名作标题。就是在第一行中间冠以"证明信"、"证明"字样。

②由"事由＋文种"构成。一般也是写在第一行中间，如"关于×××同志××情况（或问题）的证明"。

（2）称谓。在第二行顶格写上受文单位名称或受文个人的姓名称呼，然后加冒号。有些供有关人员外出活动证明身份的证明信，因没有固定的受文者，开头可以不写受文者称呼，而是在正文前用公文引导词"兹"引起正文内容。

（3）正文。正文要在称呼写完后另起一行，空两格书写。要针对对方所要求的要点写，要你证明什么问题就证明什么问题，其他无关的不写。如证明的是某人的历史问题，则应写清人名、何时、何地及所经历的事情；若要证明某一事件，则要写清参与者的姓名、身份，及其在此事件的地位、作用和事件本身的前因后果，也就是要写清人物、事件的本来面目。

（4）结尾。正文写完后，通常要另起一行，写上"特此证明"四个字，也可直接在正文结尾处写。

(5) 落款。落款要在正文的右下方写上证明单位或个人的姓名称呼，成文日期另起一行写在署名下，然后由证明单位或证明人加盖公章或签名、盖私章，否则证明信将是无效的。

2. 证明信的写作要求

(1) 证明信有时是作为结论性证据的，所以要实事求是，严肃认真，尽量言之有据。

(2) 证明信的语言要十分准确，不可含糊其辞。证明信不能用铅笔、红色笔书写，若有涂改，必须在涂改处加盖公章。

(3) 对于随身携带的证明信，一般要求在证明信的结尾注明有效期限。

（四）案例赏析

例文一

证明信	标题：首行居中写
××大学：	称呼：顶格写收信单位名称
你单位××同志××××年××月××日至××××年××月××日在我院工作，曾担任会计系主任一职。该同志工作认真负责，勤奋踏实，团结同事，科研能力强，2014年至2016年连续三年被评为我院先进工作者。 　　特此证明。	正文：写清楚证明的事项，如姓名、时间、职务、工作能力等
××学院（盖章） 　　　　　　　　　　××××年××月××日	落款：署上单位名称和成文日期，并加盖公章。

例文二

证明信

××市商贸公司：

　　你公司××同志，2000年9月至2003年6月曾在我校工商管理学院营销专业学习。该同志在校期间，学习刻苦，工作积极，要求进步，连续三年被评为"三好学生"。

　　特此证明。

××省××职业学院（公章）
2004年5月30日

简析：这封学校出具的证明信清楚简明，格式正确。首先证明了某人在校情况，然后交待了其在校学习时间、所学专业和表现情况。

拓展练习

1. 根据下面的材料写一封感谢信。

2013年7月21日，××省××县发生特大洪涝灾害，许多地区被淹，大量房屋进水垮塌，人民的生命、财产受到严重威胁。在这危难之际，××部队全体干部、战士连夜赶赴前线，投入到紧张的抗洪抢险斗争之中。经过十几个日夜的奋力救援，终于取得了抗洪斗争的胜利。

请你以××省××县人民政府的名义,写一封感谢信,以表达对××部队全体指战员的谢意。

2. 根据下面的材料写一封贺信。

今年6月8日是蓝岛电脑培训学校成立20周年纪念日。该校与时俱进,不断创新,注重理论和实践相结合,为社会培养了大量人才。尤其是近年来与大江公司开展校企合作模式,先后输入了近30名技术人员。

请你以大江公司总经理的名义给蓝岛电脑培训学校写一封贺信,祝贺对方20周年校庆。要求格式规范,语言简练。

3. 下面一封求职信有一些不妥之处,找出并修改。

尊敬的××律师事务所领导:你好!

我叫×××,专业法学,毕业于一所非常有名的品牌大学——××财经政法学院。从网上获悉你事务所要招聘一名律师,我非常想进你们事务所,希望能安排面试。

在经济飞速发展、法制日益完善的今天,人们的法制意识日益增强,投身法律事业一定会大有作为,因此,我很为我选择的专业自豪。

在校期间,我努力学习文化知识,刻苦钻研专业技能,积极投身社会实践,并且取得了一定的成绩。"锐意进取,永不满足"是我的座右铭,在主修法学的基础上,我还选修了英语课程。为了提高自己的英语水平,我积极参加学校的各种有关英语的活动,比如去英语角与别人交流、参加英语演讲比赛、参加外语社团等等,就连看电影我都选择英语版的。功夫不负有心人,通过不懈的努力,我不仅开阔了视野、丰富了头脑,而且顺利地通过了英语六级考试。我最大的特长和爱好是唱歌,通俗的、流行的、摇滚的、民族的音乐我都喜欢,而且我还在学院组织的歌唱比赛中获得了二等奖的好成绩。

我勤劳朴实,为人随和,能与同学和睦相处,将来也必定能与同事和睦相处,恳请您在×月×日前务必给予答复。

此致

敬礼

求职者:王凯

2016.6.16

4. 下面一封介绍信有一些不妥之处,找出并修改。

介绍信

负责同志:

兹有我校陈卓、代彭辉、张甜等3位同志前往贵处联系学生毕业实习,请一定接洽!

××工业学校

××××年××月××日

5. 根据所给内容写一封证明信。

赵志伟是××大学2013届新闻专业的毕业生,毕业后一直在报社工作,今年他准备去一个机关单位应聘办公室文员,发现他的学历证书遗失了,于是请求学校为他开具一份学历证明。请你代赵志伟的学校为他开具一份学历证明。

第六章
财经报告文书写作

知识导读

曾经有这样一个故事：有一位商人，带着两袋大蒜，骑着骆驼，一路跋涉到了一个遥远的国家。那里的人们从没有见过大蒜，更想不到世界上还有味道这么好的东西，因此，他们用当地最热情的方式款待了这位聪明的商人，临别赠与他两袋金子作为酬谢。另有一位商人听说了这件事后，不禁为之动心，他想：大葱的味道不也很好么？于是他带着葱来到了那个地方。那里的人们同样没有见过大葱，甚至觉得大葱的味道比大蒜的味道还要好！他们更加盛情地款待了商人，并且一致认为，用金子远不能表达他们对这位远道而来的客人的感激之情，经过再三商讨，他们决定赠与这位朋友两袋大蒜！

这个故事告诉我们：开拓市场往往如此，先抢一步，占尽先机，得到的是金子；而步人后尘，得到的可能就是大蒜！由此可见，一份高质量的市场调查报告至关重要。在当今的经济活动中，诸如市场调查报告一类的报告类文书有很多，如市场调查报告、财务分析报告、财务预算报告、财务审计报告、营销策划报告、实习实践报告等。这些带有预判、总结性质的财经文书在经济活动中发挥着不可替代的作用。这一章，我们将展开财经报告文书写作的学习。

第一节 市场调查报告的写作

一、市场调查报告的概念和作用

（一）市场调查报告的概念

所谓市场调查，是把已知的市场情况作为对象进行的一种调查研究。市场调查报告就是指运用科学的方法对调查获取到的资料进行认真的整理和分析，以期对商品生产、供需等情况有清晰的认识，从而为公司和企业提供反映真实市场调查过程和结果的一种书面报告。

（二）市场调查报告的作用

（1）结果展示作用。市场调查报告能够把调查结果层次分明、条理清晰地展示出来，帮助决策者从调研结果中获得结论与启示，思考如何采取营销或管理行动。

（2）决策导向作用。市场调查报告是企业决策者决策的重要依据。管理者不一定亲自参与市场调查过程，但他们会利用调查结果进行业务决策。因此，一份好的调查报告能对决策者和用户提供有效的导向作用。

（3）信息收集作用。市场调查报告的主要作用是收集市场信息，并通过对调查所得信息的深入研究，提出一定的见解。

二、市场调查报告的特点与分类

（一）市场调查报告的特点

1. 针对性

针对性包括选题上的针对性和阅读对象的明确性两个方面。首先，调查报告在选题上必须强调针对性，做到目的明确、有的放矢，围绕主题展开论述，这样才能发挥市场调查应有的作用。其次，调查报告还必须明确阅读对象。阅读对象不同，他们的要求和所关心的问题的侧重点也不同。针对性是调查报告的灵魂，针对性不强的调查报告必定是盲目的和毫无意义的。

2. 时效性

市场的信息千变万化，经营者的机遇也是稍纵即逝。市场调查滞后，就失去了其存在的意义。因此，要求调查行动要快，市场调查报告应将从调查中获得的有价值的内容迅速、及时地报告出去，以供经营决策者抓住机会，在竞争中取胜。

3. 新颖性

市场调查报告的新颖性是指调查报告应从全新的视角去发现问题，用全新的观点去看待问题。这里的新，更强调的是提出一些新的建议，即以前所没有的见解。比如，许多婴儿奶粉均不含蔗糖，但通过调查发现，消费者并不一定知道这个事实。有人就在调查报告里给某个奶粉制造商提出了一个建议，建议在广告中打出"不含蔗糖"（不会让小宝宝的乳牙蛀掉的主张），结果取得了很好的效果。

4. 科学性

市场调查报告不是单纯报告市场客观情况，还要通过对事实做分析研究，寻找市场发展变化的规律。这就需要作者掌握科学的分析方法，以得出科学的结论，适用的经验、教训，以及解决问题的方法、意见等。

（二）市场调查报告的分类

由于分类标准的不同，调查报告的类型划分也是多种多样。

根据调查报告的内容及其表现形式，将其分为纯资料性调查报告和分析性调查报告。

根据调查报告的作用，可分为应用性调查报告和学术性调查报告。

根据调查报告的发表形式，可分为书面调查报告和口头调查报告。

根据企业经营活动的需要，可分为市场商品需求调查报告、市场与消费潜量调查报告、市场商品供给调查报告、商品价格调查报告、商品销售渠道调查报告、市场竞争情况调查报告、经营效益调查报告等。

三、市场调查报告的格式与写作要求

(一) 市场调查报告的格式

市场调查报告是企业进行市场经营决策的重要参考依据,不管市场调查报告的格式或外观如何,每个调查报告都应该有其特定的议题。市场调查报告的结构也不是固定不变的,不同的调查项目、不同的调查者或调查公司、不同用户的调查报告,都可能会有不同的结构和风格。但就一般而言,市场调查报告一般是由封面、目录、摘要、正文和附录五个部分组成。

1. 封面

封面一般包括市场调查报告的标题、委托方名称、调查方名称、报告日期等。标题是封面部分的重中之重,可以单独占据一页。标题质量的高低,是一份市场调查报告的"脸面",因此必须新颖特别、高度概括、富有创意、吸引力强。标题的形式一般有以下三种:

(1) 直叙式标题:是反映调查意向或指出调查地点、调查项目的标题。例如《××市煤炭产量调查报告》等,这种标题的特点是简明、直观。

(2) 观点式标题:是直接阐明作者的观点、看法,或对事物做出判断、评价的标题。如《××手机的用户量在国内逐年攀升》等。这种标题既表明了作者的态度,又揭示了主题,具有很强的吸引力。

(3) 问题式标题:是以设问、反问等形式,突出问题的焦点和尖锐性,吸引读者阅读、思考的标题。例如《××国电饭煲为何在中国如此畅销》等。

有时候,为了突出调研的主题或表现调研的目的,可以在主标题后面加副标题,一般用主标题概括调查报告的主题或要回答的问题,用副标题标明调查对象及其内容。

2. 目录

目录是报告中完整反映各项内容的一览表,包括主标题、副标题、摘要、附件及正文各部分所在的页码等,但是特别短的市场调查报告可以不用添加目录。

3. 摘要

摘要是调查报告中的内容提要,是对调查研究活动所得的主要结果的概括说明。摘要应当简洁而概括,详细的论证则可以放在正文部分。

4. 正文

正文是市场调查报告的主要部分。正文部分必须准确阐明全部有关论据,包括问题的提出、引出的结论、论证的全部过程和分析研究问题的方法等。

(1) 引言。引言即开头。"良好的开端是成功的一半",好的开头,既可使调查报告顺利展开,又能吸引读者。开头的形式一般有以下几种:

①开门见山,揭示主题。文章开始先交代调查的目的或动机,揭示主题。

②结论先行,逐步论证。先将调查结论写出来,然后再逐步论证。这种开头形式观点明确,使人一目了然。

③交代情况,逐层分析。可先介绍背景情况,然后逐层分析,得出结论;也可以先交代调查时间、地点、对象、范围等情况,然后分析。这样可使读者有个感性认识,然后再深入分析研究。

④提出问题,引入正题。用这种方式提出人们所关注的问题,引导读者进入正题。

（2）论述。论述部分是市场调查报告的核心部分，它决定着整个调查报告质量的高低和作用的大小。这一部分着重通过调查了解到的事实，分析说明被调查对象的发生、发展和变化过程，调查的结果及存在的问题，提出具体的意见和建议。

论述部分的层次是市场调查报告的骨架，它在调查报告中起着重要作用，撰写调查报告时应注意结合主题的需要，无论采取什么写法，应该充分表现主题。

（3）结尾。结尾部分是调查报告的结束语。好的结尾可使读者明确题旨，加深认识，启发读者思考和联想。结尾一般有四种形式：

第一，概括全文。经过层层剖析后，综合说明调查报告的主要观点，深化文章的主题。

第二，形成结论。在对真实资料进行深入细致的科学分析的基础上，得出报告结论。

第三，提出看法和建议。通过分析，形成对事物的看法，在此基础上，提出建议和可行性方案。

第四，展望未来，说明意义。通过调查分析展望未来前景。

5. 附录

附录是指调查报告正文包含不了或没有提及，但与正文有关必须附加说明的部分。它是对正文报告的补充或更详尽的说明，包括数据汇总表及原始资料、背景材料和必要的工作技术报告。例如，为调查选定样本的有关细节资料及调查期间所使用的文件副本等。如果部分内容很多，应有详细的工作技术报告加以说明补充，附在调查报告最后的附录中。

（二）市场调查报告的写作要求

市场调查报告是在市场调查的基础上对市场状况的调查分析说明，是进行市场决策的重要依据。市场调查报告撰写应遵循以下基本要求。

（1）实事求是。实事求是是市场调查报告撰写最为基本的要求。市场调查是为企业决策提供参考和依据，要求必须依据市场调查的客观事实进行，才能对企业具有指导意义。调查报告不应略去或故意隐藏事实，对于调查中出现的问题（如回收率较低）等不应回避。

（2）客观中立。调查报告应该以客观的态度来撰写，不要表现出力图说服读者同意某种观点或看法，应该以陈述客观事实的语气进行撰写。

（3）目的明确。市场调查报告的撰写，一方面要明确调查的目的，撰写时要做到目的明确、有的放矢；另一方面也要求撰写者明确报告的阅读对象，要充分考虑阅读者的需求来进行撰写。

（4）重点突出。在调查内容的编排上，既要保证对市场信息做全面、系统的分析，又要突出重点、突出针对性和适用性。

（5）准确易懂。市场调查报告要避免冗长、乏味、呆板的语言，对专业术语也要尽量避免或加以说明。撰写市场调查报告语言要力求简单、准确、通俗易懂。

（三）案例赏析

大学生消费情况的市场调查报告

近年来，随着高校大规模的扩招，越来越多的学生走进了高等教育的殿堂。截至2017年，在校大学生的人数已达3700余万人。大学生消费市场作为其中重要的组成部分也越来越多地成为人们关注的焦点，"再穷也不能穷孩子"，父母用这样一种观念对教育进行投资，也让大学生的消费能力高出了一般水平。如何正确面对这一消费市场，如何了解大学生的消费情况及对社会经济的影响呢？为此，特意对××市几所高校的大学生消费状况进行了调查，从而对当今大学生的消费情况有了一个全面细致的了解。

一、大学生消费的特点

1. 消费观念复杂，感性消费占优势
2. 学生对品牌的忠诚度很高
3. 消费倾向多样化

二、大学生消费的结构和层次分析

（一）消费结构调查

1. 生活费来源调查
2. 消费去向调查
3. 消费能力调查

（二）消费层次分析

1. 家庭富裕的学生
2. 家庭贫寒的学生
3. 处于两者之间的学生

三、大学生消费对家庭和社会的影响

1. 大学生消费对家庭的影响（从占不同家庭收入支出的比重方面分析）
2. 大学生消费对消费市场的影响（从占消费市场的比重方面分析）
3. 大学生消费对国民经济的影响

四、有关大学生消费的几点建议

（一）对于大学生而言，要树立自己合理的消费观念，要理智地对待自己的消费。

（二）对于学校而言，学校应加强对学生消费观念的培养。

（三）对于社会而言，要积极开拓大学生消费市场，从多个方面满足不同经济条件大学生的需求，同时要规范市场秩序，为大学生确立一个公正的市场环境让其消费。

结束语

大学生是一个特殊的社会群体，有着自己特殊的消费观念和消费行为。对于成长中的大学生，其世界观、人生观、价值观正处于定型阶段，极易受到家长、教师、同学及社会其他成员的影响，具有较强的可塑性。因而，如何引导当代大学生树立正确的、健康的消费观念是摆在大家面前的一个难题。同样大学生消费市场随着经济的发展、高校的大规模扩招而越来越显示出它的重要性，大学生市场是一个规模和潜力都很巨大的市场，如何规范并合理的发展这样一个市场也是摆在我们大家面前一个刻不容缓的问题。

简析：全文属于分析性调查报告，思路清晰，内容具体。标题简明、直观，是一种直叙式标题；正文分为引言、论述和结尾三部分。其中引言部分开门见山，直接交代调查的目的，揭示主题。论述部分首先分析大学生消费的特点；其次对大学生的消费结构进行分析调查，通过对不同消费层次学生的分析，使此份市场调查报告的内容更具有可信度；再次又分析了大学生消费的影响；最后从三个方面给出了大学生消费的建议。结尾部分以结束语再次明确题旨，加深认识，启发读者思考和联想。

第二节　财务分析报告的写作

一、财务分析报告的概念和作用

财务分析报告，是以财务报告资料为依据，在财务分析的基础上，对一定时期内企业财务状况进行分析后而总结出的书面报告。财务分析报告旨在总结成功经验、找出问题不足、提出改进措施，以便挖掘企业的发展潜力，加强企业的财务管理，争取最大的经济效益。一份好的财务分析报告，可以充分发挥财务工作对整个企业经济活动的服务、监督和参谋作用。

财务分析报告与财务报告有很大的区别。财务报告是会计报表及附注的综合，侧重于对企业过去的经营情况、财务状况的总结，供投资者、企业管理者了解企业的现状及发展；而财务分析报告是通过对财务报告的解读，将反映在会计报表及附注中企业的财务状况、经营成果、现金流量等财务信息，采用专门的分析方法，对企业将来的经营战略进行预测，并提出改善建议，为企业管理者提供决策依据。所以，财务报告和财务分析报告的含义、所起的作用、报告的构成及内容均完全不同。

二、财务分析报告的特点与分类

（一）财务分析报告的特点

（1）真实性。财务分析报告的主要作用是供企业管理者正确决策所用和企业健康有序发展之用，因而材料的真实性至关重要。

（2）对比性。财务分析需要一定的技术方法，技术方法主要是数字计算。而检验各项财务指标完成计划的好坏，又主要通过计算后的数字对比来完成。

（3）时效性。对于财务活动，无论是事前分析，还是事中分析和事后分析，都要迅速及时。

（4）指导性。财务分析报告对企业的发展方向、工作重点和计划的制定具有重要的指导作用。

（二）财务分析报告的分类

财务分析报告按其目的和内容可以分为以下类型：

1. 综合财务分析报告

综合财务分析报告是指把一定时期企业的全部财务活动作为一个整体，对各项主要财务指标进行综合分析后写出的分析报告。综合财务分析报告主要包括年度财务分析报告、半年度财务分析报告和季度财务分析报告等。

2. 部门财务分析报告

部门财务分析报告是指各有关职能部门根据本部门的业务活动，对其分管的财务指标进行分析后写出的财务分析报告。如销售部门对产品销售的市场分析、实际销售完成情况等所作的财务分析报告,有关部门提出的成本费用计划、预算执行情况和结果的财务分析报告。

3. 专题财务分析报告

专题财务分析报告是根据财务管理的需要,针对某一时期企业经营管理中的某些关键问题、重大经济措施或薄弱环节等进行专门分析后形成的书面报告。

专题财务分析报告多为不定期的分析报告,它的目的明确、形式灵活、一事一议、分析透彻、总结及时,可以随时运用。

三、财务分析报告的格式与写作要求

(一)财务分析报告的格式

财务分析报告的基本结构一般分为标题、正文、落款和附件四个部分。

1. 标题

标题是指财务分析报告的题目,是财务分析报告内容的最概括的表达。它要求文字简洁、涵义准确。在标题构成要素上,应标明所分析的内容,有的还应标明时间,有的还应标明报告单位。标题一般分为三类:完整式标题、简化式标题和专题式标题。

完整式标题包括了企业名称、时间、事由等全部内容。如《全球贸易公司2016年度财务分析报告》。

简化式标题只包括事由等基本内容,省略了企业名称或时间,如《2015年度营销收入分析报告》和《产品成本增高的分析报告》。

专题式标题使用了财务分析报告中的观点、建议或意见,这种形式常见于专题财务分析报告中。如《关于降低产品生产成本的建议》等。

2. 正文

财务分析报告的正文,是财务活动分析的主要内容。写好正文是写好财务分析报告的关键。正文一般包括开头、主体、结尾三个部分。

(1)开头一般概述分析对象的基本情况和财务活动情况,取得的主要成绩和存在的问题,以及对财务状况的基本评价等。

(2)主体是报告的分析部分,主要是对各项指标的完成情况以及有关的其他情况加以说明,并对影响指标增减变化的原因进行分析。分析时既要肯定成绩、总结经验,又要指出问题、分析原因。分析原因时还要注意分清主、客观原因,内、外部原因的不同,并且找出主要原因。在分析中,不要堆砌数字,应就事论事,透过事实和数据,联系财务活动的实际,进行具体的、综合的分析,揭示问题的实质。

(3)结尾要针对提出的问题提出改进意见、建议或措施。内容要具体,文字要简练,意见要中肯,建议要切实,措施要可行,避免泛泛而谈。

3. 落款

财务分析报告的落款一般包括企业名称、负责部门和撰写人姓名,并标注报告完成日期等。

4. 附件

财务分析报告的附件一般包括企业各年度的完整财务报表、财务计划书等财务分析报告中所引用的重要财务信息资料。在必要的时候,这些报表或资料可以插入到正文的适当位

置,但为了版面简洁、易于阅读,也经常将这些报表或资料放在篇尾。

(二) 财务分析报告的写作要求

1. 观点明确,数据确凿

财务分析报告中的观点要鲜明正确,是非分明,各种分析应有理有据,采用定量分析或定性分析,要做到前后呼应、衔接,同时符合财务活动发展的规律。

2. 突出重点、兼顾一般

财务分析报告应结合当前企业生产经营的情况和财务管理的具体要求,抓住重点、关键的问题,进行分析研究,切忌面面俱到,但又什么都讲不清楚。

3. 措施具体,切实可行

财务分析报告中的措施必须是通过调查研究和分析后形成的,是有利于企业的全局、有利于长远经济利益的举措。同时,对于提出的改进措施方案要尽可能具体,应有负责部门和责任人,应有完成期限和具体保障措施,且论据要充分,要切实可行。

4. 文字简练,通俗易懂

财务分析报告中的文字要言简意明,不讲空话、套话;应直接了当,不需要过多的形容词。文字表达要尽量通俗易懂,力求简明扼要,数据要恰当、准确并善于用数据说明问题,防止搞数字游戏。

(三) 案例赏析

××物业公司年度财务分析报告

××××年度,我公司在改革开放力度加大、全市经济持续稳步发展的形势下,坚持以提高效益为中心,以搞活经济强化管理为重点,深化企业内部改革,深入挖潜,调整经营结构,扩大经营规模,进一步完善了企业内部经营机制,努力开拓,奋力竞争。销售收入实现××万元,比去年增加××万元,并在取得较好经济效益的同时,取得了较好的社会效益。

一、主要经济指标完成情况

本年度××收入为××万元,比上年增加××万元。其中,××销售××万元,比上年增加12.8%,其他收入实现××万元,比上年增加5.3%。全年毛利率达到×%,比上年提高11.9%。费用水平本年实际为××万元,比上年升高5.1%。全年实现利润××万元,比上年增长12.3%。其中,××利润××万元,比上年增长13.7%,商办工业利润××万元,比上年下降8.87%。销售利润率本年度为4.83%,比上年下降0.05%。全部流动资金周转天数为128天,比上年的110天慢了18天。

二、主要财务情况分析

1. 销售收入情况

通过强化竞争意识,调整经营结构,增设经营网点,扩大销售范围,促进了销售收入的提高。

2. 费用水平情况

一般流通费用总额比上年增加144.8万元,费用水平上升0.82%,其中:

①运杂费增加3万元;②保管费增加2万元;③工资总额增加15万元;④福利费增加6万元;⑤房屋租赁费增加50万元;⑥低值易耗品摊销增加5万元。

从变化因素看,主要是由于政策因素影响:

①调整了"三资一金"比例,使费用绝对值增加了12万元。

②调整了房屋租赁价格，使费用增加了50万元。

③企业普调工资，使费用相对增加80万元。

扣除这三种因素影响，本期费用绝对额为905万元，比上年相对减少10万元。费用水平为6.7%，比上年下降0.4%。

3. 资金运用情况

年末，全部资金占用额为××万元，比上年增加28.7%。其中：商业资金占用额××万元，占全部流动资金的55%，比上年下降6.87%。结算资金占用额为××万元，占31.8%，比上年上升了8.65%。其中：应收货款和其他应收款比上年增加548万元。

从资金占用情况分析，各项资金占用比例严重不合理，应继续加强"三角债"的清理工作。

4. 利润情况

企业利润比上年增加××万元，主要因素是：

（1）增加因素：

①由于销售收入比上年增加804万元，使利润增加了41万元。

②由于毛利率比上年增加0.52%，使利润增加80万元。

③由于其他各项收入比同期多收43万元，使利润增加43万元。

④由于支出额比上年少支出6万元，使利润增加6万元。

（2）减少因素：

①由于费用水平比上年提高0.82%，使利润减少105万元。

②由于税率比上年上浮0.04%，使利润少实现5万元。

③由于财产损失比上年多16万元，使利润减少16万元。

以上两种因素相抵，本年度利润额多实现××万元。

三、存在的问题和建议

资金占用增长过快，结算资金占用比重较大，比例失调。

建议各企业领导要真实反映企业经营成果，该处理的处理，该核销的核销，以便真实地反映企业经营成果。

××公司财务处

20××年××月××日

简析：这是综合财务分析报告中的年度财务分析报告。标题采用完整式，明确企业名称、时间、事由等内容；正文包含开头、主体、结尾三部分。开头直接叙述了此物业公司本年度的基本情况和财务活动情况；主体部分首先详细论述了主要经济指标的完成情况（收入情况、支出情况、与上年度同比情况等），其次对本公司的财务状况进行了深入分析，着重分析了影响指标增减变化的原因；结尾提出了公司财务状况中存在的问题，并给了相应的建议。报告的落款点明了企业的名称和负责部门，并标注了报告的完成日期。

第三节 财务预算报告的写作

一、财务预算报告的概念和作用

(一)财务预算报告的概念

财务预算是反映企业未来一定预算期内预计的财务状况和经营成果,以及现金收支等价值指标的各种预算的总称。财务预算报告是在财务预算的基础上,对企业未来一定期限内的经营成果、财政和财务收入与支出安排情况进行分析预测后形成的书面文字材料。财务预算报告的前提是财务预算,要想写好财务预算报告,就必须先做好财务预算,然后再按照格式要求编写预算报告。

(二)财务预算报告的作用

财务预算是单位全面预算的重要组成部分,科学的财务预算报告具有以下作用:

(1)计划组织作用。在现代财务管理中,通过财务预算可以综合协调、规划企业内部各部门、各层次的经济关系与职能,使之统一服从于未来经营总体目标的要求,从而能帮助企业合理安排财力,提高资金的使用效率,避免铺张浪费。

(2)科学决策作用。通过财务预算报告,可以看出企业未来某一阶段的财务状况,将实际情况与预算数对比,及时发现问题和调整偏差,采取相应的措施,使企业的经营活动按预定的目标进行,从而实现预期目标。

(3)联系纽带作用。写好财务预算报告有利于企业的财务机构了解情况,指导财务安排,促进生产经营活动。

二、财务预算报告的特点与分类

(一)财务预算报告的特点

(1)计划性。财务预算报告实际上就是企业的财务计划。做好财务预算报告,可以使企业的决策目标更加具体化,可以明确规定企业有关生产经营人员各自职责及相应的奋斗目标,做到人人事先心中有数。同时,有利于指导各部门量入为出,开源节流,结合单位的工作实际作出合理的资金使用安排。

(2)约束性。财务预算报告是依法编制和依法执行的。《中华人民共和国预算法》对预算编制内容、编制程序、预算管理和审批、预算执行和调整等都作出了明确的规定,从事预算工作的部门和人员必须遵照执行。而且预算报告还要提交本级人民代表大会或者董事会审查批准或通过,所以约束性非常强。

(3)规范性。财务预算的编制要在领导和有关部门的指导下按照一定的程序进行,预算编制内容中的每一笔开支都要符合国家的财经、财务制度和系统、单位的财务制度,做到使用规范。

(二) 财务预算报告的分类

(1) 按范围的不同，财务预算报告可分为综合财务预算报告和专题财务预算报告。

(2) 按部门的不同，财务预算报告可分为国家政府部门的财务预算报告、企业财务预算报告和事业单位财务预算报告等。

(3) 按时间的不同，财务预算报告可分为长期财务预算报告、中期财务预算报告和短期财务预算报告。

三、财务预算报告的适用范围

财务预算报告适用于企事业单位各级财务部门。财务部门每年都要作出财务预算，要定期向职工代表大会或董事会作财务预算报告。

四、财务预算报告的格式与写作要求

(一) 财务预算报告的格式

一份完整的财务预算报告包括标题、正文、署名、日期、附件等部分。

(1) 财务预算报告的标题。财务预算报告的标题主要有三种形式：一是由部门名称、财务年度和财务预算报告三部分组成，如"××股份有限公司2013年度财务预算报告"；二是由部门名称、项目名称和财务预算报告三部分组成，如"××省建筑公司××公园综合开发项目财务预算报告"；三是由项目名称和财务预算报告组成，如"××市××区××村住房改造项目财务预算报告"。

财务预算报告的标题应该简洁明了，提请会议审议的财务预算报告可在标题下注明报告人的姓名。

(2) 正文。正文由引言、主体、结尾三个部分构成。

引言部分一般写出预算编制的依据与概况。这部分内容主要写明编制预算报告的根据(如上年度的收支情况，工作计划等)、原则、总收入和总支出的情况，使读者对全年预算的总体概貌有所了解。

主体部分依次写出经营计划、具体经营项目、经济技术指标、资金流量收支预算等，要使用具体的数字和资料进行分析说明，分析说明要做到理据充分，明了清晰，切忌模棱两可。

结尾部分说明完成此预算的建议、措施、方法以及要注意的问题等。此外，财务预算报告如需提请会议审议，结尾处还应就提请审议、征求意见等事项作一些表述。如"以上报告，现提请审议""以上报告，现征求大会意见"等。

(3) 署名。正文右下方写明撰写此报告的单位或撰写人。

(4) 日期。写清楚具体的年、月、日。如果文前已写明了日期，文末也可省略。

(5) 附件。主要是数字材料，比如资产负债表、损益表、资金流动表、产品产量表、技术经济指标表、资金收支预算表、年度财务预算编制说明等，以及其他具体的数据辅助资料。

(二) 财务预算报告的写作要求

(1) 做好统筹协调。撰写财务预算报告并非是一个人的事，而需要整个预算小组共同完成。

(2) 明确编制要求。编制财务预算要以"效率—效益"为中心。预算编制工作应自下而上、上下结合。撰写财务预算报告，要知道预算编制要按"审核修订—审批通过—发文公布"的流程完成。

(3) 注重全面性和真实性。财务预算报告中的财务支出项目应着眼于工作实际，要以工作目标、工作计划为依据，全面、合理进行预测，从而使预算报告更具可操作性和指导性。

（三）案例赏析

××钢铁股份有限公司2016年度财务预算报告

董事会：

根据《章程》规定，我们编制了《××钢铁股份有限公司2016年度财务预算》，具体预算报告如下：

一、2016年度预算编制依据

1. 营业收入根据公司2015年业务完成情况，结合2016年度市场开拓计划、目标客户及业务规划等进行测算；

2. 营业成本及期间费用根据公司2015年实际发生数并结合2016年新增业务量，在充分考虑市场价格、人工薪酬、资金投入等因素变化的情况下进行测算；

3. 所得税费用按预测的利润总额及适用的所得税率进行测算。

二、2016年度经营计划安排

1. 铁钢材产量

2016年钢材产量比2015年有较大增长，生铁产量较2015年有所降低。具体安排是：生铁目标××万吨；钢材目标××万吨。

2. 双高及拳头产品产量

2016年公司强化产销研协调创新机制，充分发挥已建成的"精品棒"、"精品线"所具有的高性能、高精度轧制的工艺特点，大力开发新产品，提高公司经济效益。全年安排双高产品××万吨，同比增加××万吨；双高产品比率××%，同比提高××个百分点。其中拳头产品安排××万吨，同比增加××万吨。

3. 主要技术经济指标

2016年通过技术进步和管理创新，大力开展节能降耗工作，突出节约和回收利用资源，进一步提高技术经济指标水平。具体安排是：

高炉入炉焦比的计划为××kg/t；目标为××kg/t，同比降低××kg/t。

高炉喷煤比的计划为××kg/t；目标为××kg/t，同比降低××kg/t。

三、2016年度财务指标预算安排

1. 主营业务收入

主营业务收入××亿元，同比增加××亿元，增长××%。

2. 可比成本降低率××%。

四、2016年度资金流量预算安排

资金流量预算收入××亿元，其中：营业收入××亿元；项目资金结转××亿元；贷款××亿元。

资金流量预算支出××亿元，其中：生产经营性支出××亿元，项目资金支出××亿元,支付股利××亿元,其他支出××亿元,预留资金××亿元。

五、主要产品产量计划,双高及拳头产品产量计划,主要生产技术经济指标具体安排,项目资金支出预算安排(详见附表)。

六、完成预算指标的措施

2016年公司将首先充分挖掘市场潜力,优化营销模式和营销渠道,努力拓展业务空间,在保证收入增长的同时,确保利润同步增加;其次加大"降本减费"力度,降低成本费用利润率;另外要在兼顾公平合理原则基础上,采取多项激励措施,让贡献者真正得到实惠,公司上下齐心协力实现预算目标。

以上预算报告,提请董事会审议。该预算报告董事会通过后,需提交股东大会批准。

附:××钢铁股份有限公司2016年度财务预算安排表

××钢铁股份有限公司
20××年××月××日

简析:这是一篇年度财务预算报告。标题直接由部门名称、财务年度和财务预算报告三部分组成;正文的开头部分写出了预算编制的依据,主体部分依次写出了经营计划安排、财务指标预算安排、资金流量预算安排等,其中使用了具体的数字和资料进行分析说明,做到了理据充分,明了清晰。结尾部分给出了完成预算指标的措施,并附有提请审议的表述。署名、日期和附件也非常齐全,称得上是一篇完整的财务预算报告。

第四节 财务审计报告的写作

一、财务审计报告的概念和作用

财务审计报告是审计人员根据审计准则的要求,在对审计事项实施审计后,向审计授权人或委托人提出的,反映审计结果、阐明审计意见和建议的书面文件。财务审计报告作为财务审计工作的成果,是财务审计活动的结晶和客观描述,是财务审计工作质量的主要标志。

财务审计报告的作用体现在:一是总结和汇报审计工作;二是表达审计意见;三是为作出审计结论和决定提供依据;四是帮助被审计单位改进管理;五是积累审计资料。

二、财务审计报告的特点与分类

(一)财务审计报告的特点

1. 法制性

财务审计报告是法律规定的专门机构依法对被审计单位做出的财务评价报告。其结论在一定的权限内具有法律权威性和强制性,被审计单位必须按规定贯彻执行。对拒不执行审计结论和决定的，可依法给予相应的制裁。

2. 独立性

财务审计活动的整个过程都受法律保护，审计机关依法独立行使审计监督权，不受其他行政机关、社会团体和个人的干涉。因此，财务审计报告当然也同时具有独立性，它所反映的审计结论不受任何其他文书或意见的干扰影响，这就有效地保证了审计报告的可信度。

3. 公证性

审计机关是执法机关，财务审计报告中所核实的情况、做出的决定，都具有公证的性质。因此，撰写财务审计报告必须讲究真实性、正确性、合法性，以保证财务审计报告的有效性。

（二）财务审计报告的分类

按审计报告涉及的范围分类，财务审计报告可分为综合财务审计报告和专项财务审计报告两种。

按审计人员的来源分类，财务审计报告可分为内部财务审计报告和外部财务审计报告两种。

按审计单位的性质分类，财务审计报告可分为企业财务审计报告和行政事业财务审计报告。

按审计报告内容的详略程度分类，财务审计报告可分为短式财务审计报告和长式财务审计报告。

三、财务审计报告的格式与写作要求

（一）财务审计报告的格式

财务审计报告一般包括标题、主送单位、正文、附件、落款五部分组成。

1. 标题

标题应能标明财务审计报告属于何种类型或为什么目的而编写。标题应放在显要的位置，应能准确地反映出审计活动的主题，让读者对被审计的单位、审计的时间、审计的内容范围一目了然。

报告的标题一般由报告事由加文名组成，如"关于××单位××年度的财务审计报告"。有时候标题也只写"审计报告"四个字。

2. 主送单位

主送单位是指财务审计报告送达的单位。财务审计报告的接受者因审计授权人、委托人不同而有所不同。如果是授权审计，则审计报告主要向授权机关提交；如果是委托审计，则审计报告应向委托审计的单位、部门提交。

主送单位在标题下一行顶格写起，后面冒号，跟书信的称呼一样的位置。

3. 正文

正文是财务审计报告的主体部分，一般包含3个部分：

（1）导言。导言是财务审计报告的开头部分，必须语言简练，高度概括。通常应写明以下内容：一是审计的时间、依据、对象、范围、目的等；二是被审计单位的总体概括，包括规模、经营的主要业务、财产资金情况、主要经济指标等。

（2）具体审计内容。这是财务审计报告的核心部分，行文语言要朴实无华，材料要足

够充分，数据要真实准确。撰写时要写明被审计单位的详细审计情况以及在审计中发现了哪些问题，然后根据有关政策、法律、法规的规定和问题的性质与金额的大小等，对发现的问题提出处理意见，应慎重恰当。同时还要对被审计单位工作中的薄弱环节提出可行性的建议。

（3）审计的结论或评价。审计评价是指对被审计单位的财务、经济活动作出结论性评语。评语的写法有以下两种：一是肯定性评语：认定被审计单位工作符合要求；经营管理较健全；经济效益较好；没有违反国家的政策和有关规章制度。二是否定性评语：经营管理不善；经济效益很差；或违反国家政策，或违反有关规章制度。但不管是肯定性评语还是否定性评语，都必须以事实和数据为依据。

4. 附件

附件是对正文补充说明的佐证材料，如涂改和伪造的凭证、账簿，有关人员的证词、调查笔录以及被审计单位的报表等。一般在正文的左下方标注附件的名称与份数。

5. 落款

落款包括两项内容：一是审计机构的名称或审计工作负责人的姓名并加盖印章；二是成文日期。落款的位置在附件位置的右下方。

（二）财务审计报告的写作要求

1. 叙述问题要分清主次

对审计报告中问题的排序应符合逻辑，表述清楚重要问题、大问题、实施方案中列明需要审计的问题排在前面；一般性的问题、随机发现的问题、未规定检查的问题排在后面。同时，将产生问题的原因、后果在报告中表述清楚。

2. 明确法规的适用范围

在法规适用方面，要注意法规的时效性，法规的适用期应当是审计揭露问题的时间范围；要注意引用法规的级次（即法律、法规、部门规章的次序），级次高的优先使用。引用法规要有针对性，条款要精确，与问题无关的条款不要引用。

3. 抓住重点，严把报告质量关

一是必须依据事实、尊重事实，有充分的证据，还应考虑当时当地的环境和其他客观因素，不感情用事，既不能以偏概全、任意拔高，也不能因为存在一些问题而否定一切，应实事求是地肯定成绩、指出问题。

二是必须如实反映审计结果，但如实反映问题并不等于事无巨细一概罗列，微少的问题、性质一般的问题可不写入报告，对重大的问题则应充分揭露。

三是审计报告中对问题的定性和初步处理意见必须有相关的事实依据，对照有关的政策法规，对号入座，不能主观武断。

（三）案例赏析

××村委会财务审计报告

××镇人民政府：

根据《关于认真做好村干部任期和离任经济责任专项审计的通知》（××农〔2008〕2号）文件要求，经××镇村级财务审计领导组安排，我审计小组3月4—5日对××村委会2014年以来的财务进行了全面审计，现将审计结果报告如下：

一、基本情况

该村所辖组共7个，全村人口658人，截至2017年12月，全村资产总额70.32万元，其中流动资产18.97万元，有形资产55.46万元。所有者权益54万元，债权总额为0元，债务总额16.32万元，货币资金18.97万元。

二、具体审计情况

1. 2014—2017年12月，该村实现收入139.95万元。实现收入总额中，经营收入为2971元，占总收入的0.21%，上级返还及补助性收入65.97万元，占总收入的47%；其他收入73.78万元，占总收入的52.7%。

2. 2014—2017年12月，该村支出总额为99.59万元。支出总额中，经营支出11.18万元，占总支出的11.2%；管理费用22.35万元，占总支出的22.4%；其他支出66.05万元，占总支出的66.3%；占村总支出比重较高的其他费用主要用于支付村庄道路修建工程。

3. 村级有形资产情况。2014—2017年12月换届以来，有形资产建设总投入为37.83万元，主要为小学教学楼、有线电视、自来水工程、道路等方面建设的投入。

4. 村级债权债务情况。村级债权没有，村级总债务为16.32万元，无民间借贷，主要是项目征地款、各项押金等。均为应付待结算往来款。

5. 上级各项补助资金拨款65.87万元，基本上按规定用途支付。

6. 换届以来村级财务公开能按正常程序公开，年公开均达4次以上。

7. 非生产性考核指标情况。2014—2017年12月换届以来，村、组干部报酬总额9.5万元；办公费、差旅费总额2.5万元；会议费总额1.3万元；报刊杂志征订总额0.18万元。

三、相关说明

该村债务总额16.32万元中，除部分押金外，大部分实际上已是结余资金，不再是债务，应转为收入处理。

四、存在问题及工作建议

1. 各项工程建设应根据工程大小，万元以上的大项工程要做好相应预决算，并进行工程审计，实行税票结算，尽量避免白条现象，严格支出审批程序，加强财务管理。

2. 管理性费用在支出结构上所占比例较高，根据相关考核指标，综合换届以来的会议费、村干部报酬等情况来看，非生产开支相对偏高，建议根据村里实际状况，以收定支，厉行节约资金，着力改善与提高村民生产生活条件。

3. 收入结构单一，总体数额较少，主要是对上争取资金和筹资为主要收入来源，但自身收入来源较少，建议进一步广开持续性收入来源渠道，加大对上争取力度。

4. 虽然目前账面债务较少，但实际上隐形债务较多，测算数为20余万元。

5. 相关账务处理不及时和不规范，换届后要及时进行资产登记和账务处理。

五、审计结论

该村总体财务运行及财务制度执行情况：良好。

××审计小组
20××年××月××日

简析：这是一篇综合财务审计报告，也可视为行政事业财务审计报告。标题简洁明了，由报告事由加文名组成；主送单位为××镇人民政府；正文由导言、具体审计内容和结论三部分组成。导言概述了该村的基本情况，包括人口情况、资产总额情况等；具体审计内容论述了该村 2014—2017 年的收入情况、支出情况、有形资产情况、债权债务情况以及其他情况等，并在审计中提出了发现的问题和改进的建议；结尾给出了审计评价，标明该村的财务运行及财务制度执行良好。落款处给出了审计小组的名称，并标注了成文日期。总之，此篇财务审计报告完整、规范，行文简洁，语言表达准确。

第五节 营销策划报告的写作

一、营销策划报告的概念和作用

（一）营销策划报告的概念

策划是对未来将要发生的事情所做的当前决策，具体表现为一种借助脑力进行操作的理性行为，即对未来活动出主意、想办法、制定行动方案等。策划普遍存在于人类社会行为中，应用于各个领域，无论是国家行政管理、企业经营还是个人发展都需要精心的设计策划。

策划报告是策划成果或策划方案的文字化形态，是一种具有很强的目的性的应用性文书。而营销策划报告是指产品在销往市场之前，为使销售达到预期目标而进行的各种销售促进活动的整体性策划文书。好的营销策划报告会成为企业创名牌、迎战市场的决胜利器。

（二）营销策划报告的作用

1. 战略指导作用

营销策划报告是对营销策划活动的整体策划，提供总体指导思想，它指导活动中各个环节的工作以及各个环节的关系处理问题。

2. 决策保证作用

这一作用就是为营销策划主体的决策谋划、探索，设计多种备选方案，使读者或委托者以策划方案为基础，进行选择和决断，从而保证决策的理智化、程序化和科学化。

3. 预测未来作用

预测未来作用就是策划者注意策划主体发展的长远问题或本质问题。针对社会的未来变化或市场未来发展，进行超前研究，预测发展趋势，思考未来发展问题，提高策划主体适应未来和创造未来的主动性。

4. 管理创新作用

管理创新作用就是策划者遵循科学的策划程序，从寻求策划主体的问题或缺陷入手，并在探索存在管理问题的原因中确立目标，从而谋划构思，设计解决管理问题的有效途径。这实质上是一个管理创新的过程，一个好的策划报告本身就是一个管理创新方案。

二、营销策划报告的特点与分类

（一）营销策划报告的特点

1. 目的性

营销策划本身就是一种有目的的行为：在什么时间、在什么地方、由什么人做什么样的工作、最终将可能收获何种利益等。营销策划可以使人们正确地把握事物发展变化的趋势及可能带来的结果，从而确定能够实现的工作目标和需要依次解决的问题。

2. 前瞻性

策划者在撰写营销策划报告时，要尽可能多地掌握各种现实情况，全面地了解形成客观实际的各种因素及其信息，包括有利的与不利的因素，并分析研究收集到的材料，寻找出问题的实质和主要矛盾，再进行策划。策划不仅应着眼现实，更应着眼未来。因此，营销策划是在一定思考以及调查的基础之上进行的科学的预测，具有前瞻性的特点。

3. 创意性

创意是营销策划的核心。创意的基本特点是它的独特性，它为营销策划提供了一个新的思路，在整个策划中起着核心作用，是成功策划的生命所在。

4. 动态性

针对某一个目标，策划者可以拟出多个营销策划方案。决策者对多个营销策划方案可以权衡比较、扬长避短，选择最合适、最科学的一种。同时，营销策划也不是一成不变的，应在保持一定稳定性的同时，根据环境的变化，不断对策划进行调整和变动，以保持营销策划对现实的最佳适应状态。

5. 可操作性

这是营销策划报告的前提，策划报告不能只是一种假设，必须能够实施。如果一个策划连最基本的可操作性也没有，那么这个策划方案，再有创意、再好也是一个失败的策划方案。

（二）营销策划报告的分类

营销策划报告从不同的角度可以分为不同的类型：

（1）根据具体营销对象的不同，可分为商品销售策划报告、促销活动策划报告、市场推广策划报告、新产品开发策划报告、商品布局策划报告、营销定位策划报告、网点布局策划报告等。

（2）根据营销时间长短的不同，可分为长期营销策划报告、短期营销策划报告。

（3）根据营销范围大小的不同，可分为专项性营销策划报告、综合性营销策划报告。

三、营销策划报告的结构与写作要求

（一）营销策划报告的结构

营销策划报告没有一成不变的格式，依据产品或营销的不同要求，在策划报告的内容与编制格式上也有变化。一般由封面、目录、正文、附录四部分构成。

1. 封面

封面是策划书的"脸面"，一般来说，封面应包括以下内容：

（1）营销策划的标题，一般来说，格式为"××有限公司关于××的营销策划报告"，如《××中烟工业有限责任公司关于××品牌香烟的营销策划报告》。

（2）营销策划的部门与策划人，格式为："营销策划：××有限公司××部"，"策划人：×××"。

（3）策划的时间，如"策划提交日期：××××年××月××日"。

（4）营销策划案报告编号等。

2. 目录

目录是营销策划报告的重要组成部分，既可以使阅读者对策划报告的结构一目了然，同时，也方便他们查寻方案的具体内容。

3. 正文

正文是营销策划书中最重要的部分，具体包括以下几方面内容：

（1）营销策划的目的。营销策划目的部分主要是对本次营销策划所要实现的目标进行全面描述，它是本次营销策划活动的原因和动力。

（2）市场状况分析：①宏观环境分析；②产品分析；③竞争者分析；④消费者分析。对市场状况的分析是在市场调研取得第一手资料的基础上进行的。

（3）市场机会与问题分析。营销方案是对市场机会的把握和策略的运用，因此分析市场机会就成了营销策划的关键。只要找准了市场机会，策划就成功了一半。

（4）确定具体营销策划方案。针对营销中问题点和机会点的分析，提出达到营销目标的具体营销方案。营销方案主要由市场定位和4P'S（4P营销理论即产品（Product）、价格（Price）、渠道（Place）、宣传（Promotion），由于这四个词的英文字头都是P，再加上策略（Strategy），所以简称为"4P'S"）组合两部分组成，具体体现两个主要问题：

①本产品的市场定位是什么？

②本产品的4P'S组合具体是怎样的？具体的产品方案、价格方案、分销方案和促销方案是怎样的？

（5）费用预算。这一部分记载的是整个营销方案推进过程中的费用投入，包括营销过程中的总费用、阶段费用、项目费用等，其原则是以较少投入获得最优效果。

4. 附录

如引用的权威机构的数据资料、问卷调查表等，作为附件对正文内容进行补充说明。

营销策划报告的格式一般由上述三部分构成。企业产品不同，营销目标不同，其侧重的内容，在格式上可进行适当取舍。

（二）营销策划报告的写作要求

1. 策划有新意

要充分考虑产品和服务的实际情况，还要充分注意决策人的思维习惯和接受能力，将与众不同的策划创造出来，供决策人选择。

2. 重点要突出

营销策划的内容是非常丰富的，但在策划过程中要牢牢把握主题和重点，切忌面面俱到，否则营销策划很难成功。

3. 文案尽完美

市场调查要全面，分析研究要认真，推理判断要周密，活动安排要张驰有度。而且，在行文过程中应该不断倾听决策者及周围人们的意见，不断推敲修改，使文案尽善尽美。

（三）案例赏析

关于××橱柜的营销策划报告

一、营销策划目的

1. 提高市场占有率扩大产品知名度；
2. 提供优质、专业服务，树立企业良好形象；
3. 扩大宣传增加销售额。

二、市场环境分析

（1）优势所在（略）
（2）劣势所在（略）
（3）市场现状（略）
（4）产品现实市场调查分析（略）
（5）发展前景（略）
（6）影响产品的市场因素（略）

三、市场机会与问题分析

1. 在目前的橱柜消费市场，各品牌还处在争质量、争设计、争工艺的阶段，所提供的服务十分粗糙，完全不能形成体系。所以，能够在服务上有所创新并在各项服务项目上进行有效延展，并整合成完整的服务体系，必将会成为最有效的竞争手段。

2. 品牌加盟连锁经营是目前流行的品牌扩张模式，特别是对于发展中的企业，面对一个利好的市场环境，实施品牌连锁经营，能快速占领市场，打造一个强劲的全国性品牌。

四、营销策略

1. 社区加盟店（略）
2. 户外展示（略）
3. 扩大销售网络（略）
4. 建立企业销售联盟（略）
5. 会员制服务（略）
6. 促销赠品

为配合宣传和促销，可选围裙作为促销赠品，并在围裙上印刷"欧派"字样及产品理念等。

五、营销成本

以一家宣传店面为计算

加盟费：30000（元）

样板店房租：50000/年（元）

装修费用：4000（元）

前期宣传费用：4000（元）

工作人员工资：1500×3＝4500（元）

宣传资料宣传册：4000（元）

赠送礼物：2000（元）

人员上门推销费用：3000（元）

其他：3000（元）

总计：104500（元）

六、行动方案控制

1. 在实施营销策划之前，对营销策划方案进行反复研究商讨斟酌，确定其可行性，对在实施过程中可能发生的各种情况做好准备，不打无准备之仗，确保策划案的顺利实施。

2. 开展工作前期，对相关人员进行人员培训，使其能够准确把握宣传度，把握消费者的消费心理，了解消费动态，有选择性地宣传。

3. 把握准确的宣传时机。冬季是房地产销售的淡季，互补产业家居市场同样会处于淡季市场，所以应该选择春夏季节，家居消费的旺季，进行选择性的针对性宣传。

4. 任务分配必须明确简洁，一目了然，各司其职，提高完成效率，准确把握市场条件，做好市场调控。

七、结束语

此份市场营销策划中，通过对国内市场占有率的调查，对现有消费群体的调查，认为能使××橱柜在国内市场的占有率能够得到更进一步的扩大。在报告的撰写中，考虑了多方面的因素，并对国内消费市场做了相应的问卷调查，以求能够进一步准确了解和把握××橱柜的市场消费状态以及同类产品的市场状况，从而做好相应的营销战略调整，以最好、最及时的信息占有市场，引领市场。

开放式厨柜的渐渐盛行，使整体橱柜的市场渐渐扩大，总体生活水平的提高，对生活质量的要求和享受都相应地提高，橱柜市场也逐渐扩大，这是所有家居产业的一个机遇，对于××橱柜来说，既是机遇又是挑战，机遇是市场广阔，挑战是面临同类产业的竞争和压力，怎样把握机遇和挑战，相互扶持和转换，都变成一种动力，使××橱柜得到应有的市场份额。

附录：××橱柜市场调查问卷

20××年××年××日

简析：这属于一篇商品销售策划报告。报告的标题非常明了，简单易懂。正文开头就陈述了营销策划的目的，接着从六个方面对目前橱柜市场的环境进行了深入分析，并强调了该橱柜面对同类产品竞争对手存在的市场机会与优势。最后，报告从六个方面论述了该橱柜在营销策划中可以采取的具体策略，并给出了此次营销策划详细的成本费用预算。行动方案控制和结束语这两部分，非营销策划报告结构中的必备项，读者可视具体情况，酌情增减。××橱柜市场调查问卷作为报告的附录，是对整篇营销策划报告的补充，使其更准确、更完整。

第六节 实习实践报告的写作

一、实习实践报告的概念和作用

实习实践报告是学生在实习期间就某一社会问题或科技课题进行实地调研、亲身实验之后，用书面语言和相关专业术语对调查或实验中的问题做出理性的分析和思考，并得出结论或提出可行性的建议的一种文体。

实习实践是大学生全面素质提高的重要环节，是学生将所学知识应用于实践的重要过程。它既是学生学习、研究与实践成果的全面总结，又是对学生素质与综合能力的一种全面检验。实习实践报告不仅可以提升学生的理论水平和认识水平，而且还可以促进学生将学校的理论知识与社会实际需要进行有效结合。

二、实习实践报告的特点与分类

（一）实习实践报告的特点

（1）真实性。实习实践报告要以实践事实为根据，不仅报告中涉及的人物、事件要真实，就是事件发生的时间、地点、背景、过程、原因和结果也必须真实。这就要求实践活动人员必须树立严谨的科学态度、认真求实的精神。只有严谨的科学态度，才能写出真实可靠、对工作具有指导意义的实践报告。

（2）针对性。实习实践报告具有很强的针对性，在实践报告的写作上，必须重点突出、中心明确，针对所提出的问题，认真分析事实材料，仔细查找问题的症结所在，提出具体可行的建议和对策。

（3）典型性。典型性是指在实习实践报告的写作过程中所采用的事实材料要具有代表性，以及所揭示的问题带有普遍性。这种典型特点在总结经验和反映典型事件的调查中表现得尤为突出。

（4）完整性。实习实践报告最终所得出的结论，必须具备很强的说服力，要把被调查的情况完整地、系统地交待清楚，并用自己的语言，结合自身的所学知识对学习实践的效果进行评价。

总的来说，实习实践报告要做到论证严谨、逻辑严密、事例详实、结论可靠，具有强烈的说服力，从而使之成为科学决策的有效参考资料。

（二）实习实践报告的分类

（1）根据实践的内容，实习实践报告可分为如"会计业务实习实践报告""金融业务实习实践报告""通信工程业务实习实践报告"等。

（2）根据实践的时间分类，可分为"毕业实习实践报告""暑期实习实践报告""年度实习实践报告"等。

三、实习实践报告的结构与写作要求

（一）实习实践报告的结构

一般来讲，实习实践报告的组成部分包含有标题、正文、结语、落款。

1. 标题

实习实践报告的标题应当简短、明确，把实践活动的内容、特点概括出来。一般来说多为两种：一种是常用式标题，即"关于××的实习实践报告"；一种是观点式标题，如"学习有所获，实践出真知""实践是知识的源泉，知识是生活的明灯"等。观点式标题常常带有对实习实践过程的体会或看法。

2. 正文

正文是实习实践报告的核心内容，是对实习实践活动的详细表述。一般来说，实习实践报告的正文由实践目的、实践内容、实践结果和实践体会四部分内容组成。

（1）实习实践的目的。介绍实践的目的、意义、实践单位或部门的概况及发展情况、实践要求等内容。

（2）实习实践的内容。介绍实践安排概况，包括时间、内容、地点、具体实践经历等。在实践内容中，要求对自己认为有重要意义或需要研究解决的问题重点介绍，其他一般内容则简述。

（3）实习实践的结果。围绕实践目的要求，重点介绍对实践中发现的问题的分析、思考，提出解决问题的对策、建议等。

（4）实践体会。自身对实践的效果进行评价，着重介绍自己的收获体会。

3. 结语

实习实践报告的结语可以重申对此次实习实践活动的体会或者写出作者对此次活动的意见、批评或者建议等。

4. 落款

实习实践报告的落款要标注署名和报告完成时间。署名可以是参加学习实践的个人和团队。

需要强调的是，撰写实习实践报告时可以按以上几个部分进行构思，但在具体行文时一般不直接写"前言""正文""结语""落款"等文字，而是常用"基本情况""具体经过""主要体会""几点思考""问题和建议"等文字代替。

（二）实习实践报告的写作要求

1. 实事求是，材料具体

实习实践报告是以实习实践工作为主要依据，实事求是地客观反映具体的实践经历。因此，充分了解实情和全面掌握真实可靠的素材是写好实习实践报告的基础。在实习实践过程中，要善于积累材料，多观察、多思考，养成记日记的好习惯，为写好实习实践报告奠定坚实的基础。

2. 突出重点，详略得当

实习实践报告不能事无巨细，遇事即录，必须对所做过的工作、所见所闻进行有目的的筛选，重要的内容详写，次要的内容略写，关系不大的内容一笔带过，无关的内容坚决不写。要紧紧围绕实践报告的主旨，重点突出。

3. 分析概括，总结规律

实践出真知。要善于学习，勤于思考，要注重理论与实践的有机结合，要善于发现问题，提出良好的建议，去改进问题，善于分析情况，把自己对某一问题的看法上升到理论的层次去认识，促进知识和技能的提高。总结规律，使今后能更好地开展学习和工作。

4. 表达得当，用语得体

实习实践报告要有鲜明的主题，确切的依据，严密的逻辑性，语言表述应简明扼要。实习实践报告的写作，就是对自己亲身经历的实习实践过程的回顾和反思，态度应诚恳、真挚，语言表达要准确、简明，能够用恰当的语言准确地叙述实习实践的相关内容，做到用语得体、表意准确。

(三) 案例赏析

毕业实习实践报告

一、实习目的

通过本次毕业实习，了解和熟悉超市物流、仓储、营销以及管理等相关知识，从而使自己学到的计算机、营销渠道管理、数据库、物流、经济管理等理论知识跟实践相结合，在实习中检验和提高自己的专业能力与技巧。

二、实习时间

实习时间：××××年××月××日—××××年××月××日

三、实习单位及岗位事务

实习单位：××市××购物广场

实习岗位：收货部收货员

具体负责事务：接收供应商货物，收货单据的保存、整理、分类、归档，执行公司退货或报损工作，保证周转仓内商品存放有序，通道顺畅，重点商品管理盘点等等。

四、实习主要内容

（一）实习单位简介（略）

（二）实习具体过程

实习具体过程可以分为三个阶段：学习阶段，成长阶段，成熟阶段。

学习阶段，××月××日—××月××日。

这一阶段主要是边参加培训学习边开始熟悉工作，主要学习了接收供应商货物，退货，报损相关流程，学习 RF 机（无线终端速录机）和无线电子磅称的使用，残损仓和退货仓货物管理，相关单据使用公司泰斯玛系统进行录入保存以及传递财务单据等等。

成长阶段，××月××日—××月××日。

这一阶段主要是通过重复工作进一步熟悉公司相关流程和工作技巧，提高工作效率，同时接受上司布置的一些比较重要工作进行锻炼，比如对制作退货单、报损单等有关单据进行审单，配合商品部进行重点商品盘点等等。

成熟阶段，××月××日—××月××日。

这一阶段，自己基本上可以独立完成收货部 80% 的工作，开始着手去做一些相对比较重要的事情。比如配合总公司对收货部做一些工作的改进和仓储改造工作，让一个人独立上一个班次等等。

五、实习总结与体会

（一）实习工作的总结（略）

（二）实习工作的体会

1. 心态调整上的收获。

毕业实习，是由学校人走向社会人的一个缓冲阶段。在这个过程中最需要调整的就是心态，要逐渐适应体力、心理上的各项挑战，要有一切归零的心态，从零开始，我们不可以改变环境，只有改变自己来适应这个环境。

2. 相关知识上的收获。

毕业实习，不仅使自己由工作的不熟悉到逐渐熟悉，更使自己所学的知识得到了进一步的强化和提高。很多工作需要的都是综合能力，这也让自己认识到了自身的知识不足和劣势,促使自己能够不断地改进和加强。

3. 人生目标的逐渐清晰。

通过此次毕业实习,自身各方面都有所提升,如交际、口才、专业知识、心理等,但是最大的收获,是使自己认清了自身的优势和不足,以及如何去规划自己的时间、工作、生活,使自己的人生目标变得逐渐清晰。

简析: 这是一篇按照实践时间分类的毕业实习实践报告。报告的标题简短、明确,采用的是常用式标题,使读者可以瞬间明了实践报告的主题是什么。正文首先表明了实践的目的,接着叙述了实习时间、单位以及具体的岗位、事务。实习实践的内容是正文的核心部分,此部分划分为三个阶段,详细地介绍了实习过程中的点点滴滴。在报告的最后,还对实习工作进行了总结,对实习过程中发现的问题进行了分析,并谈了实习工作中的感受与体会。全文内容完整、格式规范、语言简洁,层次清晰。

拓展练习

1. 有机食品是国际上对无污染天然食品比较统一的提法,它从认证到生产再到上市销售,都有一套严苛的检测认定程序,根据国际有机农业生产要求和相应的标准生产加工而成,生产加工过程中绝对禁止使用农药、化肥、激素等人工合成物质。现在购买有机食品的人越来越多,市场销量不断增加。请根据上述材料,围绕有机食品,撰写一份市场调查报告,要求论述重点突出,问题客观真实,语言通俗易懂,字数不少于3000字。

2. 选择某一上市公司,获取其年度或者季度财务信息,结合本章所学内容,撰写一份财务分析报告。

3. 假如你是某一单位的财务主管,请根据单位的财务状况,撰写出下一年度的财务预算报告,资料自行搜集,内容自拟,字数不低于2500字。

4. 北京××会计师事务所的注册会计师张某于2017年2月15日完成了对甲公司2016年度财务报表的审计工作,现正草拟审计报告。甲公司是我国大型石油化工企业。按审计业务约定书的要求,审计报告应于2017年3月1日提交。在复核审计工作底稿时,假定存在以下几种情况:

(1) 期末应收账款占企业总资产的35%。应收账款项目无法进行函证,也无法实施其他替代审计程序。

(2) 甲股份有限公司自2016年1月将办公用品25000元,直接记入管理费用。

假如你是××会计师事务所的注册会计师张某,请针对甲公司以上情况编制一份详实的财务审计报告。

5. 根据下列材料,撰写一份适当的营销策划报告,要求结构完整,层次清楚,语言准确顺畅,字数在2000字以上。

(1) 郑州某电脑公司已获得知名电脑品牌最新产品牌号××的代理资质。

(2) 该公司所代理的电脑品牌为国内知名品牌,生产商是一家实力强大的跨国公司,有自己的知识产权。

(3) 作为新一代产品,该牌号电脑运算速度明显快于其他产品,在耗电、运行稳定性上也大大超出以往产品,技术上在国内领先。

（4）该牌号产品价格略低于类似产品，但在河南的市场上还未打开知名度，市场份额较低。

6. 请结合自己的所学专业，撰写一份毕业实习实践报告，要求实习目的明确、实习岗位清晰、实习内容详实、实习感受真挚，字数不少于3000字。

第七章
财经传播文书写作

知识导读

一个阔别家乡多年的游子某天回到了家乡,眼见的所见所闻早已物是人非。他看到一群在练戏的孩子,触景伤情回忆起年少时期的女友。女友为当地戏曲名旦,他用油彩写下百年好合的誓约,时间定格在给女友洗发的唯美瞬间。两人虽相依相恋,却无奈当时的时代背景,只能天各一方。正当他暗自神伤时,女友拿着百年润发的洗发水,一个回眸,有情人终于相遇……画外音:如果说人生的离合是一场戏,那么,百年的缘分更是早有安排。青丝秀发,缘系百年。

这则案例是重庆奥妮百年润发影视广告的主要内容。它成功地把"结发百年,永结同心"的美好情感与百年润发洗发水结合在一起,通过感性诉求表现出了广告文案的感染力。广告文案是财经传播文书的一种。财经传播文书是财经应用文写作的重要组成部分,它以各种形式和信息传递为媒介,多样化地服务于经济社会。

第一节　产品说明书的写作

一、产品说明书的概念和作用

(一) 产品说明书的概念

产品说明书是明白晓畅地介绍产品名称、用途、性能、结构、规格、原理、使用方法、注意事项等具体实用知识的说明性文书材料。其写作目的是解释说明产品,以便指导消费。

（二）产品说明书的作用

1. 指导消费

产品说明书最直观的作用即是指导消费者使用产品时能够准确全面地理解掌握产品使用方法。

2. 传播知识

产品说明书是客观、科学地解释说明产品，在指导消费、宣传产品的同时传播了产品的基本知识，尤其是药品、器具的说明书。

3. 宣传企业

产品说明书在一定程度上具有广告宣传的作用，好的产品说明书能够使消费者快速有效地甄别产品，记住品牌，了解商家。所以说，产品说明书也是宣传企业的一种有效途径。

二、产品说明书的特点与分类

（一）产品说明书的特点

1. 知识性

产品说明书形式多样，每种产品都有其特殊的说明方式。它的真实、专业性决定了产品的知识效能，消费者能在使用过程中潜移默化地掌握商品相关的专业知识。

2. 实用性

产品说明书的主要功能和目的就是解释说明产品，所以说它必须条理清晰，通俗易懂，可操作性强。针对不同产品的用途，客观、准确地反映真实情况，让大众阅后了然于胸。

3. 科学性

产品说明书是以文字材料的形式呈现出来的，它不仅是消费者选择使用产品的依据，也是产品的客观存在证据。这就要求产品说明书必须表述准确无误，尤其是体现新科技的产品，更要求客观准确。

4. 条理性

产品说明书以方便大众理解和使用为前提，无论是文字形式还是图文结合形式，都应该条理清晰、语言简明、有理有据。

（二）产品说明书的分类

1. 根据行业来划分

（1）工业产品说明书。

（2）农产品说明书。

（3）金融产品说明书。

（4）网络产品说明书。

2. 根据说明用语来划分

（1）中文产品说明书。

（2）外文产品说明书。

（3）中外文对照说明书。

3. 根据表现形式来划分

（1）条文式。一般日常生活用品会采用条文式说明书。它是根据商品构造的规律或操作顺序等，用条文的形式来说明商品的性能、构成、使用方法等。

（2）表格式。若被说明的商品需要说明的事项较多，用文字不易说清楚，可以采用表格式的写法，如药物、食品的构成成分等。

（3）图文式。图文式是画出要说明事物的构图，用文字加以指示和说明，对于构造较为复杂又必须让用户了解其各部件的功能及使用方法的产品。大型仪器设备、家用电器一般采用此种说明方法。

4. 根据传播方式的不同来划分

（1）包装式产品说明书。直接写在产品外包装上的说明书，说明文字比较简短，主要适用于一些常用的普及型产品，如食品、药物等。

（2）内装式说明书。一般采用附件的形式，根据复杂程度需要有单张活页、装订成册等形式，装在产品包装内，如机器、电器仪表等。

（3）网络产品说明书。物联网科技的兴盛带动了网络产品说明书的书写，这类说明书一般以电商平台为依托，以图文视频结合形式呈现，网络上销售的商品均有网络产品说明书。

三、产品说明书的格式与写作要求

（一）产品说明书的格式

产品说明书一般分为标题、正文、产品附记三部分。较复杂的装订成册的说明书则包括封面、目录、标题、正文、产品附记、外文对照等六部分。

1. 封面

重要的提示要放在醒目的地方，如"安装时切勿带电操作""仅限中国大陆境内销售与维保"等一般要印在封面上。另外，产品的名称、商标、规格型号、参考照片一般会出现在封面上。

2. 目录

简单的说明书或者包装式说明书没有目录，复杂的装订成册的说明书一般会有目录，目录包括注明项目和相应页码，便于使用者根据需要检索查阅。

3. 标题

一般产品说明书的标题有三种形式：

（1）直接以文种作标题，如产品说明书、使用说明书、商品说明书等。

（2）以产品名称作标题，如智能教学扩音器、音乐拉线狗等。

（3）以产品名称加文种作标题，如磷酸奥司他韦颗粒说明书、米兔智能故事机使用说明书等。

4. 正文

正文是商品说明书的核心部分，商品不同，要说明的内容也不同。一般情况下包括以下几个方面：

（1）产品的用途、适用范围、使用对象等。

（2）产品的结构原理、性能特点、材料工艺等。

（3）产品的规范指标和技术参数等。

（4）产品的工作原理和使用方法等。

（5）产品的使用注意事项，如有效期、储藏条件等。

（6）产品的附属设备及工具等。

（7）产品的保修期及保养方法等。

(8) 应该让消费者了解掌握的相关内容。

在具体的写作过程中可根据商品的不同进行取舍和调整顺序。有的说明商品的用法，有的说明商品的成分，有的说明商品的构造，千差万别、各有侧重。例如药物说明书重在说明其构成成分、基本效用及用量；电器说明书重在说明其使用方法。

5. 产品标记（附录）

一般写明生产者或经销单位的名称、地址、电话、传真及产品批号、生产日期等。

6. 外文对照

随着科技发展，部分产品说明书尤其是进出口商品需要有外文对照，外文要求准确地道地反映产品真实情况，切忌拼凑语法混乱。

（二）产品说明书的写作要求

根据《工业产品使用说明书总则》《消费者使用说明书总则》等国家标准的相关规定，产品说明书应满足以下要求：

(1) 抓住产品特点，说明内容齐全。
(2) 要有认真负责的科学态度，用词恰当，客观真实。
(3) 语言要简明、准确、生动、通俗易懂。
(4) 随着产品的更新换代，及时补充和修改产品说明书。

四、案例赏析

多功能数码专用清洁剂

1. 成分：纯净水、表面活性剂。
2. 适用：液晶显示屏、笔记本电脑、摄像机及其他数码产品。
3. 功效：去除污垢、指纹、抑菌、防静电及除尘；有效增强屏幕亮度。
4. 使用建议：先用配套防静电软刷有效清除设备表面及屏幕灰尘，再将适量清洁剂喷射在擦拭布上，轻柔擦拭即可，禁止将清洁剂直接喷射在设备表面及屏幕上。
5. 注意事项：

- 本产品已通过欧盟环保测试，对人体皮肤无害，但不能注入口腔或眼睛，如不慎发生此种情况，请用大量清水冲洗，并立即就医。
- 放置于儿童不易拿到的位置，不适用于玩耍。
- 如设备表面、液晶屏幕或镜头含有特殊化学涂层，请勿使用。
- 使用前请参照您的设备使用说明书或咨询设备供应商后方可使用；切勿带电操作及与其他清洁剂混合使用。

执行标注：Q/HDSM-2018
有效期：3年（生产日期详见包装）
公司：××翊可数码科技有限公司
厂址：××白云嘉禾科技园E栋
服务热线：400699 28××
网址：www.exco.com.cn
E-mail：exco@exco.com.cn

（来源：实用产品）

简析：此产品说明书是包装式产品说明书，成分、功效、使用建议等要素齐全，通俗简明，尤其是"注意事项"单独列出来，加注醒目。产品附记详细具体，能够根据产品自身特点编写产品说明书，是一份较好的包装式产品说明书。

第二节 广告文案的写作

一、广告文案的概念和作用

广告包括公益广告和商业广告两种类型，公益广告是指不以盈利为目的的广告，商业广告则是指以营利为终极目的的广告。本章探讨的广告文案指商业广告中广告文案的写作，它是随着市场经济的高速运转、同类商品的激烈竞争而发展成熟的，"广而告之"已经成为一种默认的推广方式，它在经济活动中扮演着重要角色。

（一）广告文案的概念

广告由文案、音视频等要素组成，其中文案是核心内容。广告文案一词，最开始起源于英文单词 advertising copy。它是指文案制作者根据创意人员的构思和广告的意图，以广告战略目标为指导思想，策划、组织完成广告作品中的全部语言和文字部分。

（二）广告文案的作用

1. 信息传播

广告文案与广告策划不同，无论是文字部分的广告还是音视频俱全的广告文案，它都是广告创意的核心，它能起到画龙点睛的作用，传达商品的独特信息，突出广告的信息传播功能。例如，某房地产公司广告文案"别让这个城市留下了你的信息，却留不下你"，"故乡眼中的骄子，不该是城市的游子"。信息传播针对买房的年轻人，激发其情感，宣传实力扎心到位。

2. 吸引消费

广告文案承载着传达广告意图、诉求和承诺的基本功能，用以指导大众消费。市场细分更是体现出广告文案的指导消费作用，例如，某微信运营号总结"世上最好做的生意"即是向少年卖希望，向女人卖青春，向老人卖健康，向中产阶级卖生活方式。从中可以看出，广告文案类型繁多，其宗旨在于吸引大众消费。

3. 宣传企业

广告文案能够塑造企业形象和品牌形象，例如，不是每一种牛奶都叫特仑苏。广告文案通俗易记，短时间内即可宣传出企业的正面形象。

二、广告文案的特点与分类

（一）广告文案的特点

（1）以创意为灵魂。

(2) 以语言文字为载体。
(3) 以销售为目标。

（二）广告文案的分类

根据不同的分类标准，通常将广告文案分类如下：

1. 根据传播媒介来划分

广告文案的传播媒介有很多，随着科技的发展会有更多的表现形式，目前主要有印刷媒介物广告文案、户外媒介物广告文案、交通媒介物广告文案、电波媒介物广告文案、网络媒介物广告文案等。

2. 根据广告文案的内容来划分

一般分为销售广告文案和需求广告文案。销售广告文案是以促进销售为目的进行的文案创作，此类广告文案占据比例较高。需求广告文案是指为了购进某种商品的广告，例如银行鼓励存款的广告、保险公司招揽保险业务的广告文案等。

三、广告文案的格式与写作要求

（一）广告文案的格式

一篇完整的广告文案，一般包括标题、正文、口号和随文四个部分。网络广告文案格式相对宽松，如微商广告文案采用文字、表情、图片等相结合的方式，内容简短，格式随意。

1. 标题

在现代广告中，几乎所有的广告文案，无论是凭借线上媒体还是线下媒体，无论是传统媒体还是新型网络媒介，标题的吸引力都是最有效的。标题被称为广告文案的灵魂，一般放在最醒目最重要的位置。标题的写作要紧扣主题、突出重点。

（1）传统式标题。传统式标题多以陈述、设问、许诺、建议等方式来吸引消费者。主标题突出商品名称、企业特色，如欢乐中国人、出彩长安车；副标题对主标题进行解释和说明，一般突出商品功效、产品或服务的独特之处，如"长安全新轿跑，刷新国产车颜值""某国迪士尼椰青基地支持周末特惠风暴"。

（2）咪蒙式标题。咪蒙式标题是以媒体编辑咪蒙取标题的风格来命名的标题形式。它打破常理、逆向思维，通常被称为标题党，它以网络为媒介，能够迅速抓住人们的眼球，提高阅读量。例如，"你离文人雅士只差这一株禅意盆景——云竹，特价19.8元，全国包邮""忙成狗你就优秀了？""震惊！半夜男孩的哭声，竟然是……""你的脸有多脏？这支网红洗面奶刷爆朋友圈，60秒让你彻底爱上洗脸"等。

这类标题写作不按套路出牌，通常要逆向思维去判断一个事情。质疑一个事情，通过这种思考方式来取标题。例如，给一篇金融类产品写广告文案：勤劳能致富？这种鬼话你也信！撰稿人需要在极短的时间里，脑海里过滤出大量的热点信息、常规理论、用户痛点等等才能有效吸引消费者。

2. 正文

正文是广告文案的核心内容，一般应写明商品的名称、规格、用途、性能、价格、出售方式等。正文的写法比较灵活，根据商品或服务的不同而有所不同。例如，汽车广告、洗衣粉广告、旅游广告、百岁山广告等。

微商广告文案以正文为主，篇幅短小，在短时间内能迅速抓住观看者的心理，达到刺激消费的目的。如某水果商广告文案：

弱水三千，我只取一瓢饮。秭归伦晚脐橙，如花的四月，唯美如画。

不畏将来，不念过往，独守这落幕繁华。

喜欢一种味道，哪怕岁月蹉跎，留于唇齿之间，依然生生世世定格在柔软的心间。

秭归伦晚脐橙，再奢侈的言语修饰，也不及她带给你的震撼。伦晚季，属于秭归，属于你我之间的约定。

网络媒介图文软广告在手机客户端运用较多，它能悄无声息地植入广告，这类正文一般对文字编辑要求较高，多采用故事体来写作，复古文艺风见长。例如，微信公众号局部气候调查组出品的"一九三一"。

3. 口号（广告语）

广告口号又称为广告语，在广告文案中反复出现、加强宣传效果，写作时要求简明扼要，朗朗上口。例如：今年过节不收礼，收礼只收脑白金；大家好才是真的好；与污迹不共戴天，和珐琅亲密无间（清洁剂）；开口一笑，痛苦全消（止痛片欢笑制药公司）等。

4. 随文

随文，又称为附文，是对广告内容的进一步补充说明。主要有商标、商品名、公司标识、公司地址、电话、价格、销售方式及权威机构证明标识等。广告随文一般位于广告版面不显眼的位置，用较小的字体表述。

（二）广告文案的写作要求

1. 真实合法

《中华人民共和国广告法》第三条规定："广告应当真实、合法，符合社会主义精神文明建设的要求。"第七条规定："广告内容应当有利于人民的身心健康，促进商品和服务质量的提高，保护消费者的合法权益，遵守社会公德和职业道德，维护国家的尊严和利益。"，由此可见，广告内容真实、合法是总体写作要求。

2. 简明精炼

广告文案的创作受很多因素的制约，其中经济因素的制约是很重要的一个方面。文案的创作要不仅要考虑传播费用的影响，还要考虑传播媒介的影响。这就要求文案不仅要精准，而且要简明，让消费者耳目一新快速地了解商品或服务的信息。

3. 创意实用

广告大师大卫·奥格威曾说：当我写一则广告时，并不希望人们觉得它很有"创意"，我倒是希望人们觉得它很有意义而去购买该产品。广告文案的写作不同于文学艺术创作，评价广告文案的成功与否的标准是经济效益，而不是创意的高低。所以说广告文案的实用性不可忽略。

（三）写作步骤

步骤一：了解目标客户。

分析你所创造文案的典型观看客户，研究哪些潜在客户可以通过文案成为最终客户，了解目标客户有助于开阔思路。

步骤二：撰写标题

标题的撰写必须抓住目标客户，无论传统式标题还是咪蒙式标题，都要利用消费者的好奇心理。副标题不能太长，最好控制在 20 个汉字左右。

步骤三：撰写正文

将相关想法和创意悉数写在纸上或者电脑上，倾注热情整理修改。不要担心犯错，多修改。

步骤四：编辑文案

浏览文案，改正语法、标点、用词和句子结构的错误，删除多余冗繁词语，精简文案。

四、案例赏析

例文一

某楼盘广告文案

标题：名门之秀，教育未来

正文：知识，在这个时代显示了它无穷的魅力。拥有知识，意味着您将拥有朋友和财富。预示着一种自由幸福生活的可能。它以无形的力量改变生活。青春易逝，时间轻易地改变了容颜，在岁月里不变甚至更醇厚的是人的素养和气质，知识沉淀了优雅、博大、执著。人人深谙环境对自身的潜移默化，选择名门之秀，给您和您的家人一个名门之秀。

广告语：豪宅是相对的，教育是绝对的，让知识改变命运。

随文：售楼部地址：××市幸福里与文化路交叉口东北角

电话：180×××××××，03××-×××××××。

简评：这是一则房地产广告文案，要素齐全。文案采用传统式标题，一目了然。正文采用文艺式语言激发情感，升华房地产的内涵，用知识改变命运美化生活，传播信息。结尾推出"选择名门之秀，给您和您的家人一个名门之秀"，不仅有商业宣传，而且具有传统文化的底蕴。

例文二

浦发银行信用卡视频广告

标题：一张信用卡写给我们的长篇小说

正文：（1）两个国家。

（2）时间的边境。

（3）钱买不到的东西。

（4）快乐的国度和她的新移民。

（5）命运的买卖。

（6）新人生。

广告语：我们的故事从没钱开始

随文：产品/品牌：浦发银行信用卡

视频链接：http://www.iaiad.com/index.php? a = shows&catid = 98&id = 1332

简评：浦发银行为青春拍了一部长达 18 分钟的艺术电影，在这则视频广告文案中，故事线很简单，它讲述了一对步入老年的夫妻从富人国穿越到穷人国找寻青春记忆的故事。它跳脱出银行广告一味美化财富、勉励奋斗的广告套路，坦言当前国人的财富观甚至可能给人带来不幸，正视贫富差距所带来的社会敏感问题。自然过渡到"我们的故事从没钱开始"的品牌倡议，让打拼的年轻人深思，让拥有财富的中年人反思。这则广告特别注意人的心理和情感，强化受众的注意力，激发受众的欲望，它决定了广告的审美效应和广告目标的实现。

第三节 财经新闻报道的写作

一、财经新闻报道的概念和作用

（一）财经新闻报道的概念

财经新闻报道根据报道范围的大小有广义和狭义之分：

（1）狭义的财经新闻报道重点关注资本市场、金融市场以及与投资相关的要素市场，并用金融资本市场的视角看中国经济生活。

（2）广义的财经新闻，或称泛经济新闻。它一般覆盖全部社会经济生活和与经济有关的领域，包括从生产到消费、从城市到农村、从宏观到微观、从安全生产到服务质量，从经济工作到政治、社会生活中的相关领域。

"泛财经"不但报道经济领域的新闻事实，还对其他领域的社会现象或新闻事件，以经济的视角挖掘更深的含义。在本章财经传播文书的写作中，我们采用财经新闻报道的广义概念。

（二）财经新闻报道的作用

1. 提供经济信息，反映经济运行状况

财经新闻报道"透漏"物价，"左右"工资，"挑战"房价，"震动"股市。全球著名的经济类报纸《华尔街日报》从创刊之日起，天天发布经济信息和股票指数，如今已成为当家品种。有的媒介更胜人一等，如《日本经济新闻》已成为经济独家研究者，在业界占有重要地位。

2. 解释经济现象，提供分析预测

这是财经类媒体的主要内容，尤其是关于股票市场、债券市场、风险投资市场等资本市场的新闻报道。这类新闻报道分析预测经济形势给受众提供了参考。

3. 及时发现偏差，进行监督预警

一位新闻媒体工作者谈到新闻使命时说道：新闻工作者笔下有财产万千，笔下有生命攸关，笔下有是非曲直，笔下有毁誉忠奸。而财经新闻报道者同样负有"瞭望经济全局，对经济运行中出现的问题肩负着监督预警的社会使命，杜绝新闻娱乐化"。

二、财经新闻报道的特点与分类

（一）财经新闻报道的特点

财经新闻报道与经济活动紧密相关，带有很强的专业性，主要有以下特点：

1. 政策性

吃透经济政策，在报道中正确地反映经济政策、体现经济政策，是财经新闻报道写作最为重要的要求。例如，报道某证券公司的问题时，要考虑大众的承受能力，不然会增加不稳定因素。

2. 专业性

财经新闻报道要反映经济工作的经验，需要涉及生产工艺流程、技术术语、专用名词，涉及成本核算、经济效益、产值、利润等内容，所以说它专业性很强。例如，各级统计部门每年甚至每季度都要公布 CPI（居民消费价格指数）的情况，往往消息一出，媒体都会重点报道。但宣传效果大相径庭，真正理解数据意义的采编人员就宣传的是"源于数据，高于数据"，而对数据、图表、曲线图不敏感的报道者照搬照抄则没有意义。

3. 前瞻性

预测经济发展趋势是财经新闻报道的重要内容，例如近几年各地的房地产价格走向是大众关心的焦点，财经新闻报道总能给大众一剂定心丸。

（二）财经新闻报道的分类

和所有的分类一样，标准不同，分类不同。财经新闻报道根据不同标准可分类如下：

1. 根据传播媒介来划分

财经新闻报道一般可分为报刊财经新闻报道、广播财经新闻报道、电视财经新闻报道、网络财经新闻报道等方面。

2. 根据报道体裁来划分

财经新闻报道一般可分为财经消息、财经特写、深度报道、财经评论等方面。在经济活动中，突发性新闻、数据信息、公司业绩、市场行情、市场收盘报道等等多采用财经消息体裁进行报道；描绘财经新闻事件或者财经新闻人物中富有特征片段时多采用财经特写，财经特写又可分为新闻场景特写、财经人物特写以及花絮或侧记等；深度报道是运用解释分析预测等方法，从历史渊源、因果关系、矛盾演变、影响作用和发展趋势等方面报道新闻的形式。深度报道突破了一人一地一事的报道模式，一面剖析事实内部，一面展示事实宏观背景。从形式上看，财经深度报道又可分为解释性财经报道、调查性财经报道和预测性财经报道。

3. 根据报道领域来划分

财经新闻报道可分为工业财经新闻报道、农业财经新闻报道、第三产业财经新闻报道三方面。

4. 根据报道内容来划分

财经新闻报道可分为政策性财经新闻报道、信息性财经新闻报道、人物性财经新闻报道、金融性财经新闻报道、财政税收性新闻报道等。

随着科技的发展与媒介的融合，财经新闻报道呈现多媒体化，有时会同时采用多种媒介混合报道。

三、财经新闻报道的格式与写作要求

（一）财经新闻报道的格式

财经新闻报道有财经消息、财经特写、深度报道、财经评论等体裁，在写作过程中，财经消息格式鲜明，所以我们以财经消息为例学习财经新闻报道的格式。一篇完整的财经消息一般包括标题、导语、主体、结尾四部分。

1. 标题

财经消息的标题根据行文需要，可分为三行标题、双行标题、单行标题。无论采用哪种标题，都要注意力求言简意明、平易亲切、准确新颖、富有吸引力。

（1）三行标题。

引题（眉题）：交代背景、烘托气氛、引出正题；

正题（主题）：概括主要内容，点明主旨；

副题（辅题）：补充说明或解释主标题。

例如，风从海上来　改革进行时；40年改革开放乘风破浪；法治建设风正帆扬。

（2）双行标题。双行标题在实际写作中又可分为引主式和主副式两种类型。

引主式：《本是子虚乌有　搅得满城风雨——广西破获一起"献宝"诈骗案》。

主副式：《2018年民企500强入围门槛××亿元——500强吸纳就业×万人》。

（3）单行标题。单行标题写作要高度概括，起到画龙点睛的作用。如"财政部：举债仍有空间 风险总体可控"，这一标题精准地概括了主要内容，很容易激发起受众观看内容的心理。

2. 导语

财经消息的导语一般包括5W和1H。5W和1H六要素对于一条财经消息十分重要，但并不是说每一个要素在每一篇报道中要齐全。按照它们在财经消息中起的作用，我们分为两大类，如表7-1所示。

表7-1

标识要素	中心要素
何时（when）	何事（what）
何地（where）	为何（why）
何人（who）	如何（how）

5W1H可以概括成一句话："某人某时在某地做了某事出现了某种结果。"例如，7月27日，中国人民银行上海总部在网站公布了越蕃商务信息咨询（上海）支付业务许可申请信息。与此同时，央行对支付行业的监管持续趋严。2018年以来，对支付机构的各类处罚节奏明显加快。导语可以采用提问式、评论式、描写式、对比式等多种形式。

以"何事"为中心的报道，一般只满足于事实表层信息的传递。

以"为何"为中心要素的报道，是解释性报道的基本特征。传统的客观报道要求说明5W和1H；在这种消息中，重心是"何事"，而"何时""何地""何人"以及"为何"这几个新闻要素，都是用来说明"何事"的。"为何""如何"两个要素，一般只做简单的交代，解释直接的或者部分的原因，用来补充新闻中的"何事"这一要素。而解释性报道，这是以"为何"为中心，说明造成某一事实的根本原因。

3. 主体

主体是财经消息的主要部分，是导语的具体化，有时候包含新闻的背景。一般是围绕消息的主题思想，对事实展开叙述。写作时一般采用以下三种结构：

（1）时间顺序（纵式结构）；

（2）逻辑顺序（横式结构）；

（3）时间和逻辑相结合的顺序（综合式结构）。

背景是财经消息的辅助性内容，并非必备部分。一般是用来对新闻事实进行解释的所有背景材料。背景的写作要恰到好处，忌画蛇添足；要简明扼要，忌冗长复杂；要灵活穿插，忌呆板安排。

4. 结尾

财经消息的结尾，就是消息的主体部分已经将新闻事实的来龙去脉交代清楚，写作者根据主题和事实的需要做一个"结"的工作，即从全盘考虑做出进一步的总结、概括、说明或补充。一般是消息的最后一段或者是最后一两句话。当然，有的财经消息按照事实的重要程度依次递减安排层次，事实说完则没有必要再写结尾。

（二）财经新闻报道的写作要求

不同种类的财经新闻报道写作要求不同，但在具体写作过程中大致需要做到以下几点：

1. 符合相关法律法规

新闻媒体是人民的"喉舌"，财经新闻是经济的"喉舌"，财经新闻的报道必须符合国家相关法律法规，这是最基本的要求。

2. 态度客观严谨

财经新闻报道必须客观严谨，不能夸大事实，人云亦云。它需要客观反映数据，准确报道经济的现实状况。

3. 做好"术语"翻译

随着经济的发展、资本市场的繁荣，普通公众对财经信息的需求越来越大，财经新闻的受众范围越来越广。所以，做好财经"术语"翻译至关重要。

4. 灵活使用数字

财经新闻离不开数字，直接评价好坏或者"利多"与"利空"是没用的，运用数字则更直观和具有说服力。例如，在财经报道中这样表述"今年我国实际使用外资90.63亿美元"是不够的，还应该告诉读者"去年我国实际使用外资81.58亿美元"才更有价值。把数字与人们普遍关注的事物联系在一起，数字中蕴含的丰富内容就会形象地展现在受众面前。例如在报道上海洗车用水量时，单纯数字"上海一年用在洗车上的自来水为1500万立方米"，很难激起读者阅读兴趣，而折算后的表述"相当于3个北京昆明湖水量"，不仅受众容易理解，而且深化了报道主题。

5. 适当运用引语

适当运用引语可以降低财经新闻报道的专业难度，改变新闻稿的节奏，使新闻事件或人物鲜活生动，增强报道的可读性。

四、案例赏析

社科院蓝皮书：今年经济增速高于6.5%已无悬念

中国社会科学院最新发布的2018年社会蓝皮书——《2018年中国社会形势分析与预测》透露，2017年中国国民经济平稳增长，中等收入者比重呈现快速增长趋势，1—9月新增就业人数创历史同期最高。

蓝皮书指出，2017年以来，中国经济继续保持了近年来良好的发展态势。前三季度国内生产总值按可比价格计算，同比增长6.9%，比上年同期增加0.2个百分点；分产业看，前三季度第一产业增加值同比增长3.7%，第二产业增加值同比增长6.3%，第三产业则继续领跑——增长7.8%。前三季度最终消费支出对经济增长的贡献率达到了64.5%，比上年同期提高了2.8个百分点，继续保持无可替代的重要驱动作用。1—8月，居民消费价格同比上涨1.5%，继续维持低位运行；9月份31个大城市城镇调查失业率为4.83%，创下2012年以来最低值；综合来看，2017年实现GDP增速高于6.5%的目标已无悬念。

2017年前三季度，城乡居民收入继续保持平稳增长。全国居民人均可支配收入为19342元，扣除价格因素后实际同比增长7.5%，增速比上年同期上升1.2个百分点。按常住地分，城镇居民人均可支配收入27430元，扣除价格因素后实际增长6.6%；农村居民人均可支配收入9778元，扣除价格因素后实际增长7.5%。城乡居民人均收入倍差2.81，比上年同期缩小0.01。城乡居民收入增长有效扩大了我国中等收入群体规模。根据国家统计局数据，2013年我国中等收入者比重约为24.03%，2016年为34.79%，到2020年将上升到45.01%，呈现快速增长态势。

蓝皮书透露，2017年前三季度，全国居民人均消费支出13162元，比2016年同期名义增长7.5%。其中，城镇居民人均消费支出17846元，同比名义增长6.2%；农村居民人均消费支出7623元，同比名义增长8.6%。

此外，2012—2016年，城镇新增就业人数年均超过1300万人，五年累计达到6524万人。全国就业人员总量年均增长225万人，2016年末达到7.76亿人。2017年，城镇新增就业温暖开局，一季度实现新增就业334万人；二季度新增就业人数为401万人，为2004年以来的单季最高；1—9月累计实现新增就业1097万人，同比增加30万人，创历史同期最高。

（来源：北京晚报）

简析：这则财经新闻报道属于财经消息，标题直观简洁。导语部分概括总结新闻主要内容，正文部分灵活运用数据，准确清晰，使受众对2018年经济增速有了一个全面的了解。

小贴士：
财经新闻报道切忌不可是标题党，要有实实在在的内容，可读性要强，需处理好财经新闻报道"专业化"和"通俗化"之间的关系。

第四节 财经论文的写作

一、财经论文的概念和意义

（一）财经论文的概念

财经论文是对财经活动中各种问题进行思考、研究、探讨，发现新问题、研究新现象、探讨解决实际问题，揭示经济规律，反映财经客观规律，发展学科理论，指导人们进行财经实践的学术性文章。

它具有独到的科学见解和主张，取材于社会生产实践（包括财务、会计、审计等专业领域）的各个环节，是研究经济理论、推广研究成果、开展学术交流的有效工具。

（二）财经论文的意义

1. 加强理论研究

财经论文的写作是财经工作者进行经济研究的重要手段，是经济工作的重要组成部分。它可以将经济工作者对本领域内有关问题的思考记录下来，对实践工作进行总结、提升，从而上升到理论研究的层面，促进经济领域的研究更进一步。

2. 促进学术交流

写作与发表的财经论文是科技工作者之间进行业务交流的永久记录，它记载了探索经济的发展过程和研究结果。因此，科技工作者通过论文写作与发表形式进行的学术交流，能促进研究成果的推广和应用，有利于经济工作的发展。

3. 积累专业知识

财经论文写作是信息的书面存储活动，通过论文的写作与发表，信息的传播将超越时空的限制，研究成果将作为文献保存下来，为整个经济领域积累大量的专业知识。

二、财经论文的特点与分类

（一）财经论文的特点

1. 科学性

科学性是财经论文的基本特征，是指它必须在深入调查研究财经实践活动和现象的基础上，以科学的态度，事实求是地揭示财经活动中的矛盾，反映财经活动中的规律，并把这种客观规律，升华为理论，来指导人们日常的财经实践。

2. 创新性

创新性是财经论文的生命，是衡量学术价值的基本尺度。财经论文形成的研究成果必须要有一定的创新性，要有新发现，不能人云亦云，要见人所未见，想人所未想。财经论文要提出新的观点、新的见解，以新的论证方式深化和发展前人的研究成果。财经论文要在原有成果的基础上有新的突破。

3. 学理性

学理性特指财经论文的专业性和理论性。财经论文符合一般论文的认识规律和研究方法，同时，它还具有本专业的特有研究方法，具有相对应的学术术语和学术见解。

（二）财经论文的分类

根据不同的标准可以将财经论文分成不同的类型。

（1）根据解决财经活动的内容范围和分析研究对象的不同，可以将财经论文分为宏观财经论文和微观财经论文。

宏观财经论文是指对国民经济发展全局的、整体的宏观经济学范围的普遍性的经济问题进行科学地、客观地、现实地论述的文章。

微观经济论文是以国民经济中具体的、局部的、特殊的经济问题为论述对象的文章。

（2）根据写作目的和社会功能的不同，可以将财经论文分为理论研究型财经论文和财经调查报告型论文。

（3）根据立论方式的不同，可以将财经论文分为立论型论文和驳论型论文。

（4）根据用途上的差别，可以将财经论文分为学年论文、毕业论文、学位论文和研究论文等。

①学年论文是考核学生学业水平和科研能力的论文。

②毕业论文是对大学生学术能力的考核方式。

③学位论文包括学士论文、硕士论文、博士论文。

④研究论文是社会工作者（高校教师、研究所等）撰写的论文。

三、财经论文的格式与写作要求

（一）财经论文的格式

财经论文的基本结构与一般论文相同，包括标题、署名、摘要、关键词、绪论、正文、引文与加注、参考文献。学位论文则多出封面、目录和封底。

1. 封面

对于较长篇幅的论文或者学位论文、论文集一般有封面，封面一般书写论文题目、作者单位、姓名、成稿时间。学位论文要加上导师姓名与职称。所有内容一般居中对齐，占文档的中心位置。

2. 目录

目录设定好自动生成，在生成目录前要先设定不同标题。

选择"引用"，下拉菜单"目录"，自动生成目录或手动生成目录。生成目录时，目录页没有页码，摘要是第1页。如果你的目录里，摘要是第2页，要修改过来。

3. 标题

标题是论文内容的高度概括，要运用简明精炼的学术语言体现自己的观点。标题又分单行标题和双行标题。

4. 署名

署名的位置在标题的正下方，署名注明作者身份表示对文体负责，也意味着著作权和发表权，如果是合作研究撰写的论文，可按承担的任务多少、贡献大小依次署名。

5. 摘要

摘要也称提要，是论文内容的高度浓缩，摘要位于论文的正文之前，是论文的梗概。字数在200字左右，它一般包括研究目的、对象、方法、结果、结论和应用的范围，写作时要忠实于原文，突出重点，文字简洁，语言连贯。给读者一个总的印象和概括的了解。

摘要最好自己逐字逐句翻译，切忌在线翻译。

6. 关键词

关键词又称主题词，是出于检索的需要从论文中选出的几个最能代表论文中心内容特征的名词和术语。一般用3~4个词组揭示经济论文的研究范畴。

7. 绪论

绪论一般出现在篇幅较长的论文中，有时候用前言、导论来表示。一般书写研究本选题的缘由、目的、要求、研究所涉及的界限、规模或范围，研究的背景和现状，指导思想、原则或有关政策，对以往研究情况及相关论著的回顾，研究中所采用的方法，运用资料的来源及可靠性说明，有关术语概念的界定等。对于学位论文，在开题报告中会详尽描述绪论部分内容。短篇论文没有绪论部分或者只是简单概括主要研究课题及研究方法。

8. 正文

正文是论文的核心部分,是作者学术水平和创造水平的集中体现,直接决定着论文的质量。

正文部分根据作者的写作意图,提出明确的中心论点,并运用各种方法详细进行论证,论证应当严密,做到层层深入,使事物的内部联系及本质呈现出来。论证的方法通常采用下面三种结构形式:

(1) 纵式结构(直接递进式),各分论点由浅入深、由表及里地按照一条逻辑线索层层深入递进论证中心论点。

(2) 横式结构(分论并列式),各分论点独自是一个完整的论点,从不同角度论证中心论点。

(3) 纵横综合式(双重混合式),即在论文写作过程中,根据不同的逻辑层次采用并列式和递进式。

9. 结论

论文的结论起着归纳全文、揭示研究成果的作用。一般包括总结本论文主要观点,提出建议,预测未来研究方向,或者研究中遗留的问题或尚待进一步探讨的问题等,这部分写作必须逻辑严密、措辞考究、观点明确、简明扼要,不能含糊其辞、拖泥带水。

10. 引文与加注

标出引文的出处、附注的顺序号、解释的内容等。

11. 参考文献

参考文献即在论文写作过程中参考的文献资料(著作、报刊、论文等)的名称、作者、出版社等。

(1) 专著、论文集、报告:

[序号] 主要责任者. 文献题名 [文献类型标识]. 出版地:出版者,出版年:起止页码(可选).

例如:[1] 刘国钧,陈绍业. 图书馆目录 [M]. 北京:高等教育出版社,1957:15-18.

(2) 期刊文章:

[序号] 主要责任者. 文献题名 [J]. 刊名,年,卷(期):起止页码.

例如:[1] 何龄修. 读南明史 [J]. 中国史研究,1998,(3):167-173.

(3) 论文集中的析出文献:

[序号] 析出文献主要责任者. 析出文献题名 [A]. 原文献主要责任者(可选)原文献题名 [C]. 出版地:出版者,出版年:起止页码.

例如:[7] 钟文发. 非线性规划在可燃毒物配置中的应用 [A]. 赵炜. 运筹学的理论与应用——中国运筹学会第五届大会论文集 [C]. 西安:西安电子科技大学出版社,1996:468.

(4) 学位论文:

[序号] 主要责任者. 文献题名 [D]. 出版地:出版单位,出版年:起止页码(可选).

例如:[4] 赵天书. 诺西肽分阶段补料分批发酵过程优化研究 [D]. 沈阳:东北大

学,2013.

(5) 报纸文章:

[序号] 主要责任者. 文献题名 [N]. 报纸名, 出版日期 (版次).

例如: [8] 谢希德. 创造学习的新思路 [N]. 人民日报, 1998 – 12 – 25 (10).

(6) 电子文献:

[文献类型/载体类型标识]: [J/OL] 网上期刊、[EB/OL] 网上电子公告、[M/CD] 光盘图书、[DB/OL] 网上数据库、[DB/MT] 磁带数据库.

[序号] 主要责任者. 电子文献题名 [电子文献及载体类型标识]. 电子文献的出版或获得地址, 发表更新日期/引用日期.

例如: [12] 王明亮. 关于中国学术期刊标准化数据库系统工程的进展 [EB/OL], 1998 – 08 – 16/1998 – 10 – 01.

[8] 万锦. 中国大学学报文摘 (1983—1993). 英文版 [DB/CD]. 北京: 中国大百科全书出版社, 1996.

12. 封底

装订成册的论文有封面则必须有封底。一般学位论文必有封底,类似于胶装书。

(二) 财经论文的写作要求

1. 掌握论证的形式与方法

论证的形式从逻辑上来说,就是推理的形式。推理的形式包括归纳推理、演绎推理。在实际的论文写作中常常将这两种推理方法结合在一起使用。归纳推理就是将一些典型的事例进行分析、研究,进行科学的归纳整理,从而推导出某些结论。演绎推理就是以一般原理为论据,论证个别事物,从中推导出结论。

财经论文常用的论证方法有以下几种:

(1) 举例法,就是用典型的事例做论据来说明论点的方法。

(2) 引用法,就是引用一些名人名言或一些权威理论作为论据来证明论点的方法。

(3) 反证法,就是从论点的反面入手,证明反面地不正确,以此间接得出论点的正确性。

(4) 比喻法,就是用浅显的、容易理解的、具体的事物做比喻,来证明不易理解的事物及深奥的道理。

总之,无论采用哪一种论证方式,都应该有理、有力。

2. 把握语言的准确性

(1) 财经论文是一种科研成果,也是一篇论文。它运用的语言必须能够体现出科学语体的特征。

(2) 严密性,财经论文的语言同一般论文一样,必须语句连贯、条理清楚、概念准确、判断恰当、观点鲜明、具有较强的逻辑性。

(3) 可读性,财经论文专业性较强,会涉及数据、图表,还会有自己所特有的专业术语。在写作过程中必须严肃对待,语言一定要准确、严肃而又不刻板。无论多么深邃的思想,多么重要的观点,最后都是一种叙述,所以说叙述的语言要有可读性,而不是味同嚼蜡,与观点思想不匹配。

四、案例赏析

打造可持续金融体系
作者：中国人民银行郑州培训学院教授　聚金资本首席经济学家　王勇

二十国集团（G20）可持续金融研究小组几天前在英国伦敦召开阿根廷担任G20主席国期间的第一次会议。此次会议由中国人民银行和英格兰银行共同主持，会议讨论并通过了研究小组2018年的几个主要研究议题，如可持续资产证券化、发展可持续私募股权（PE）和风险投资（VC）、运用金融科技发展可持续金融，并将形成《2018年G20可持续金融研究小组综合报告》，进而提交G20财长与央行行长会议和领导人峰会。当下，全球都在密切关注可持续金融问题。

可持续金融也称为金融可持续发展，是指金融体制和金融机制随着经济的发展而不断调整，从而合理有效动员和配置金融资源，提高金融效率，以实现经济和金融在长期内有效运行和稳健发展。这实际上也是对绿色金融理念能长期有序推进的另一种形象表达。研究表明，可持续金融必须至少遵循无浪费、无破坏性两项基本原则，动态或再生金融资源的规模和质量的成长应该同经济体现在与未来的发展需要相吻合，动态或再生金融资源的开发和利用过程中所形成的外部性效应的积累必须为正。

去年底，联合国环境规划署与世界银行联手发布的《可持续金融体系路线图》报告发现，通过市场、国家和国际倡议间的互动，可持续金融体系已在转轨中。通过市场化倡议，比如可持续银行网络（SBN）和联合国环境融资倡议，私营和公共金融机构已开始将环境与社会风险及机遇融入其商业模式。特别是数字金融或创新型金融科技（Fintech），具有产生环境效果和支持可持续发展融资转型的潜力。目前，G20、联合国和金融稳定委员会开展的国际合作，均针对可持续与绿色金融的不同方面，而且越来越多吸收私营部门参与，并得到了坚持积极促进可持续金融的多边开发银行和国际金融机构的配合，这为建立可持续金融体系奠定了基础。

无论可持续金融研究还是发展实践，尤其是打造可持续金融体系，我国都已走在世界各国前列。G20可持续金融研究小组前身就是我国2016年担任G20主席国期间倡议发起的绿色金融研究小组。当前，可持续金融研究小组仍以绿色金融为核心议题，但也将考虑包括就业和收入分配等其他可持续发展要素。

金融业态是基础，根本在于现代金融必须凸显普惠性、创新性、可持续性。改革开放以来，中国金融市场逐渐形成了以银行、证券、保险、信托、基金等为主体的多元金融业态。尽管这些传统金融机构仍是当前金融市场的主要参与者，但在科技加速进步、时代多元发展、社会复杂裂变、经济深度转型的共同作用下，新金融生态外延不断扩大，内涵日益拓宽。特别是以金融科技为代表的新业态表现出更多的普惠性与创新性，这些金融科技极大地改变了人们的行为方式，让金融微观层面"惠民生"的作用得以充分发挥。金融安全是前提，核心在于金融必须回归本源，服务实体经济。2017年至今，金融强监管、去杠杆、抑泡沫、治乱象等政策多管齐下，我国全力引导金融资源服务于实体经济，压缩金融空转、降低社会融资成本。未来，金融行业向本源回归，有望将政策调控转变为长效机制，金融服务经济社会发展的基石作用将得以进一步夯实。

当今世界，金融成为国家之间竞争与合作的主要交集，发挥着扩大共赢格局和保障本国利益的双重作用。依托"一带一路"建设和人民币国际化，中国金融有望通过加快国际化发展步伐，为中国元素进入更多市场铺路搭桥。近年来，我国更注意将国际投资"引进来"和国内企业"走出去"相结合，内地资本市场也在沪港通、深港通、债券通等制度试验中渐进开放。下一步，金融开放的加快将推进我国多层次资本市场建设，最终完成与国际市场的互联互通，跨国界、跨产业链的资源配置和投资机会将大量涌现，并助力经济转型和产业升级。

围绕着可持续金融，近些年来我国在持续推进绿色金融、产业金融、普惠金融、金融扶贫、互联网金融、金融科技、供应链金融等多方面的研究和实践，并推出了专门的管理机构和一系列支持政策，以金融可持续发展支持经济可持续发展。接下来，要将上述金融业态有效排序和有序组合，以确保形成全链条的可持续金融，打造可持续金融体系。无疑，只有绿色金融持续发展，方能期待实现可持续金融。绿色金融一方面讲的是要求金融业促进环保和经济社会的可持续发展，另一方面是指金融业自身的可持续发展。现在看来，这两层含义指向的都是新金融理念——"可持续"。由此估计，今年银行将大力发展绿色金融，包括绿色信贷、赤道银行、绿色证券、绿色基金等，在金融机构中起到"领头羊"作用，大大提升绿色金融服务占比。

（来源：上海证券报，2018年3月2日第8版）

简析：本篇论文选题新颖，具有现实指导意义。围绕着可持续金融，结合我国近些年来在持续推进绿色金融、产业金融、普惠金融、金融扶贫、互联网金融、金融科技、供应链金融等多方面的研究和实践，提出金融自身可持续发展的理念，学术意义重大。

小贴士：

论文写作要求具有严谨的科学态度，引用务必加注，从知网、读秀、人大复印资料等网站粘贴的参考文献要注意标点符号的半角和全角。论文书写过程中尽量不出现人称代词，用"本文""本课题""本研究"等词来代替。段落首行缩进，格式要一致。

最后务必检查全文的字体，不同部分的内容（如引言、不同级别的标题、致谢、参考文献、图表的标题等）对字体格式的要求是不同的，要严格按论文要求来写。

拓展练习

1. 请给某品牌新能源汽车写一篇广告文案。要求：格式正确，真实合法，语言简洁，有创意且实用。

2. 将近期学院学生校园贷中的某个事件写成新闻报道，要求：信息标题拟写贴切，格式准确完整，语言简洁。

3. 请以下面的新闻报道为素材，根据所写内容，写一篇财经小论文。要求：题目自拟，符合学术规范。

以工业互联网为抓手来一场中国制造的品质革命

中国欲强，中国制造须强；中国制造强，中国恒强。因而，国务院总理在今年的政府工作报告中指出，全面开展质量提升行动，推进与国际先进水平对标达标，弘扬工匠精神，来一场中国制造的品质革命。

工业互联网：抢占全球产业竞争制高点

作为工业全要素的枢纽与工业资源配置的核心，发展工业互联网已经成为各国抢占全球产业竞争制高点、重塑工业体系的共同选择。政府工作报告进而指出，推动集成电路、第五代移动通信、飞机发动机、新能源汽车、新材料等产业发展，实施重大短板装备专项工程，发展工业互联网平台，创建"中国制造2025"示范区。

最新统计数据显示，2017年我国工业互联网产业规模达到4709.1亿元，未来几年将保持高速增长，但与发达国家相比，我国还面临不少问题和挑战。星河集团创始人、董事局主席徐茂栋认为，关键技术突破不够，商业模式不清晰，工业APP不能满足行业需求，尚未形成区别于消费互联网的综合服务体系，企业对工业互联网应用有畏难情绪、门槛高，推广效果不显著等。

对此，全国人大代表、浪潮集团董事长孙丕恕在全国"两会"期间表示，要统筹发展工业互联网运营商，推动工业互联网产业发展，构建企业大脑，为实体经济插上云计算、大数据、人工智能的翅膀，助推制造业转型升级和数字经济发展。

全国人大代表、腾讯董事会主席兼首席执行官马化腾认为，大家过去用互联网基本上都是消费互联网，未来消费互联网会渗透到工业互联网，是实体经济转型升级的关键。

孙丕恕表示，工业互联网是个公共服务平台，应以工业互联网运营商为主体，采用联合运营、区域运营等创新的运营机制，充分吸纳、发展生态合作伙伴能力，推动面向行业和区域特色的公共服务平台建设，对于中国制造到中国创造意义重大。

对此，孙丕恕表示，要加快建设工业互联网创新中心，共同突破软件云化、制造物联、企业智能等一批关键技术，研发自主知识产权的工业互联网操作系统，以及智能化的工业APP。

马化腾表示，中国是制造业大国，从过去的中国制造到中国创造是必经之路，如果我们闯出一条路，将是全球实体经济转型的典范。

工业互联网：为创新创业插上"展翅双翼"

对此，徐茂栋表示，工业互联网必须面向小微企业和创业企业，才能使产业升级成为可能；依托工业互联网可以为创新创业插上"展翅双翼"。作为一个以利用互联网、大数据、人工智能等新技术促进产业升级为目标的企业，星河集团进行了如下探索：

鼓励"高校和科研院所开放创新资源"。星河集团2017年组织了多次有创业者、投资人、企业家和专家学者参与的大型产学研会议，各方人士都在谈论如何促进高校科研成果和市场的更好衔接。

"发展平台经济、共享经济"，促进"大中小企业融合"。目前不可否认的一个事实是，虽然创业者有创新的热情、有最新的理念和技术，但是最好的资源尤其是基础资源大都在大企业手中，并且这种发展趋势正在不断加强。近年来，互联网领域以BAT为代表的大企业都在纷纷建立开放平台，以实现企业本身和创业者的双赢，创造了许多大中小企业融合的典型案例。

徐茂栋认为，今年全国"两会"着重强调了制造业的升级，即制造业强国的建设，并且提出了"全面放开一般制造业，扩大电信、医疗、教育、养老、新能源汽车等领域开放"。这既是做大做强制造业的政策利好，同时制造业资源的开放也为创业提供了必需的资源支持。作为一家全力支持创业创新、助力传统产业升级的公司，在促进"大中小企业融合"

中，我们也在不断摸索自己的方式方法，用"平台经济、共享经济"方式帮助创业创新。

推进"双创"示范基地建设。星河集团2017年在武汉、天津、西安、济南、贵州等多个城市落地，结合各地优势以不同形式进入当地的创业创新市场。

进入2018年，各地纷纷出台各种优惠政策，下大力气吸引人才。徐茂栋表示，在新一轮的产业转移过程中，全国各个城市都在抓紧聚拢资源，以抓住发展机遇。在这样的背景下，鼓励"推进'双创'示范基地建设"，无疑是锦上添花，是各地经济发展和创业者的重大利好。

据悉，星河集团旗下的星河互联，是个一站式互联网创业开放平台，通过首创的机构化联合创始人模式，除了资金，还能为创业者提供战略规划、模式打磨、团队搭建等联合创业服务。星河还为创业者提供很多产业资源，比如星河覆盖数十个行业的大数据生态资源、金融科技资源。同时，作为创业者的"桥梁"，不断为创业者嫁接大企业。例如，2017年星河互联联合美国超级孵化器PNP，开启了"PNP独角兽加速计划"，帮助创业公司对接万达、浪潮、飞利浦、建业集团、软通动力、比亚迪、FUTRON等企业，加速创业公司发展，等等。

孙丕恕建议，国家一方面支持工业互联网运营商联合大型企业共同运营企业工业互联网平台，通过积聚产业链资源，逐步发展成为行业工业互联网平台；另一方面针对中小企业对工业互联网的畏难情绪、应用门槛高等问题，面向区域产业集群搭建中小企业工业互联网公共服务平台，发展设备共享、众包设计等共享经济模式，推动工业互联网应用普及。

（来源：中国经济新闻网—中国经济时报）

第八章
财经诉讼文书写作

知识导读

2016年7月5日,最高人民法院发布了《民事诉讼文书样式》,并于8月1日实施。此次发布的《民事诉讼文书样式》对诉讼文书的说理性提出了具体要求,明确了诉讼文书的繁简分流标准。"原有的文书样式已经不能满足当事人的诉讼需求和司法审判的需要。"最高人民法院的工作人员如是说。多年来诉讼类型的增多,各地区、各审级法院对诉讼文书提出的不同要求,都形成了诉讼文书进一步规范化的内在动力。

此次《民事诉讼文书样式》是对1992年出台的《法院诉讼文书样式(试行)》中民事类诉讼文书样式进行的修订和扩充。新增加的诉讼文书样式主要是民事诉讼法、民诉法司法解释中规定的新制度、新类型案件,如公益诉讼、第三人撤销之诉、执行异议之诉案件、小额诉讼案件、实现担保物权案件、确认调解协议效力案件,制定了相应诉讼文书样式。此外,还收录了国际司法协助案件、港澳台地区司法协助案件重要的诉讼文书样式。

一份格式规范、内容完整的诉讼文书,往往能对判决的结果起到重要的作用。对纠纷过程的准确还原、法律条款的确切援引、诉讼请求的合理提出、专业术语的正确运用,都能给诉讼判决人留下很好的印象。这也是为什么国家在原有的诉讼文书相关法律条文的基础上进一步修订、扩充的原因。那么,针对不同的诉讼文书,具体应该怎么撰写才能提高判决的胜算呢?就让我们在这一章节中一起学习吧!

第一节 仲裁申请书与答辩书的写作

一、经济仲裁书概述

（一）经济仲裁书的概念和作用

1. 经济仲裁书的概念

经济仲裁书是指在经济活动中，当事人各方为维护自身的合法权益，通过协议向仲裁机构提交的引起或继续仲裁程序的各类文书的总称。

经济仲裁书一般包括仲裁申请书、仲裁答辩书、仲裁调解书和申请执行书四种。

2. 经济仲裁书的作用

（1）仲裁作用。经济仲裁书是法定仲裁机关根据仲裁申请方提出的诉讼请求，结合其他当事人各方提供的材料和提出的要求，对经济纠纷做出的一种综合处理和裁定，因而对当事人各方的债务、权利、利益等各个方面都有仲裁功能。

（2）答辩作用。答辩是经济仲裁的必要过程和重要手段。仲裁必须经过答辩，这是体现法律公正的重要程序。当事人依法提出自己的请求、事实、理由等，同时要反驳对方的观点；只有通过答辩来进一步澄清事实，协助相关仲裁机构做出正确的裁定，这样才能真正维护当事人的合法权益。

（3）执行作用。我国的仲裁机构是国家的行政执法机关，仲裁结果对当事人各方都具有约束力，必须遵照执行。对已经产生法律效力的裁定或判决等的法律文书，必须按其内容及相关要求进行实施，这是体现法律严肃性、公正性的一种必备手段和重要结果。当仲裁文书生效，义务方必须履行义务，执行裁定结果；对不履行的，司法机关将依法按相关的裁定或判决以实行强制的行为来维护当事人的合法权利、维护法律的尊严。

（二）经济仲裁书的特点

1. 法律性

法律性是经济仲裁书撰写的基础和前提。法律性贯穿整个仲裁程序的全过程，从经济仲裁书的撰写到案件审理、从做出裁决到申请执行的每个程序都要严格遵守法律规定，不能随心所欲。经济仲裁书的内容要准确合法，提出的请求、事实、证据、原因等处理意见不能违反法律规定。

2. 规范性

经济仲裁书的规范性体现在诸多方面，这是经济仲裁书的显著特点。规范性首先体现在提交时间和程序的特定性。如仲裁委员会应当自收到申诉人的仲裁申请书之日起 7 日内进行审查，然后做出是否受理的决定；决定受理的，应当在 7 日内向申诉人和被申诉人发送通知书及相关材料；被申诉人应当在收到相关材料 15 日内提交仲裁答辩书和有关证据。其次体现为结构的固定性。仲裁申请书和答辩书一般都有其固定的格式，在进行撰写的时候一定要严格按照格式的要求；有的相关法律文书会以统一的格式印制，在写作时只需加入所需文字即可。

3. 准确性

经济仲裁书的撰写必须事实准确、依据准确、求证准确、判定准确、请求准确，这是仲裁书撰写的基本要求和判断其质量的根本原则。仲裁书属于专业性较强的专业法律文书，在撰写的过程中需要注意语言的准确性，遣词造句应符合专业法律文书的一般特点，即准确精炼、朴实庄重、专业严谨等；仲裁书中举证的材料必须准确，要去伪存真、重点突出，能直接说明案情；诉讼依据或援引的法律条款要准确，当事人的诉讼请求、理由、要求等都应当合理准确。除了遣词造句、专业术语、材料举证、援引法律条款、表述自身诉求等方面必须准确之外，还应根据不同文书自身的特殊规定按照要求撰写，以确保文书质量，使文种的运用合适准确。

二、仲裁申请书

（一）仲裁申请书的概念和作用

仲裁申请书是指在经济纠纷中，当事人一方的合法权益受到侵犯或当事人双方因经济上的权利和义务发生争执时，当事人为维护自身的合法权益，向仲裁机构提交的请求仲裁与他方当事人经济纠纷的申请文书。

仲裁机构一般为各级工商行政管理局设立的仲裁委员会，主要采用协商、调解的方式处理经济纠纷。仲裁申请书是带有法律特质的文书，是仲裁机构进行仲裁的主要依据之一。

仲裁委员会自收到申请书之日起5日内，认为符合受理条件的应当进行仲裁，认为不符合条件的应当书面通知当事人并说明理由。仲裁申请书主要有两方面的作用：一方面是提出诉求的愿望，另一方面是实现仲裁的依据。

（二）仲裁申请书的特点和种类

1. 仲裁申请书的特点

（1）请求性。仲裁申请书向仲裁机构提出仲裁请求，须明确要求仲裁何案、具体事项等内容，请求目的的明确有利于问题的解决。

（2）真实性。所申请仲裁的经济争议或纠纷的说明要真实可靠，不能歪曲事实，也不能夸大或伪造事实。

（3）简明性。仲裁申请书对事实纠纷的叙述要简明扼要，请求的具体事项应简明清楚地列出。

2. 仲裁申请书的种类

（1）按仲裁内容分，有房产争议仲裁申请书、劳务酬金纠纷仲裁申请书等。

（2）按仲裁对象分，有个人与单位的仲裁申请书、单位之间的仲裁申请书、当地与外地的仲裁申请书等。

（三）仲裁申请书的格式和写作要求

1. 仲裁申请书的格式

（1）标题。在首页居中的位置写上"申请书"或"仲裁申请书"。

（2）首部。应分别写明申请人和被申请人的基本情况，包括姓名、性别、出生日期、年龄、身份证号码、职业、工作单位、住所、联系方式等；申请人或被申请人是法人或其他组织的，应写明单位名称、地址和法定代表人或主要负责人的相关信息；如有委托代理人的，应写明委托代理人的相关信息等内容。

（3）主体。通常包括仲裁请求、申请事由、证据证人。

仲裁请求。写明申请仲裁的具体事项及要求达到的最终目的。

申请事由。简明扼要地叙述当事人之间产生经济争议或纠纷的原因、经过、结果，请求仲裁的法律依据等。

证据证人。可提供的用于还原事件真实情况或有利于自己的相关证据及证据来源、证人及证人信息。

（4）尾部。包括惯用式结束语、呈文对象、落款日期。

（5）附件。包括仲裁申请书的副本、相关证据等。

2. 仲裁申请书的写作要求

（1）请求具体明白。仲裁申请书请求仲裁的事项要具体细致、明确直白，切忌模棱两可、含糊不清。提出的要求应符合实际情况、利于解决问题，应合情合理合法、可执行可操作。

（2）事实清楚真实。仲裁申请书叙述争执或纠纷的具体内容时必须实事求是、准确简练，不能刻意夸大或隐瞒事实，更不能粉饰或歪曲真相；撰写时对依据的事实、争议、纠纷要清楚真实，不能把利于自己的进行夸大，对不利于自己的进行掩盖。

（3）语言简明规范。仲裁申请书使用的语言应简洁明了、清晰明确、朴实准确，利于仲裁和执行；同时，也应该规范得体、不卑不亢，显示出自己庄重诚恳的态度，尽量不要使用过于激烈或过于谦卑的语言，以免影响问题的解决。

（四）案例赏析

仲裁申请书

申请人：刘×，女，19××年××月××日生，××岁，身份证号码：×××，住址：××市××区××路×号，联系方式：×××。

委托代理人：谢××，××律师事务所律师。

被申请人：田××，男，19××年××月××日生，××岁，身份证号码：×××，住址：××市××区××路×号，联系方式：×××。

仲裁请求：

1. 裁决解除申请人与被申请人于201×年××月××日签订的《房屋租赁合同》。

2. 裁决被申请人立即腾退房屋并交还给申请人。

3. 裁决被申请人向申请人支付自201×年××月××日起至被申请人交还房屋之日期间的租金共计×××元。

4. 裁决本案仲裁费用由被申请人承担。

事实和理由：

申请人与被申请人于201×年××月××日签订了《房屋租赁合同》一份，约定：申请人将其自有的坐落于××市××区××路×号的房屋一套出租给被申请人；租赁期限两年，自201×年××月××日至201×年××月××日；月租金×××元，缴租方式为季度支付一次，下次付款时间在到期的前5天。合同第六条第3项规定，被申请人拖欠租金累计达半月以上的，申请人有权终止合同并收回房屋；第十九条规定，合同争议协商不成的，提交××市仲裁委员会仲裁。

合同签订后，申请人按照约定将房屋交付给被申请人使用，同时被申请人支付了第一个季度（201×年××月××日至××月××日）的房租。按照合同规定，被申请人应当在201×年××月××日支付第二个季度的房租，虽经申请人多次催缴，被申请人依然以各种理由拒不支付。

申请人认为，被申请人至今未向申请人支付房屋租金，违反了合同的约定，应当承担违约责任；且拖欠时间已达半个月以上，根据合同约定及法律规定，申请人有权解除合同；合同解除后，被申请人应当腾退房屋并交还给申请人；同时，被申请人自201×年××月××日至交还房屋之日期间持续租用房屋，应当向申请人支付在此期间的房屋租金。

申请人为保护自己的合法权益，现根据《中华人民共和国仲裁法》的相关规定，特向贵委申请仲裁，恳请贵委查清事实，依法做出公正裁决。

证据和证据来源：

1. 《房屋租赁合同》，由申请人与被申请人共同签订。
2. 申请人向被申请人催缴房租的往来信息，由申请人提供。

此致

××市仲裁委员会

申请人：刘×
201×年××月××日

附件：1. 仲裁申请书副本×份。
  2. 房屋租赁合同×份。
  3. 催缴房租往来信息×份。

简析： 此篇《仲裁申请书》请求事项具体可行，陈述事实准确简练，语言规范严谨，提供证据确凿，是一份较好的范文。

小贴士：

在提出仲裁请求事项时，如涉及到金钱赔偿，不妨把所请求金额的具体项目陈列清楚，可以显示出申请人请求合理、并无漫天要价；同时，不要忘了标注清楚本案的仲裁费用也由被申请人承担。

三、仲裁答辩书

（一）仲裁答辩书的概念和作用

1. 仲裁答辩书的概念

仲裁答辩书是仲裁案件的被申请人为维护自身的合法权益，针对申请人在仲裁申请书中所列请求和事实向仲裁委员会进行答复和辩驳的文书。

被申请人可以通过仲裁答辩书向仲裁委员会表明自己对仲裁事项的立场，对申请人进行反驳，提出自己依据的事实和理由，以利于仲裁委员会全面了解案情、掌握双方争议的焦点，从而查明案件的事实，做出公正的裁决。当然，是否提交仲裁答辩书是被申请人的权利，被申请人提交仲裁答辩书与否，都不影响仲裁程序的进行。

2. 仲裁答辩书的作用

（1）答辩作用。仲裁答辩书是针对仲裁申请书而答复和辩驳的文书，具有对仲裁申请书提到的问题进行答复的作用，具有对仲裁申请书提到的分歧进行辩驳的作用。

（2）求证作用。不管是仲裁申请书还是仲裁答辩书，当事人进行撰写时所论述的观点和理由难免总是偏向于对自己有利的一面，所以对于仲裁委员会来说，仲裁申请书和仲裁答辩书相互印证，有利于真实地还原争执或纠纷的原本面貌，从而更能做出公正的裁决。

（二）仲裁答辩书的特点和种类

1. 仲裁答辩书的特点

（1）针对性。仲裁答辩书是被申请人针对申请人提交的仲裁申请书而撰写的，需要根据仲裁申请书中提出的请求和事实一一对应地进行辩驳，不能条理紊乱、无的放矢。

（2）论证性。仲裁答辩书是仲裁委员会公正处理案件的依据。被申请人需运用确凿的事实、充分的论据和相关的法律条文，通过严谨论证去驳斥申请人的观点和论据，来证明自己观点的正确性，从而维护自身的合法权益。

（3）合理性。仲裁答辩书要针对申请人在仲裁申请书中提出的事实和理由进行辩驳，提出的观点和理论要根据客观事实和法律条款，答辩内容要有理有据、合情合理，不能强词夺理或空发议论。

2. 仲裁答辩书的种类

（1）按仲裁内容分，有商务争议仲裁答辩书、劳务酬金纠纷仲裁答辩书等。

（2）按仲裁对象分，有个人与单位的仲裁答辩书、单位之间的仲裁答辩书等。

（三）仲裁答辩书的格式和写作要求

1. 仲裁答辩书的格式

（1）标题。首页居中的位置写上"仲裁答辩书"或"经济仲裁答辩书"。

（2）首部。应写明答辩人的基本情况，包括姓名、性别、出生日期、年龄、身份证号码、职业、工作单位、住所、联系方式等；答辩人是法人或其他组织的，应写明单位名称、地址和法定代表人或主要负责人的相关信息；如有委托代理人的，应写明委托代理人的相关信息等内容。

对方当事人的基本情况可以不用单独列出，在主体部分说明即可。

（3）主体。通常包括答辩案由、答辩理由、请求事项、证据证人。

答辩案由。主要写明答辩人因何案提出的申请而答复辩驳。可以写做"答辩人××××年××月××日收到××仲裁委员会转来的申请人×××关于××一案的仲裁申请书，现依法做出答辩如下"。

答辩理由。这一部分是仲裁答辩书的核心内容。答辩人需根据仲裁申请书中提出的请求、事实、理由、证据、法律条款等内容进行有理有据、合法合理的答复和辩驳，以保护自身的合法权益。撰写时，一定要摆出充分的事实和充足的理由来反驳对方，在尊重事实的基础上，有针对性地抓住仲裁申请书中的关键错误之处，集中反驳、切中要害；可以从申请人陈述的事实和理由不准确、证据不真实、援引的法律条款不适用等几个方面来阐明自己的观点和意见。

请求事项。在充分阐述答辩理由、辩驳仲裁申请书的基础上，鲜明地提出自己的观点，申明自己的答辩理由正确、合理、合法，指出仲裁申请书的错误，表达答辩人对本案处理的主张和建议，请求仲裁委员会采纳自己的意见，依法裁决。

证据证人。可提供的用于还原事件真实情况或有利于自己的相关证据及证据来源、证人及证人信息。

（4）尾部。包括惯用式结束语、呈文对象、落款日期。

（5）附件。包括仲裁答辩书的副本、相关证据等。

2. 仲裁答辩书的写作要求

（1）实事求是。仲裁答辩书在反驳仲裁申请书的请求事项时，一定要尊重客观规律和掌握充分证据，不能无中生有、强词夺理。

（2）抓住要害。仲裁答辩书在撰写时必须找到对方的破绽、抓住对方的要害，有的放矢。不要空发议论、无理狡辩；而应寻求事实中有利于自己的因素据理力争，仔细分析对方不合理、不合法之处，以期得到仲裁委员会的认同。

（3）答辩有方。仲裁答辩书的撰写要注意方法，应该使用确切的文字表述、采取丰富的论证方法使答辩更具说服力，以此来维护自身的合法权益；不要挖苦嘲讽、意气用事，这样反而会适得其反。

（四）案例赏析

仲裁答辩书

答辩人：××服务有限公司，地址：××市××区××路×号。

法定代表人：周×，××服务有限公司总经理，联系方式：×××。

尊敬的×××劳动人事争议仲裁委员会：

贵委"××字〔××××〕×号"应诉通知书收悉，现就申请人与×××（以下称答辩人）劳动争议一案，提出答辩如下：

一、申请人诉称自200×年10月至201×年7月19日在答辩人处工作，期间答辩人一直未与申请人签订书面劳动合同，故请求支付申请人双倍工资，共计66000元。（1000×12×5.5年）。

答辩意见：200×年10月，申请人到答辩人处从事营业员工作。双方口头约定试用期1个月，月工资1000元，期满后双方再签订正式书面劳动合同。200×年11月，答辩人提出与申请人签订书面劳动合同，但申请人表示：签订合同意味着自己也要负担部分保险费用，今后发放的工资会减少，由于自身经济困难，暂时不需签订劳动合同。200×年8月答辩人与长期工作的营业员和管理人员均签订了书面劳动合同，只有申请人拒绝。申请人当时是店长，答辩人要求与申请人签订书面劳动合同，被申请人拒绝。后答辩人多次要求与申请人签订劳动合同，都被申请人以各种理由推诿拒绝。如今，申请人以未签劳动合同为由，向答辩人要求支付双倍工资，答辩人不得不严重质疑申请人当时拒绝签订劳动合同的动机。

二、申请人请求答辩人补缴200×年11月至201×年7月的社会保险费和失业保险金。

答辩意见：依据《中华人民共和国劳动法》、《中华人民共和国社会保险法》等相关法律、法规的规定，答辩人于200×年11月提出与申请人签订书面劳动合同，为申请人办理社会保险。但申请人表示缴纳社会保险自己也要负担部分费用，今后发放的工资会减少，由于自身经济困难，不需办理社会保险。后答辩人多次要求与申请人签订劳动合同并办理社会保险，申请人都以各种理由推脱拒绝。申请人所述请求与事实不符。

三、申请人诉称答辩人单方面与申请人解除劳动关系，请求支付申请人经济补偿金5500元。

答辩意见：200×年10月以来，申请人曾多次没有任何理由，就擅自离岗旷工数星期。最近一次申请人无故旷工长达40多天，致使公司无法正常运转，给公司带来巨大的经济损失和不良的社会影响，答辩人依据《中华人民共和国劳动法》第三十九条"劳动者有下列情形之一的，用人单位可以解除劳动合同：（二）严重违反用人单位的规章制度的；（三）严重失职，营私舞弊，给用人单位造成重大损害的"之规定，解除与申请人的劳动关系，所以申请人称答辩人无故解除劳动关系，要答辩人支付经济补偿金毫无任何事实依据，也没有法律依据。

四、申请人请求答辩人支付工作期间节假日加班费用：3900元（40×6×300%×5.5年）。

答辩意见：一直以来，答辩人按照国家相关法律、法规的规定安排工作，发放工资。答辩人依据《中华人民共和国劳动法》的规定每月安排职工休息，而且会根据职工岗位的不同、按照当地工资标准给职工发放加班费。申请人自200×年至201×年期间的加班工资，答辩人均已全额发放，故不存在拖欠申请人加班工资的事实。由于申请人在200×年至201×年期间，已经领取了自己的加班工资，且在领取时并未对加班工资数额提出异议，故申请人关于要求答辩人支付加班工资的请求与事实不符。

一直以来，答辩人关心申请人，在申请人遇到困难的时候，答辩人曾伸出援手予以帮助。如今申请人的做法，实在令答辩人不解，也感到心寒。

鉴于申请人的所作所为，给答辩人声誉造成了影响，经济上带来了损失，答辩人将另案对申请人提起诉讼，追究申请人的责任。

综上所述，答辩人请求劳动争议仲裁委员会依法驳回申请人的所有仲裁请求。

此致
×××县劳动人事争议仲裁委员会

答辩人：××服务有限公司

法定代表人：周×

××××年××月××日

简析：该仲裁答辩书格式规范、语言严谨，每条答辩意见都与申请人的请求事项针锋相对，同时提出的意见有理有据，援引的法律条款也精准正确，语气也比较诚恳。答辩人在进行答辩时也不忘维护自身的利益，文末提出对申请人诉讼追责的意向，在某种程度上能够更好地增加自己意见的可信度。综合看来这是一篇较为优秀的仲裁答辩书。

小贴士：

仲裁答辩书提交与否是被申请人的权利，不撰写和提交仲裁答辩书并不影响仲裁程序的进行。但是，从被申请人的角度考虑，不提交仲裁答辩书相当于放弃了为自身辩解的权利，为了维护自身合法权益，还是应该慎重考虑。

第二节 纠纷起诉书与答辩书的写作

一、纠纷诉讼书概述

（一）纠纷诉讼书的概念和作用

1. 纠纷诉讼书的概念

纠纷诉讼书又称诉状，是指案件当事人为维护和实现自身的合法权益，依法向人民法院提出某种诉讼请求、或一方当事人针对另一方当事人的诉讼请求和理由提出抗辩，按照法定程序进行诉讼活动时撰写的文书。

在当今的社会生活中，人与人之间、人与单位之间、人与政府之间、单位与单位之间、单位与政府之间总会发生各种纠纷、争执等一系列矛盾。这些矛盾如债务、财产、婚姻、继承、买卖、赔偿和其他权益等，一部分可以通过调解和仲裁加以解决；另一些无法调解或仲裁的则需要当事人到人民法院请求依法维护自身的合法权益，通过法院的判决才能解决实际出现的问题。当事人到法院请求维护自身的合法权益，就必须依法向法院提供诉讼文书，陈述有关事实和理由，提出诉讼请求。当事人依法向法院提出诉讼请求时撰写的书面材料就是诉讼文书。

诉讼文书按照司法制度规定的审判程序和法律赋予当事人的权利划分，可分为起诉书、答辩书、上诉书和申诉书。

2. 纠纷诉讼书的作用

（1）确保国家法律法规的实施。诉讼文书撰写的目的是为了具体实施法律，离开诉讼文书，国家法律法规的实施就没有了载体。经济纠纷诉讼文书的具体适用，使民事法律得以正确实施，有利于调节民事经济法律关系，保障当事人的合法权益，促进社会主义市场经济的发展。

国家的法律法规只有通过具体的贯彻实施才能产生效用，法律法规实施的一种重要方式就是诉讼文书的具体运用。诉讼文书的撰写和运用体现了国家法律的严肃性和司法的公正性。

（2）保证诉讼活动依法进行。诉讼文书的撰写和运用是保证诉讼活动依法进行的基本条件，只有依法正确撰写和运用诉讼文书，诉讼活动才能正常进行。当事人撰写和运用诉讼文书，其目的就是要以法律为武器保护自身的合法权益。同时，有了依法撰写的诉讼文书，司法机关才有了判案的依据。

随着我国法制建设的日益完善，人民的法律意识日益增强，对各种经济活动中出现的争执和纠纷，当事人在协商调解无效时，依法进行诉讼活动已成为正当选择。在这种情况下，人们只有依法正确撰写诉讼文书才能保证诉讼活动得以正常进行。

（3）客观记载司法活动。诉讼文书是司法活动的客观记载。任何一项诉讼活动，从立案起诉、证据收集、开庭审理，到判决执行，各个环节和程序都要依法形成相应的诉讼文书。在这个过程中，这些诉讼文书就构成了整个案件的诉讼案卷。当案件判决和执行完毕，这些文书就成了这个案件的司法档案。因为这些文书客观忠实地记录了这个案件从立案起诉、证据收集、开庭审理，到判决执行的全部过程，它是整个案件最可靠的文字材料。

（二）纠纷诉讼书的特点

1. 法律性

法律性是诉讼文书撰写的基础，所有的诉讼文书都必须在合法、合理的前提下制作。首先，撰写的程序要合法，不能有任何随意性；其次，诉讼的内容要合法，事实、证据、理由和请求都不能超越法律法规的制约。这就要求诉讼文书的撰写人必须知法懂法，对自己的整个诉讼过程承担法律责任，这样才能做到公正客观，有利于实现诉讼目的。

2. 规范性

这是所有法律类文书的显著特点。首先表现在提交时间和程序的特定性。诉讼文书必须在法定的时间内提交，否则将丧失诉讼权利；同时必须按照一定的法定程序提交，否则将不能依法执行。其次表现为文本格式的固定性。诉讼文书的格式相对来说比较固定，结构较为完善，法定的规范性特征非常明显。有的诉讼文书由相关部门统一印制，撰写时只需在相应位置填入所需内容即可。

3. 准确性

诉讼文书的撰写必须在掌握准确事实的基础上进行严谨的论证，从而提出准确的请求，这是诉讼文书撰写的基本要求和根本原则。没有准确性就没有诉讼、受理、执行的过程，无法达到诉讼的目的。体现准确性的第一要求是具有较强的针对性，诉讼的目的和依据都应具体明确，这样才能表述准确。材料的运用也要准确无误、重点突出，才能清楚地说明案情。诉讼的依据和援引的法律条款更要精准确定，以便获得法院、法官的认同。

4. 严肃性

只有依法办事才能体现法律的精神和内涵，这是诉讼文书严肃性的重要体现。诉讼文书的撰写和诉讼程序的进行首先要维护法律的意志和尊严；其次要有法律依据，合理合法；再次要准确具体，不能随意更改；最后要严肃认真，承担相应责任。

二、纠纷起诉书

（一）纠纷起诉书的概念和作用

纠纷起诉书是指公民、法人或者其他组织为维护和实现自身合法权益，依据法律和事实，向人民法院提起诉讼而递交的诉讼文书。

纠纷起诉书是当事人用以陈述纠纷事实，表明诉讼请求的，一经法院受理即标志着诉讼程序的开始；对方当事人也须针对起诉书而制作答辩书。因此，纠纷起诉书的两种依据作用十分明显：一是立案判案的依据，二是应诉答辩的依据。

（二）纠纷起诉书的特点和种类

1. 纠纷起诉书的特点

（1）真实性。真实性是起诉书的生命，事关当事人的切身利益。对事实材料的陈述不能夸大缩小、道听途说，也不能无中生有、歪曲事实。按照"谁主张，谁举证"的法律原则，用确凿、充分的证据对自己的观点加以证明。用客观真实的材料反映案情的事实，是保证案件得以公正处理的前提。

（2）准确性。准确性是纠纷起诉书的基本属性，它必须真实准确地反映经济纠纷案件的客观事实、发展过程、前因后果及其他各方面的关系，要实事求是、具体准确。否则会增添案件审理的难度，拖延审结的时间，更有甚者导致败诉。

（3）规范性。纠纷起诉书的撰写应遵循规范统一的体例格式，不可前后颠倒、相互混淆或随意更改。

2. 纠纷起诉书的种类

（1）按起诉内容分，有财产纠纷起诉书、商业纠纷起诉书、劳务纠纷起诉书、房产纠纷起诉书等。

（2）按起诉对象分，有个人之间的纠纷起诉书、单位之间的纠纷起诉书、个人与单位之间的纠纷起诉书等。

（三）纠纷起诉书的格式和写作要求

1. 纠纷起诉书的格式

（1）标题。在首页居中的位置写上"经济纠纷起诉书"或"民事起诉状"。

（2）首部。应分别写明案件当事人的基本情况，包括原告、被告及委托代理人。当事人的基本情况应按照先原告后被告的顺序，写明当事人的姓名、性别、出生日期、民族、籍贯、职业、工作单位、职务、身份证号码、地址等内容。当事人是法人或其他组织的，应写明单位名称、地址、法定代表人姓名、职务、电话、企业性质、工商登记核准号、经营范围和方式、开户银行和账号等内容。如有数个原被告的，应以他们在案件中的地位和作用，分别依次排列，逐一说明情况。原、被告如有委托代理人的，应写明委托代理人的姓名、性别、职业、工作单位和职务等内容。

（3）主体。通常包括诉讼请求、诉讼事由、证据证人。

诉讼请求。写明原告在诉讼中请求法院维护自身合法利益的具体事项，这是原告诉讼意图和目的的体现。这部分要写的具体、明确、合法合理、言简意赅。

诉讼事由。事实和理由是起诉书的核心部分，也是提出诉讼请求的主要根据。可以从事实、证据、理由等几个方面进行叙述。在这部分内容里要清楚地陈述被告侵犯原告合法权益的具体事实，写明事件的时间、地点、起因、经过、结果等，明确当事人双方争执的焦点和纠纷的实质。可根据陈述的事实和与此相关的证据，依照有关法律条款或政策阐明提出请求的理由，以论证诉讼请求的合理性和合法性。

证据证人。可提供的用于还原事件真实情况或证明提出诉讼请求的相关证据或证人。包括人证、物证、书证等材料，并说明证据的来源或证人的信息。

（4）尾部。包括惯用式结束语、呈文对象、落款日期。

（5）附件。包括起诉书的副本、相关证据等。

2. 纠纷起诉书的写作要求

（1）事实客观。经济纠纷起诉书所陈述的事实应该真实可靠，反映事件的本来面目，绝不能弄虚作假、扭曲事实。起诉能否被受理、能否获得胜诉主要取决于事实的可靠性。这是起诉书撰写的最根本要求和最基本前提。

（2）证据充分。经济纠纷起诉书在客观事实基础上，还需要充分的证据支撑。证据是法院审理案件时认定事实的基础。撰写起诉书时,一定要对自己提出的诉讼事实列举充分的证据,包括物证、人证、书证或其他证明材料,并对这些材料加以必要的说明。只有证据确凿无误,才能起到证明事实的作用。

(3) 起诉合法。经济纠纷起诉书的撰写必须以法律为准绳,无论是写作体例、适用对象,还是请求事项、请求事由都要符合相关法律法规。在援引法律条文作为依据时,必须合理准确。

(4) 严谨可行。经济纠纷起诉书的表述要严谨准确,请求要合理可行。首先,起诉书的撰写要遵循固定的格式。其次,行文的条理性和逻辑性要周密,确保准确无误。再次,语言的表达要准确庄重、简洁平实、术语得当。最后,请求的事项不仅要符合国家的法律法规,而且要考虑客观情况,以便诉讼请求能够顺利执行。

(四) 案例赏析

经济纠纷起诉书

原告:吴××,男,××××年××月××日出生,身份证号码××××,现住×××村,电话××××。

被告:吴×,男,××××年××月××日出生,身份证号码××××,现住×××村,电话××××。

诉讼请求:

一、被告偿还原告的借款××××元(大写:××××),自起诉之日起按银行同期贷款利率算至清偿时止。

二、被告承担本案全部诉讼费用。

事实和理由:

××××年××月××日,被告以资金周转不开为由向原告借款××××元(大写:××××),同时承诺数日后归还并立下借据。一月后,原告向被告主张还款,而被告以各种理由进行拖延和推搪,至今未清偿其所欠原告的借款。被告的行为已严重侵犯了原告的正当利益,根据法律规定,债权人享有请求债务人给付的权利。故原告具状起诉,请求人民法院支持原告提出的诉讼请求为盼。

证据及证据来源:

《借据》,由被告所立,原告提供。

此致

××人民法院

起诉人:吴××
××××年××月××日

附件:

1. 起诉书副本1份。
2. 《借据》复印件2份。
3. 原告户籍证明1份。

简析: 该纠纷起诉书诉讼请求具体明白,事实理由清楚明白,证据确凿,格式和语言也规范严谨。这是一份比较优秀的起诉书,相信会得到法院的认可。

三、纠纷答辩书

（一）纠纷答辩书的概念和作用

1. 纠纷答辩书的概念

纠纷答辩书是指在经济纠纷诉讼案件中，被告或被上诉人针对原告的起诉或上诉书中陈述的事实和理由而撰写的，用以应诉时进行答复和辩解的诉讼文书。纠纷答辩书的撰写实际上是一种应诉的法律行为，即被告对原告的起诉书提出抗辩。答辩书不仅是被告或被上诉人维护合法权益的手段，也是人民法院公正审理案件的依据。

2. 纠纷答辩书的作用

（1）答复作用。在经济纠纷诉讼过程中，被告收到法院的起诉书或上诉书副本之后，主要针对原告起诉或上诉的内容提出答复。有答复才有辩护，答复功能是答辩书的首要作用。

（2）辩驳作用。纠纷答辩书须运用确凿的事实、充分的证据和准确的法律条款，通过论证和推导，去辩驳对方的观点和论据，说明自己的观点合法合理。

（二）纠纷答辩书的特点和种类

1. 纠纷答辩书的特点

（1）针对性。针对性是经济纠纷答辩书的首要特点。答辩书是针对原告提出的起诉书或上诉人提出的上诉书而撰写的，是对起诉书或上诉书中陈述的事实和理由而阐发自己意见的文书。

（2）合理性。合理性是指答辩人应在客观的事实和充分的法律知识的基础上答辩，阐释自己的观点，不能强词夺理；同时，答辩人带着解决问题的目的，提出的要求应尽量切实可行。答辩书所陈述的事实和援引的法律条款应合法合理。

（3）完整性。纠纷答辩书要把答辩人的所有请求确切地提出来，不能含糊其辞、模棱两可，答辩书本身应通篇连贯、逻辑严密。

2. 纠纷答辩书的种类

（1）按诉讼内容分，有财产纠纷答辩书、商业纠纷答辩书、劳务纠纷答辩书等。

（2）按诉讼对象分，有个人之间的纠纷答辩书、个人与单位之间的纠纷答辩书、单位之间的纠纷答辩书等。

（三）纠纷答辩书的格式和写作要求

1. 纠纷答辩书的格式

（1）标题。首页居中的位置写上"经济纠纷答辩书"或"民事答辩状"。

（2）首部。应写明答辩人的基本情况，包括姓名、性别、出生日期、年龄、身份证号码、职业、工作单位、住所、联系方式等；答辩人是法人或其他组织的，应写明单位名称、地址和法定代表人或主要负责人的相关信息；如有委托代理人的，应写明委托代理人的相关信息等内容。

对方当事人的基本情况可以不用单独列出，在主体部分说明即可。

（3）主体。通常包括答辩案由、答辩理由、答辩意见、证据证人。

答辩案由。主要写明答辩人因何人起诉或上诉的何案而提出答辩。可以写作"答辩人因×××一案做出答辩如下"或"答辩人×××年××月××日收到×××的起诉书副本，现就起诉书所述内容提出答辩意见如下"。

答辩理由。这是答辩书最重要的部分，也是全文最核心的部分，是答辩成败的关键所在。答辩人需根据起诉书中提出的请求、事实、理由、证据、法律条款等内容进行有理有据、合法合理的答复和辩驳,以保护自身的合法权益。撰写时,一定要摆出充分的事实和充足的理由来反驳对方,在尊重事实的基础上,有针对性地抓住起诉书中的关键错误之处,集中反驳、切中要害;可以从起诉人陈述的事实和理由不准确、证据不真实、援引的法律条款不适用等几个方面来阐明自己的观点和意见。

答辩意见。在充分阐述答辩理由、辩驳起诉书的基础上,鲜明地提出自己的观点,申明自己的答辩理由正确、合理、合法,指出起诉书的错误,表达答辩人对本案处理的主张和建议,请求人民法院依法公正裁决。

证据证人。可提供的用于还原事件真实情况或证明提出诉讼请求的相关证据或证人。包括人证、物证、书证等材料,并说明证据的来源或证人的信息。

(4) 尾部。包括惯用式结束语、呈文对象、落款日期。

(5) 附件。包括起诉书的副本、相关证据等。

2. 纠纷答辩书的写作要求

(1) 尊重事实。对起诉书内容的反驳、否定,必须建立在真实客观的事实和充分的证据基础上,绝不能无中生有、无理取闹。

(2) 针锋相对。要针对起诉书中所涉及的问题,明确指出自己认同哪些、否认哪些,否认的理由根据是什么;针锋相对地阐释自己的理由、证据和要求,以维护自身的合法权益。

(3) 抓住关键。要善于发现双方争执的焦点,抓住影响案件胜败的关键性问题,找出对方的破绽,集中进行反驳。

(4) 辩论技巧。答辩书的撰写需要合理运用事实、依据和法律条款,通过辩护和论证去反驳对方,以证明自己观点的正确。因此,一定要运用好辩论的技巧,如设问、反问等,从而在答辩时得到法庭认可。

(四) 案例赏析

经济纠纷答辩书

答辩人:××控股集团有限公司,××市××区××大道×号。

法定代表人:朱××,××控股集团有限公司董事长。

答辩人就××有限公司起诉××控股集团有限公司买卖合同纠纷一案,现提出答辩意见如下:

一、被答辩人所诉与事实不符。

1. 我单位从未派人到被答辩人处赊购商品。接到诉状后,经详细调阅财务档案,从来都没有被答辩人所诉的财务档案或欠款记录。几任领导更换进行财务交接时也从来都没有被答辩人所诉债务的交接手续。

2. 我单位作为国家机关,遵循单位严格的财务制度和报销流程,不可能指派工作人员到没有签订挂账协议的商店随意挂账。我单位与被答辩人没有采购合同,没有授权工作人员到被答辩人处采购商品。

二、被答辩人提供的证据有重大瑕疵,不能采信。

1. 关于被答辩人所诉××××元的欠条。证据瑕疵一,我单位印章的全称应为"××控股集团有限公司",而被答辩人提供的欠条证据中的印章为"××××公司"。此印章不属我单位印章。证据瑕疵二,该欠条仅加盖了公章,没有任何经办人员或财务人员或单位领导的签字,被答辩人没有提供购物明细。经查,我单位既没有该笔欠款的财务记录,也没有相关物资的入账资料。证据瑕疵三，欠条下半部分所谓的还款记录，仅有部分个人签字，没有加盖我单位公章。

因此，被答辩人提供的该证据与我单位没有关联性，我单位不应承担责任。

2. 关于被答辩人提供的有个人签字的××张"销货清单"。

我单位从未授权任何人到被答辩人处赊购商品，也没有收到销货清单上的任何商品。根据《中华人民共和国民法通则》第六十六条的规定："没有代理权、超越代理权或者代理权终止后的行为，只有经过被代理人的追认，被代理人才承担民事责任。未经追认的行为，由行为人承担民事责任。"所以该赊购行为的民事责任不应由我单位承担。

三、被答辩人提供的××张"销货清单"，其记载日期均为××年和××年，根据合同法第一百六十一条之规定："买受人应当按照约定的时间支付价款。对支付时间没有约定或者约定不明确，依照本法第六十一条的规定仍不能确定的，买受人应当在收到标的物或者标的物单证的同时支付。"上述销货清单的诉讼时效起算时间应以销货清单上记载的时间为准，到今早已超过2年的诉讼时效。即使买卖事实成立，被答辩人也早已丧失胜诉权，人民法院应驳回其诉讼请求。

综上，被答辩人所诉无事实依据，证据有重大瑕疵，与待证事实毫无关联，不能证明其主张。被答辩人的各项诉讼请求均应予以驳回。

此致
××市人民法院

答辩人：××××单位
××××年××月××日

简析：这一份纠纷答辩书从起诉书所述事实、提供证据和法律条款入手，针对起诉内容进行了细致认真的答辩，内容的针对性很强，处处直击要点，是一份较优秀的纠纷答辩书，值得我们学习。

小贴士：

纠纷起诉书和答辩书跟仲裁申请书和答辩书在某种程度上较为接近，但是从文本内容和执行程序来说都更加严肃和严谨，在撰写的时候一定要认真对待，不可掉以轻心，必要的时候可以委托律师，让专业人士来写作。

拓展练习

小明是你的朋友，可是他最近却遇到一件烦心事。小明毕业后打算租下一间店铺自主创业，在经过多方面的考察和交涉后，与一家还有一个月就要到期的店铺的房东签订了《房屋租赁合同》。合同规定，房屋租赁期限为两年，租金每月5000元，半年交付一次，已付定金10000元；原租户合同到期后就正式租赁给小明。可是，在这一个月期间，店铺房东竟然以每月6000元的租金把店铺租给了他人。

请你代小明写一份《仲裁申请书》，请求当地仲裁委员会按照租赁合同规定，要求店铺房东继续履行合同。

第九章
财经新媒体文案写作

知识导读

近两年，以微信微博、头条抖音、美拍等为代表的新媒体平台集中爆发，这些平台吸引并聚集了海量的用户和流量，同时也引起了商品销售者的注意。他们纷纷开始抢占新媒体资源，利用新媒体提升品牌形象和知名度，新媒体营销的重要性日趋明显。

商品销售者都希望用最少的宣传费用获取最大的收益，但现实中更多的是这样的故事：

1. 某网站负责人周先生，通过网络代理，找了几百家新媒体平台投放新品软文，结果百度收录只有几个页面……

2. 某培训机构经理张先生，通过网络找到一家小营销机构，花了上万元投放"微信大号"软文，阅读量异常的好，但下单数为0……

3. 某美妆店店长王小姐，通过某营销平台，花费巨额费用请"知名网红"直播推销产品，结果宝贝浏览寥寥无几……

这样的故事每天都在上演，那么当这些看似遥远的事情真实地发生在自己身上时，我们就只能自认倒霉吗？在新媒体的冲击下，传统媒体占据的市场份额越来越小，越来越少的人关注传统的书刊、杂志，面对这样的新形势，商品生产者就只能束手无策吗？越来越多的新兴品牌开始主打线上销售，更有甚者完全抛弃了线下渠道，在这样的营销策略之下如何将自己的产品信息精准地送达到受众手中呢？

这些看似让人一筹莫展的难题，它们的答案都隐藏在这一章节中，希望通过接下来的学习，同学们都能够找到新媒体时代营销文案写作相关问题的解决方法。

第一节　微信营销账号文案写作

一、微信营销概述

（一）什么是微信和微信公众号

微信（WeChat）是腾讯公司于 2011 年 1 月 21 日推出的一个为智能终端提供即时通讯服务的免费应用程序，由张小龙所带领的腾讯广州研发中心产品团队打造。微信支持跨通信运营商、跨操作系统平台通过网络快速发送免费（需消耗少量网络流量）语音短信、视频、图片和文字，同时，也可以使用通过共享流媒体内容的资料和基于位置的"公众平台"、"摇一摇"、"漂流瓶"、"朋友圈"、"语音记事本"等服务插件。微信提供公众平台、朋友圈、消息推送等功能，用户可以通过"摇一摇"、"搜索号码"、"附近的人"、扫二维码方式添加好友和关注公众平台，同时微信可将内容分享给好友以及将用户看到的精彩内容分享到微信朋友圈。

微信公众平台，简称公众号；曾命名为"官号平台"、"媒体平台"、微信公众号，最终定位为"公众平台"。它是由开发者或商家在微信公众平台上申请的应用账号，该账号与 QQ 账号互通；通过公众号，商家可在微信平台上实现和特定群体的文字、图片、语音、视频的全方位沟通、互动，形成了一种主流的线上线下微信互动营销方式。

（二）微信公众号的源起和发展

微信公众平台于 2012 年 8 月 23 日正式上线，曾命名为"官号平台"和"媒体平台"，能够创造更好的用户体验，形成一个不一样的生态循环。微信公众平台主要面向名人、政府、媒体、企业等机构推出合作推广业务。在这里可以通过多种渠道将品牌推广给线上平台。用户在品牌 APP 中看到的某个精彩内容（比如一篇文章、一首歌曲），想转发给自己的微信好友时，只需点击"分享给微信好友"的按钮，即可将这些内容通过微信传递给好友。好友收到信息，轻轻一点就可以查看详情，也可以通过分享的信息打开品牌 APP 来查看具体内容（没有安装品牌 APP 的用户将会被提示下载安装）。用户同样可以把看到的精彩内容分享到微信朋友圈。当用户在品牌 APP 中看到的某个精彩内容（比如文章、歌曲、视频等），想要分享给微信朋友圈的好友们时，点击"分享到微信朋友圈"然后完成授权，内容就可以发送到微信的服务器，好友们在朋友圈中就能马上看到这个内容了。

微信公众平台于 2013 年 6 月新增自定义 LBS（基于位置的服务）数据，2013 年 10 月 19 日，微信 LBS 图文回复是由商家设置店铺位置，用户提交当前所在位置后，可以找到最近的商家店铺。2017 年 1 月 9 日，张小龙在 2017 微信公开课 Pro 上发布的小程序正式上线。现在，微信对公众平台做出了大幅调整，微信公众账号被分为服务号、订阅号、企业微信（原企业号）和最新增加的小程序。

第九章 财经新媒体文案写作

（三）微信公众号的分类

当前的微信公众平台（微信版本6.6.3）将公众账号分为了4类，分别是服务号、订阅号、企业微信（原企业号）和小程序。

服务号可以为企业和组织提供更强大的业务服务与用户管理能力，主要偏向服务类交互服务号的功能，类似12315、114、银行等，提供绑定信息、服务交互，适用运营主体为媒体、企业、政府或其他组织。服务号1个月（按自然月）内可发送4条群发消息。

订阅号是为媒体和个人提供一种新的信息传播方式，主要功能是在微信中给用户传达资讯。订阅号的功能类似报纸杂志，提供新闻信息或娱乐趣事等，适用运营主体为个人、媒体、企业、政府或其他组织。订阅号（认证用户、非认证用户）1天内可群发1条消息。

企业微信是一个面向企业级市场的产品，是一个独立好用的基础办公沟通工具，拥有最基础和最实用的功能服务，专门提供给企业使用的即时通讯产品，适用运营主体为政府、企业等组织。企业微信以熟悉的沟通体验、简单易用的功能，打造了一款轻松使用的企业专属沟通工具；使用微信插件继承了企业号的所有能力，企业员工可以通过扫码关注，即可在微信中接收企业通知和使用办公应用。企业微信同时预设了打卡、审批、日报等办公自动化应用，精选了一些第三方应用以覆盖更多领域，此外还有应用程序编程接口可以接入更多办公应用。这些都为企业微信提供了强大的管理能力，提供精细化配置来满足企业的个性化需求，使企业的员工管理和日常工作的效率大大提升。

小程序是一种不需要下载安装即可使用的应用，它实现了应用"触手可及"的梦想，用户扫一扫或者搜一下即可打开应用。全面开放申请后，主体类型为企业、政府、媒体、其他组织或个人的开发者，均可申请注册小程序。服务号、订阅号、企业微信和小程序是四种并行的体系。

二、微信营销的特点和方式

微信以其操作便捷、功能多样等特点，自诞生之日起，用户量便迅速增长，迄今为止已发展成为国内最热门的通讯与社交平台之一，这为微信带来了巨大的营销价值。除了用户基数可观，微信营销还以其开发成本低廉、营销运营便捷等特点，逐渐引起企业关注。

（一）微信营销的概念

微信营销，是伴随着微信的迅猛发展而兴起的一种基于用户群落与微信平台的全新网络营销方式。它是网络经济时代企业或个人营销模式的一种。

（二）微信营销的特点

1. 信息到达率高

在微信上，每一条群发信息都能完整无误的发送到用户的移动终端。同时，微信收到未读信息时会以铃声、横幅、角标等方式提醒用户阅读，加之手机终端的移动便携性特征，使用户可以随时随地读取信息，这就形成了微信信息到达率高的特点。

2. 营销精准

微信的公众账号往往是用户主动关注的，这就说明用户对该话题、该产品有兴趣，那么这些公众账号的粉丝就是企业想要找到的老客户、新客户或潜在客户，因此微信营销在更大程度上是精准营销。同时，微信提供LBS服务的位置功能也能使商家迅速定位出周边的潜在消费者，为商家提供了精准营销的平台。

3. "一对一"互动营销

微信上的互动是"一对一"式的互动，在完成信息的推送之后，商家可以根据客户的反馈进行一对一的对接，根据客户的要求量身定做解决方案，这种营销给客户的感觉往往是专一的、私密的。因此，微信营销更接近于朋友化、人性化的营销，运用亲切动人的语言、图片，拉近和用户之间的距离，从而提高用户粘性。

4. 初期成本较低，维系成本较高

相对于诸如电视、报纸、户外广告等传统平台，微信营销信息成本要低廉很多。目前，申请微信公众平台是免费的，企业商家只需一点流量费就可以向粉丝推送广告信息。但是，公众账号粉丝数量扩大时，企业商家就要投入大量的人力物力财力来与受众做好沟通互动，成本较高。同时，为了留住粉丝，商家也必须不断制作高质量的营销文案等内容，做好微信公众账号的运营比申请一个账号群发硬性广告要复杂的多。

（三）微信的营销方式

如今，微信的各项功能都被商家良好地利用，以功能划分，目前微信营销有以下几种方式：

1. 通过LBS定位功能进行营销

LBS是指基于位置的服务，通过电信移动运营商的无线电通讯网络（如GSM网、CDMA网等）或外部定位方式（如GPS等）获取移动终端用户的位置信息，在地理信息系统平台的支持下，为用户提供相应服务的增值业务。微信的LBS功能最初是为了方便寻找添加好友，而在企业商家进行营销作业时，使用该功能寻找目标消费者就成为了营销的一大课题。LBS定位功能精准地给出了以位置为基准的目标消费者。通过查找"附近的人"，店家附近有哪些潜在消费者一目了然，投放促销广告信息后，由于位置上的便利，更能直接地促进消费者入店消费。这种方式为许多无法支付大规模广告宣传的小店家提供了有效的营销渠道。

2011年10月，微信新增了"摇一摇"功能，该功能一方面类似于"查看附近的人"，即通过"摇一摇"这个手势可以搜索到附近的其他用户，同样是基于LBS功能插件的服务；另一方面，它丰富了用户依靠点击、滑动等行为来操作手机的传统方式，创新了用户对信息互动的体验。通过"摇一摇"服务，用户就可以在线下的商铺、餐厅、橱窗甚至货架前，摇到由商家提供的红包、优惠券；小游戏或者导航服务，将用户与所处的空间更加紧密地连接起来。摇一摇入口拥有日均千万以上的访问用户，与微信公众平台、微信支付、卡券、微信连接WiFi等产品无缝打通，是"一种全新的线上线下连接方式"。

2. 通过扫描二维码功能进行营销

二维码是一种以图形为识别对象的识别技术，它是按照一定规律在平面上（二维方向）分布的黑白相间的某种特定几何图形记录数据符号信息的条码。它具有信息容量大、编码范围广、保密性能好、防伪性能好、译码可靠性高、纠错能力强、制作容易、成本低廉等众多优点。扫描二维码功能在微信营销中的作用也主要是连接线上与线下，通过"扫一扫"商家的二维码，用户可以成为商家的微信会员，以便获取产品促销信息或直接获得打折优惠。二维码以一种更精准的方式，打通了商家线上和线下的关键入口，在微信营销中得到了广泛应用，而且在整个新媒体整合营销中也应用得非常广泛，经常被用来作为整合线上与线下营销方法的手段。现在许多大小商家店铺的营销活动中，都可以看到二维码的身影。

3. 通过"朋友圈"进行营销

微信"朋友圈"营销的方式是指商家通过营销手段让用户把商品的广告信息分享到自己的"朋友圈",利用用户和好友之间的强关系售卖产品。

"朋友圈"营销最主要的形式是消费者以获取折扣或其他优惠的目的,将商家的广告信息分享至自己的"朋友圈"。商家期望以一个消费者为基点,利用该消费者与其朋友之间的强关系将商品信息向该消费者的亲朋好友渗透,以取得滚雪球式的营销效果。

在自己的"朋友圈"做推销时,首先要知道自己的"朋友圈"有哪一类人,他们会对什么样的产品感兴趣?这可以通过日常的接触大概了解,必要时可以设置可见范围,使作为产品目标受众的人群才能看到产品信息,以免引起其他朋友的反感。同时,每天推送的信息不宜过多,并且也不能只在"朋友圈"推送广告信息。用户希望通过"朋友圈"了解朋友的日常近况,拉近距离,倘若一个人只在"朋友圈"发送自己的产品广告信息,反而会疏远他与朋友间的距离。

在商品值得消费者真心称赞时,分享"朋友圈"的确可以提高商品的知名度和美誉度。然而,没有好的商品做保障,仅以优惠条件让消费者被动地分享信息,有时却会适得其反。消费者可能在取得优惠后,再在"朋友圈"表明商品的实际效果并不理想,从而会对商品的美誉度造成损害。

4. 微信公众平台营销

随着微信公众平台的推出,各类公众账号层出不穷。公众账号向关注该账号的用户推送信息,并与用户进行"一对一"的交流,成为商家营销的主要阵地。

以微信账号是否为企业品牌的官方公众账号,公众平台营销可以分为两种方式:

(1) 企业微信公众账号。在企业微信账号的营销中,主要有两种方式:

①第一种是推送式营销。推送式营销通过主动推送活动、游戏、文章等方式,与用户建立亲密且深入的互动关系,维护及提升品牌形象。

星巴克在微信公众账号的营销中探索较早。2012年,当星巴克夏季冰摇沁爽系列创新饮品即将上市时,为了让消费者感受到全身被激发和唤醒的感觉,星巴克选择了用音乐来与消费者沟通。而在选择沟通媒介上,微信平台能提供与消费者"一对一"的互动,较为私密个性。以消费者个性为单位,星巴克向他们推送量身定制的能激发个体共鸣的音乐,非常适合该媒介平台。同时,星巴克的目标市场是特大级城市、沿海地区经济发达城市和相对发达的二级城市中受过高等教育、收入较高的中上层或者咖啡爱好者以及咖啡随机消费者,这部分人属于追求品位和时尚的社会中上等阶层。根据腾讯官方2012年11月发布的数据,微信用户中男性占了63%,20~30岁的青年占了74%,0~30岁的用户占了90%。同时,在微信用户职业分布中,大学生用户最多,占了64.51%,其次是IT行业和白领,分别占了16.12%和11.49%,而大学生、IT从业人员和白领总共占了微信用户总数的90%。总的来说,目前微信用户具有年轻化、男性居多的特征,从职业分布来看,拥有大量碎片时间的学生是主体。从中可以看出,微信用户和星巴克目标市场有较大的重合度,通过微信,星巴克可以直接接触到其目标受众。

星巴克通过微信平台推出"自然醒"活动,星巴克粉丝只要发一个表情给星巴克,无论是兴奋、沮丧或忧伤,都能立即获得星巴克按其心情调制的音乐曲目。之后,星巴克继续推出"星巴克早安闹钟"活动,以配合新上市的早餐系列产品。在每天早上7点到9点,只要粉丝在闹钟响起的一小时之内到达星巴克门店，就有机会在购买咖啡的同时，享受半价购买早餐新品的优惠。据了解，截止2012年9月，星巴克在中国通过这次活动，每天平均收到2.2万条信息，基本以表情互动为主。

②第二种是客服式营销。客服式营销是指将微信与自身的客服系统相结合，满足用户在售前、售后的各类服务需求，将微信打造成又一客服平台。例如，中国南方航空以自动回复的方式推送客服信息，用简单的数字编号代表不同的业务类型，向消费者提供预订机票、查询订单、办登机牌以及行李查询、天气查询等服务。许多公众账号两种营销方式兼顾，但也各有侧重。

同时，商家也期望在公众平台上推送的消息能被用户分享至"朋友圈"，从而使两种营销方式间的联动式信息进一步扩散。

就目前而言，因为此类微信营销方式更能向消费者提供价值，也更受消费者青睐，许多企业都在尝试通过微信向消费者提供更加便捷的客户服务。除了中国南方航空，许多连锁酒店亦开通微信订房系统，消费者通过其微信平台可以直接进行酒店房间预订，还能进行积分、订单、酒店优惠信息的查询。而美的生活电器更是将售前、售中、售后三个阶段搬上了微信公众平台，提供一站式服务。微信粉丝可以了解美的产品和最新上市情况，如需购买，可以进入手机商城，并可通过微信查询售后服务。

（2）非企业微信账号。微信公众账号良莠不齐，一些账号通过不同方式将粉丝数量积累到一定程度便开始发广告盈利。或是有些自媒体账号，将微信当作自媒体平台运营，发送相关媒体资讯赢取粉丝后也通过发送广告的方式获取盈利。相较而言自媒体微信账号一般无用信息较少，推送质量较高。

此类营销方式多见于提供本地服务信息的微信公众号，针对地域细分受众，向其提供本地及附近地区吃喝玩乐、衣食住行的建议，并在其中嵌入广告商家的信息。例如郑州市本地的美食类公众号"××美食"，以寻访地方美食为目标，推送了很多美食点评类服务信息，而这些信息多以当地商家为主。

5. 众筹式营销

众筹式营销指的是微信用户利用与微信好友之间的强关系，按照商家的要求向好友募集需要的援助，或向好友提供商家的产品或服务。这种方式能够让参与活动的消费者主动传播商业信息，具有良好的传播效果。

"红包"式众筹营销是最常见的众筹式微信营销。在这种方式中，微信用户可以向好友派发"红包"，也就是向好友提供商家的产品或服务。国内最早的"红包"式营销当属"滴滴打车"的"打车红包活动"了。2014年5月下旬，"滴滴打车"以两周年庆为名，推出打车红包分享活动：滴滴打车用户通过微信支付成功后，分享到"朋友圈"里，可以与朋友一起抽取几毛钱到十几元不等的红包，在下次打车使用微信支付时可以直接抵消车费。

经过进一步发展，"红包"的定义不断扩大，变成了各式各样的礼品或者奖励。有的"红包"活动还可以随着领取"红包"的好友数量的增加，使派发"红包"的好友获得更大或更多奖励。2014年中秋节前，哈根达斯官方微信发起了"集月饼，送心意"的刮奖活动，每次刮奖都有机会获得哈根达斯月饼冰淇淋一枚，集齐五款不同口味冰淇淋，即可兑换一份哈根达斯"心心相印"月饼礼盒。如果想获取更多的刮奖机会，用户就需要将自己的活动界面分享给更多的好友，点击分享链接并参加的好友越多，该用户获得刮奖的机会就越多，获得礼品的概率也越大。

"朋友圈集赞"也是一种常见的众筹式微信营销。自 2014 年 3 月起，微信开始出现"公众号内容转发朋友圈集赞"的营销活动，商家许诺对分享指定信息至"朋友圈"并获得一定数量"赞"的用户给予奖励。此玩法很快蔓延，"朋友圈"中开始出现大量集赞信息。但由于此营销活动存在许多骗局，也受到了许多用户的反对，仅 3 个月后，微信就开始对这一类型的营销活动进行整治清理，各商家也渐渐放弃了这种营销方式。

6. 通过"漂流瓶"进行营销

"漂流瓶"主要有两个简单的功能："扔一个"，用户可以选择语音或者文字投入"大海"之中；"拣一个"，每个用户每天有 20 次捡漂流瓶的机会。微信漂流瓶是提供给不同地方的陌生人的一种交流工具。

微信官方可以通过对漂流瓶参数的更换，使得合作商推广的活动在某一时间内抛出的漂流瓶数量大增，普通用户捞到的频率也会增加。招商银行在 2011 年便采取了这种方式，大量抛出"爱心漂流瓶"，捡到漂流瓶的用户只要参与或关注，招商银行便会通过"小积分微慈善"平台为自闭儿童捐赠积分。

因为漂流瓶是随机发送的，针对性较弱，商家难以选取自己的目标受众，因此应用并不广泛。同时，用户使用漂流瓶常常是为消磨时间、排解无聊，单纯的硬广告易引起反感，商家可采取互动广告的方式，引导消费者进一步参与。

三、微信营销的方法技巧

微信营销发展至今，方法在不断演进，渠道在不断增多，但同时也有研究者提出微信营销存在"不能满足品牌推广类营销的需求""威胁用户的隐私安全""效果难以量化"，微信用户"关注量有限"并且"容易掉粉"等不容忽视的问题。微信营销的类型与功能、隐私安全及效果测量的问题，主要是微信平台提供商所面临的技术难题，而最后一个关于用户"关注量有限"和"容易掉粉"的问题，才是利用微信平台开展营销活动的企业所应重点考虑的问题，这也是体现其微信营销水平的关键所在。

（一）获取微信用户的关注

从企业角度来说，开展微信营销的首要任务便是获取用户关注并成功维系用户，以保证营销活动和营销效果的持续性。

1. 转换老用户

（1）通过微博获取用户。相较于微信，微博更早开始流行，许多企业也尝试过微博营销，具有一定的微博粉丝积累。但相比之下，微信给企业带来的用户的关系链比微博更强。因此，许多企业对微信营销也十分重视。微信企业大号"小米手机"的养成，和微博分不开关系。实际上，在小米决定开始发展微信营销之前，其两个官方微博账号（@小米手机、@小米公司）已有 300 万的粉丝了。通过在微博上告知微信号以及利用微博宣传微信活动等方式，一部分微博上的老用户成功地转换为微信上的新用户。

（2）通过官方网站获取用户。对于具有一定用户群的电商平台来说，通过官方网站获取用户是最简单有效的方式。企业官方网站作为一个 B2C 的平台，很多时候与用户的交流都是单向的；官方放出产品信息，关注的用户进行了解或购买，与用户的联系并不紧密。而微信营销正好弥补了这个缺陷，让一批忠实用户与企业联系得更紧密。

(3) 通过实体店获取用户。对于有线下实体店的企业来说，已有的会员无疑会是潜在的微信用户。将他们的实体会员卡转换为电子会员卡，或者让他们拿出手机，成为商户的微信粉丝，也是获取用户的一大途径。

2. 发展新用户

(1) 通过策划活动获取用户。策划活动是获取用户的重要途径。策划微信营销活动，要把握几个关键的要素：

第一，明确活动主题。周年庆？双十一？情人节？或者玩游戏？要让顾客明白为什么策划这次活动，这样才会引起潜在顾客的注意。

第二，明确活动奖励。顾客为什么参加你的活动？最主要、最直接的原因可能是提供的奖励。不但要设计好能打动潜在顾客的奖品，更要将这些奖品突出、详细地写出来，让活动显得更加诱人。

第三，注重活动形式。营销活动形式的设计要更加新颖有趣，才能使其具备足够的吸引力来获取顾客的关注。

(2) 通过广告推广获取用户：

第一，通过媒体广告获取用户。无论是传统的报纸广告、电视广告还是网络媒体广告，无论是文字形式还是视频形式，在这些媒体广告中嵌入二维码是最简单有效的推广微信公众号的方式。此外，在广告宣传中附带告知公众号，也可以将广告受众转移到微信上，从而使他们了解更多的信息。

第二，通过产品获取用户。每一个企业都有自己的产品，每一款产品都可以为企业获得大量客户。对于传统企业来说，通常都是靠代理商把产品销售出去，企业并不真正拥有迅速与客户建立联系的能力。但因为微信，尤其是微信二维码的出现，企业得以利用产品或服务获取大量的目标用户。利用产品进行二维码微信营销，要注重有创意的二维码设计，还要告诉顾客他们能获取的利益是什么。

第三，通过合作获取用户。企业之间可以通过合作，互相推广彼此的微信公众号二维码，只要用户通过扫描二维码关注了公众号，就有机会获得企业双方提供的奖品。这样可以使企业之间的粉丝共享，在资源分享的基础上大大获得用户数量。

(3) 通过社交关系获取用户。微信在本质上是一个社交软件，利用用户与微信好友之间的强关系，将产品或服务信息进行分享，往往能起到推荐的作用，进行口碑营销。这种方式一般和微信活动结合起来，以一些礼品作为奖励，让已有用户将广告信息分享至"朋友圈"或发送给好友，这样，用户实际上就为商家进行了传播营销，范围从一个好友圈扩散至多个好友圈，产生"滚雪球"的效果。

(二) 维护微信用户

在对微信的使用方面，消费者掌握了很大的主动权，他们既可以主动关注微信公众号，亦可撤销对公众号的关注。许多微信公众号都在追求庞大的粉丝量，但微信"一对一"的交流特征使得庞大的粉丝互动成为一件非常困难的事情。消费者需求和生活习惯复杂多样，当微信营销无法满足其需要，或者不恰当地对其生活形成干扰时，用户便会取消关注，导致用户流失。

1. 把握推送内容

受制于手机屏幕的大小，多数人并不愿意在微信上阅读长篇大论的内容。因此，微信的推送内容设置是微信营销的重中之重。

（1）标题的设置：让用户在标题中找到感兴趣的内容。增强标题吸引力的最主要方式，便是在标题中直接向用户强调利益和价值。看了这篇文章用户能够得到什么利益？能够获取什么价值？这种利益可以是满足消费者物质上或心理上的需求的，也可以是价格实惠、省时、安全、方便等各方面的好处，例如"限时特价""全场七折"等。

另外还可以根据时事热点或用户群关注的热点，与自身产品或服务相结合，吸引用户的注意。

（2）正文的写作：微信营销，内容为王。向客户提供最优质的内容，才是获取用户的根本。在正文写作中要注意以下几点：

第一，要有打动用户的核心、重点，强调用户的需求。在用户阅读完之后，文章要引发他们的思考或者为他们提供想要的价值，才能使用户产生购买欲。

第二，用事实说话，保证真实性；同时力求专业性，增强可信度。要用足够的事实作为论点论据说服读者，并最好有相关的专业讲解，这样才能使文章更具说服力。

第三，要注意微信营销内容形式的呈现。通篇都是密密麻麻的文字，再好的文章也会被舍弃。而对话形式的内容，或图文并茂的营销活动，则能提供更好的用户体验。

2. 把握推送时间和频率

碎片化阅读是当今手机阅读的一个趋势，用户在上卫生间、等公交车或排队等的零碎时间里会拿起手机进行消遣。为了适应这种阅读习惯，公众号在向消费者推送内容时，应把握适当的推送量。同时，手机用户每日上网的密集时间段又有一定的规律，因此，要重视每次发送信息的时间，如果能够把握精准的时间，内容阅读量将得到很大提高。周末是低谷期，重要文章不要选周末发。而从当天的发布周期来看，上午9点到10点、中午1点、下午5点、晚上9点和11点是用户上网的密集期。这其中，又以晚上9点和11点的访问量最大。

3. 把握沟通方式

（1）及时回复。当用户主动咨询的时候，回复越及时，用户就越有好感。现在，越来越多的微信商户都提供了"回复关键字"等自助咨询服务，既提高了服务效率，又增强了用户好感。

（2）增强互动性。千万不要因为觉得回复用户的留言很麻烦，就不去做这件事情，或者弄个聊天机器人在那里应付了事。如果平时舍得花大笔钞票去卖广告、聘请昂贵公关公司，那更应该花些钱在用户互动上。因为到了互动环节，只需要再花一点点力气就能让用户转化为客户。

4. 线上线下同步营销

微信"扫描二维码""朋友圈""查找附近的人"等功能都为商家提供了线上线下同步营销的工具。在实体店"扫描二维码"，关注商家的微信公众号，便可在线下购买中获取优惠；在"朋友圈"上传转发商家信息，亦可在线下购买中获得优惠；同时，商家可利用"查找附近的人"功能向周边人群发送促销信息，促使周边的潜在消费者进店购买。

线上线下同步营销如今应用广泛，也成为商家为自己的微信公众号积累粉丝的手段之一。

四、微信营销面临的难题与发展方向

微信营销面临着诸多难题,同时也有着提供价值而非吸引眼球、弱化营销而强化沟通等发展方向的选择。

(一)微信营销的潜力

据腾讯发布的业绩报告,截至 2015 年第一季度末,微信每月活跃用户已达到 5.49 亿,用户覆盖 200 多个国家,超过 20 种语言。此外,各品牌的微信公众账号总数已经超过 200 万个,移动应用对接数量超过 85000 个,微信支付用户则达到了 4 亿次左右。25% 的微信用户每天打开微信超过 30 次,55.2% 的微信用户每天打开微信超过 10 次。

同时,微信用户中,男性占了近 2/3,达 64.3%;年龄方面,微信用户平均年龄只有 26 岁,97.7% 的用户在 50 岁以下,86.2% 的用户在 18~36 岁;在用户职业分布方面,企业职员、自由职业者、学生、事业单位员工这四类用户占据了 80%,此外,80% 的中国高资产净值人群在使用微信。近两年在微信用户构成方面最大的变化大概就是职业方面了。在 2012 年,大学生用户占到了 64.51%,而到了 2015 年第一季度末,学生所占比例大幅降低,减少到 19.7%,而企业职员成为占比最高的人群,达 31.9%,自由职业者占 28.3%,事业单位员工占 10.6%,说明有越来越多的在职人员使用微信。总的来说,微信用户具有年轻化、男性居多的特征,职业分布上较前两年更接近于社会总体,而且资产水平和消费能力偏高。

在微信直接带动的消费支出中,娱乐占了 53.6%,公众平台占了 20%,购物占了 13.2%,出行占了 11.3%,餐饮占了 2%。据统计,微信直接带动的生活消费规模已达到 110 亿元,其中娱乐消费是最大支出,规模为 58.96 亿元。

2015 年第一季度末,通过微信已实现大部分城市的当地社会公共服务,包括公共交通、生活设施缴费、医疗、市政等。微信"摇一摇"功能也被扩展,继而使得商家可以为用户提供优惠券等促销活动。微信支付和钱包功能通过新年红包等交互活动获得了用户的广泛欢迎。微信公众号发展迅猛,成为微信的主要服务之一,近 80% 的用户关注微信公众号,企业和媒体的公众号是用户主要关注的对象,比例高达 73.4%。其中,29.1% 的用户关注了自媒体,25.4% 的用户关注了认证媒体,20.7% 的用户没有关注任何公众号,18.9% 的用户关注了企业商家,而 5.9% 的用户则关注了营销推广类公众号。

庞大的用户数量、高频率的日常使用,为微信未来的发展奠定了坚实基础。历经短短四年时间,微信已一跃成为全球华人圈最时兴的社交工具。而且,它已不仅仅是一个单纯的即时通信工具或社交工具,最重要的是,它开始全面深入人们的生活,为人们提供更全面的服务,包括各种生活缴费、各种资讯查询、各种便捷购物等。伴随其社会影响力的全面提升,微信与营销的接轨越来越频繁,加上微信所具有的信息到达率高、营销精准等特点,使得微信营销具有很大的潜力,微信成为许多商家不可忽视的营销阵地。

(二)微信营销面临的难题

作为微信的开发者和平台提供商,腾讯对于微信的商业化应用其实是极为谨慎的,毕竟,不恰当的营销运作很可能会损伤其用户基础,导致腾讯公司得不偿失。从用户的角度看,微信首先是一个通信和社交平台,而不是获取营销咨询和营销服务的平台,用户对微信营销的接受程度有待考证。而营销的低门槛,导致大量企业和个人注册各种公众号,同时也

可以几乎零成本进行"朋友圈"营销,导致营销水平层次不齐。

1. 公众号庞杂,难以获取微信用户

如今,微信公众号的总数已超过 800 万个。2014 年,公众号的日均增长数由 2013 年的 8000 个上升至 1.5 万个。如此庞杂的公众账号,想要在其中脱颖而出获取粉丝,具有一定难度。并不是每个公众账号都有极高的知名度,也并非每个账号都能支付大量的活动经费进行微信营销。因此,在公众号庞杂的情况下,如何获取微信用户,是许多账号面临的问题。

2. 微信用户庞大,难以维系商家与用户的关系

微信公众平台的构建,可以为企业节约一定的成本。如以前需要通过发送短信推广的信息,现在通过微信推广,对于一些特别大型的企业,节约下来的短信费用就是一笔可观的数量。

然而,在用户数量达到一定程度之后,与那么多的用户保持互动就变得十分困难了。目前使用较多的方法是关键词自动回复,根据用户发送的"关键词"自动向粉丝推送相关内容。但是,用户的留言千奇百怪,许多可能不在自动回复的范围内。大量机械式的回复可能降低用户体验,甚至导致用户取消对公众号的关注。

为了解决这个问题,很多企业不得不专门成立微信客服,与用户进行真实对话。当这些投入的人力成本和时间成本不断提高时,微信营销的运作也面临着巨大的压力和挑战。

3. 微信与电商如何更好地挂钩

阿里巴巴和京东花费很长时间打造了相对完善的商家管理体系、供应链管理体系、支付体系、信用评价体系、流量分配体系、数据管理体系、营销体系等,支撑了平台上的购物生态,其中的大部分同样是微信电商所必须具备的。要想将微信电商做成熟,仅仅靠现有的社交体系是远远不够的。

同时,用户现在的购物习惯亦成为微信电商发展的阻力。例如,在淘宝搜索中,输入商品关键词就能达到轻松购物的目的;然而在微信上,用户则需要搜索并关注店铺,才能看到该店铺的商品信息,想要对比挑选就要关注许多店铺账号,显得很不方便。

微信的基础是社交通信软件,商业化的程度需要控制。倘若控制得好,电商或可增加微信平台的粘性,否则会给微信的用户体验和品牌美誉度造成损害。面对种种技术性、生态性的阻力,微信电商能不能发展、如何发展,仍需更多的实践和思考。

4. 微信的"强关系"难以利用

微信中的社交关系往往是"强关系",这也是许多商家看好微信营销的重要原因之一。"强关系"意味着朋友般的信任,意味着用户对商品服务的推荐、良好态度会较大地营销到他的微信关系网,带动他的朋友接受某商品或服务。

因此,这两年出现了不少"朋友圈"营销的案例。典型的做法是,用户分享商家信息到"朋友圈",或是在"朋友圈"积攒够"赞"的数量,便可获取优惠。此种做法取得了一定效果,但其明显的营销诉求容易招致用户的反感,而且也不容易真正发挥微信"强关系"作用。因此,"朋友圈集赞"可被用作短期的营销手段,却未必是长久之计。

(三) 微信营销的发展方向

作为一个发展中的事物,微信的营销手段和方法还在不断演变当中。微信通过内置浏览器,很方便地增加了一种重要的优化用户体验、增强炫酷感官享受的技术手段。2015 年,微信加大了"朋友圈"信息流广告的发布力度。不论方法、手段如何演变,未来的微信营

销应立足用户需求，提供价值，强化沟通。

1. 提供价值，而非吸引眼球

向用户提供价值，这个因人而异，可能是优惠折扣、信息获取、贴身服务或是其他的种种，这便需要在实战经验中不断地进行数据收集和数据分析，把握用户的需求，了解用户通过微信最想得到的是什么。

2. 弱化营销，强化沟通

微信是一个较为私密的社交平台，2013 年 8 月推出的微信 5.0 版本，对于公众账号推送消息的数量做了限制，也屏蔽了大量在微信上做恶意营销的公众账号，旨在净化微信的社交环境。

因此，沟通比营销更加符合微信的气质，或者说，沟通便是在潜移默化地做着营销。现有的微信陪聊、微信客服都在企图做好与粉丝的沟通。

同时，企业亦可在产品的基础上，和粉丝做更深层次的沟通。这对于提升企业在用户心中的好感度也很有帮助。

（四）案例赏析

吃核桃不补脑，妈妈吃、宝宝补的终极方法看这里

吃可是大事，毕竟人体所需的能量大多数都是靠食物供给的。在特殊时期，对吃也更加讲究，孕期尤为明显。孕期到底怎么吃，怎么补营养，我们一起来听听营养师妈妈的专业说法。

孕期两大饮食误区

1. 这不能吃那不能吃

长辈："你怀着宝宝不能吃螃蟹的，忍一忍吧。"

事实上，螃蟹只要煮熟了，孕妇完全可以放心大胆地吃。真正要忌口的只有烟酒、没有消过毒的牛奶和奶制品、生的或不符合食品安全的食物。

2. 吃太多不仅没补对，体重还狂长

老公："老婆，来多吃点核桃，孩子出生后聪明……"

孕妈多吃核桃让宝宝更聪明的作用非常有限，但把老婆喂胖了却是真的。一项调查显示，孕妈妈体重增加过大可能会让胎宝宝长得太大，体重超过 4 千克的宝宝在成年后患冠心病、高血压等疾病的风险，也远远高于 2.5～3.5 千克正常体重的新生儿。

孕妈的营养是胎宝宝营养的全部来源，这直接关系着胎宝宝和出生后很长一段时间，乃至一生的健康情况。同时，这一阶段的营养补充也直接影响妈妈的健康和产后恢复速度。孕期饮食合理，完全可以做到长胎不长肉，产后迅速恢复少女身材。

走出误区，科学饮食，才能做到"一人吃好，两人受益"。

<u>点击订阅《孕期营养手册》</u>，走出饮食误区，补对关键营养。

孕期补对关键营养

促进宝宝智力发育。权威研究报告研究发现，孕期补充多种维生素矿物质的妈妈，她们的孩子在 9～12 岁时的智力，比那些只补充铁和叶酸的妈妈所生的孩子高。

此外，合理补充钙、叶酸、碘和 DHA 都能为宝宝的神经系统发育打好基础，让宝宝从出生那一刻起，就发育得更好。

<u>点击订阅，和我一起补对关键营养。</u>

备孕、孕妈都需要的——孕期营养手册

这里也不得不告诉妈妈们一个真相：孕期，妈妈会优先给胎宝宝提供营养。比如胎宝宝需要吸收25～30克钙质，身体会优先把钙提供给宝宝。如果妈妈体内的钙不足，宝宝也许不会受到太大影响，但妈妈就受苦了，产后不仅腰酸腿疼，日后患骨质疏松的风险也是成倍增加。

根据《中国居民膳食指南》指出，中国孕妇一般都缺铁、钙、DHA等营养。如果妈妈可以对一日三餐做出科学的安排，那么这些都可以在日常饮食中得到补充。

我和××公众号一起，专门为备孕的妈妈和孕妈量身定制了一套《孕期营养手册》，关键营养如铁、钙、DHA等怎么补，吃什么，怎么吃，听完课程，了然于胸。

针对孕早、中、晚期，我们为您准备了3套长胎不长肉的营养食谱，配以6张饮食清单和5张常见营养素来源食物参考表，可以做出上百道孕期营养餐。发给老公和婆婆或妈妈，照着做，营养又美味。

同时，针对孕期可能出现的便秘、消化不良等8大常见问题，我们都给出了具体食谱，这样做，这样吃，轻松解决孕期烦恼。

<u>限时5天，优惠￥49。立省20元，点击立即订阅</u>。

关乎自身和宝宝的营养，建议每一个即将当妈或者准备要二宝的妈妈订阅学习。也欢迎送给身边的孕妈或正在备孕中的朋友。

订阅后你将获得

01 一套系统的孕期营养课程

课程共14节音频课程，每天10分钟，系统掌握孕期饮食要点，掌握钙、DHA、叶酸等关键营养素补充的方法，以及获得一套针对性解决孕吐、消化不良、便秘等孕期常见问题的饮食方案。

02 三套长胎不长肉的营养食谱+五张营养素来源食物参考表

3套食谱包含孕0～3月、4～6月、7～9月的营养饮食方案，具体到用什么食材，怎么做。配合营养素来源食物参考表一起使用，可以做出上百道营养餐，营养美味吃不厌。遇到不喜欢吃的食材也没有关系，食谱中给出了替代方案，对照着营养素参考表做美食，全家都是照顾你饮食的最好营养师。

03 六张营养饮食清单

保存在手机里随时随地查看，也可以分享给家人、朋友，尤其是老公，让你在孕期得到更好的照顾。

04 两次答疑课程

关于孕期营养的问题，妈妈们听课后都可以在评论区提问，我会集中解答。

补对关键营养，生出健康宝宝。

<u>点击立即订阅"孕期营养课"</u>。

简析：这是一篇比较优秀的微信营销广告，营销产品针对孕期妈妈最关心的营养问题，用更科学均衡的营养补充方法来帮助怀孕妈妈走出传统思想观点中对孕期饮食的误区。广告文案中清楚地表述了产品的优势和用户可获得的优惠条件，而且把产品购买链接放置到全文各处，方便用户购买。

小贴士：

在进行微信营销的时候不妨尝试软文的推广策略。人们每天在微信中接收到的广告信息太多、太复杂，难免产生审美疲劳，对于一些明显的广告式标题可能根本不会关注，软文推广可以让人们在获得阅读乐趣的同时接收到关于商品的广告信息。但是，在实践过程中切忌用力过猛，"标题党"可是很让人反感的呀！

第二节 微博营销账号文案写作

一、微博营销概述

（一）微博营销的概念和兴起

微博（Weibo），即微型博客（MicroBlog），也称迷你博客（MiniBlog），是一种通过关注机制分享简短实时信息的广播式的社交网络平台。微博是一个基于用户分享关系、传播和获取信息的平台。用户可以通过客户端组建个人社区，以简短的文字更新信息，并实现即时分享。微博的关注机制分为可单向、可双向两种。

微博营销可从营销主体、营销方式和营销功能这三个维度来定义，微博营销是指企业或非营利组织利用微博这种新兴社会化媒体影响其受众，通过在微博上进行信息的快速传播、分享、反馈、互动，从而实现市场调研、产品推介、客户关系管理、品牌传播、危机公关等功能的营销行为。具体可以从三个方面来理解这个定义：首先，微博营销的主体是企业和非营利组织。与传统营销不同，非营利组织也是微博营销的重要主体。非营利组织由于其预算的有限性，对信息发布系统与人才的投入不像企业那样充裕。因此，一种易操作、低成本而又高效的信息传播工具对非营利组织而言是非常重要的。微博的出现正符合了非营利组织的这种需求。其次，微博营销的方式是在微博网站上进行信息的快速传播、分享、反馈、互动。微博的特点决定了微博营销的方式，微博的本质是信息的快捷传播与分享，这决定了企业利用微博进行营销的方式，企业在微博上进行的一切营销活动都必须围绕这种方式进行。最后，微博营销的功能是实现市场调研、产品推介、客户关系管理、品牌传播、危机公关等。微博作为互联网时代的新型营销工具，可实现的营销功能是多种多样的，成功的微博营销可以最大限度地实现以上功能。

追根溯源，微博营销兴起的前提是微博的崛起。新浪微博是最早进入微博市场的门户网站，也是到目前为止国内表现最为出彩的微博产品。从2010年初开始，新浪微博就大红大紫了，这是新浪利用名人资源所引爆的一个新兴媒体。随着新浪微博用户数量的爆发式增长，许多企业看到了微博营销的潜力，纷纷入驻新浪微博。企业在微博营销实战中不断摸索成长，其中不乏在微博上取得显著营销成效的企业。

（二）微博营销的特点

从一开始，微博的发展就极为迅速。与传统博客相比，它将字数限制在140字以内，使得微博内容短小、口语化，易于操作和传播，从而在一定程度上降低了发帖门槛，能提高用户的参与度。在终端上，微博更适合于手机、平板电脑等移动端媒体；在表达上，微博更为口语化、碎片化；此外，与传统博客相比，微博的参与、互动、转发更为容易，具有很强的社交性，因而短短几年微博便迅速跃升为社会化媒体的典型代表。利用微博平台所进行的营销具有以下特征：

1. 多媒体

基于微博的营销活动可以借助多媒体技术手段，以文字、图片、视频等形式对企业的产品或服务进行全方位展示与描述。微博营销的多媒体特征性能让潜在消费者更直观地感知营销信息，从而达到更高的信息到达率和阅读率。

2. 即时互动性

微博是永不落幕的"现场直播"平台。在微博上，企业可以在第一时间将营销信息传递给目标消费者，同时能够根据消费者对营销信息的转发、评论、点赞等相关反馈情况即时与消费者沟通，实现营销信息的交互。如果企业资源允许，企业甚至可以针对特定的潜在目标消费者量身定制个性化的反馈信息，这能让消费者亲身感受到来自企业的人文关怀，进而对企业产生良好的品牌印象，达成品牌塑造的目的。在消费者主导的时代，聆听消费者的意见和建议、即时反馈消费者、与消费者形成良好的沟通与互动，是成功营销的前提，而微博营销很好地契合了互动营销的这些精神，是互动营销的重要表现形式。

3. 传播速度快，范围广

微博营销离不开信息发布，微博的信息传播方式不是线性有序传播，而是无中心的开放式传播。企业在微博上发布的营销信息能够及时地传递给受众，而基于微博上庞大用户群的积极性和人际网络，这些营销信息又能够通过转发、评论得到二次乃至 N 次传播。有人用"One to N to N"的裂变公式来形容微博的传播方式，生动形象地表明了微博传播速度的无限可能性。而微博营销的这一特点，又让其成为病毒营销的一个重要模式。

4. 湿营销的最佳阐释

"湿营销"是指借由互联网上的社会性媒体聚合某个群体，并以温和的方式将其转化为品牌的追随者，赋予消费者力量，鼓励他们以创造性的方式贡献和分享内容，从而影响商家的新产品开发、市场调研、品牌管理等营销新战略。微博营销正是"湿营销"这一理念的最佳阐释。在微博中，由微博博主发出的信息在用户之间不断呈现病毒式扩散，具有显著的社会化特征，每位受众既是信息的接收者，也是信息的传播者。成功的微博营销可以影响社会化环境下的意见领袖，并让品牌的拥护者高度卷入，让营销往正面发展。微博，由于其本身就具有"湿"的性质，因此，在微博的"湿营销"过程中，企业通过民主的方式引导用户的言行（尤其是负面的），而不是强制打压用户的言行。在微博上，企业可以与用户进行深度对话，并使用户在对话的过程中对品牌和产品产生信任。利用微博进行"湿营销"的另一个特点是深度的互动体验，它可以让企业的受众与传播的诉求高度互动、深度体验。

（三）微博营销的优势

微博营销作为一种网络营销方式，与传统营销模式和其他的网络营销方式相比，主要有以下优势：

1. 成本相对较低

微博账号的注册一般都是免费的，企业可以免费开通企业版微博，享受微博平台给企业提供的免费基础服务。通过企业官方微博，企业不仅可以免费地发布信息、发起活动、与粉丝互动，而且还可以通过顾客注册信息获取一手的用户资料，或展开用户调研，进行有效的客户关系管理。除了官方微博这一免费的自有平台，企业还可以广泛利用各种名人微博、草根大号或行业知名微博来进行营销推广，尽管需要支付一定费用，但与电视、报纸等传统媒体比起来，企业在微博上投放硬广告或进行软文营销的成本要小得多，而且营销形式更为灵活。微博的出现让很多资金不够雄厚的中小型企业看到了低成本营销的希望。

2. 企业可以利用微博上的意见领袖进行有效的影响力营销

微博上有众多的大V用户，他们都是各行各业的意见领袖，有数目可观的粉丝群，甚至能够引导微博上的舆论走向。利用微博大号对企业进行宣传往往能以相对低廉的广告费用起到很好的传播效果。

相比传统的明星代言电视广告，让微博大号转发企业产品相关微博要经济实惠得多，无须支付高昂的代言费，同样能收到名人背书的证言效果。

3. 能够实现信息的即时和精准传播

微博具有"随时随地分享信息"的即时沟通功能，能让企业在第一时间发布关于企业产品或服务的最新动态，如促销信息等，让每一次的营销活动都能及时到达消费者那里，进而取得更佳的营销效果。由于企业可以通过微博上已有的关于粉丝的相关数据，分析粉丝的特征，从而进行有针对性的精准营销，达成企业和用户的共赢。此外，微博的个性标签功能使企业可以通过标签设置选择潜在的目标客户，同时也可让用户快速找到相应的企业和产品，这让微博的精准营销成为可能。每天都有大量用户在微博上晒生活，企业可以通过分析微博上目标用户的行为数据制订相应的营销策略，在微博用户大数据的基础下更好地实现精准营销。

4. 企业开展微博营销能够实现危机事件的预警功能

在"人人都是麦克风""人人都是自媒体"的时代，任何一个关于企业的负面信息都有可能在短时间内广泛传播，如果不能及时出面解释，阻止负面信息的进一步传播，则有可能会引发企业的危机。微博的即时性、便捷性让企业能够通过良好的舆论监控第一时间发现危机，并迅速做出回应，给予解决方案，制止危机的发生与扩大。如今，微博已成为很多政府、企业、个人进行舆情监测、危机公关和形象管理的重要手段。

（四）微博营销的功能

微博营销功能，即"微博"这个工具在营销中发挥的作用，企业能用微博做什么。微博的营销功能主要有以下几点：

1. 品牌推广

品牌推广是企业塑造自身及产品形象以获得广大消费者认同的过程。品牌构成的三个要素是品牌标志、品牌道德和品牌形象，其中，品牌标志是品牌呈现给消费者的直观的品牌代言物，但真正能让消费者感知品牌内涵的重要因素是品牌道德和品牌形象。品牌道德包含了一个企业的品牌内在价值观和是非观，品牌形象则包含了企业希望通过品牌传达给消费者的认知感受。微博作为企业发声以及进行社会化营销的重要平台和工具，是企业与消费者进行直接接触的一个桥梁。在沟通和信息交互的过程中，无论是表达的内容还是表达的语言方式，都可以体现企业的品牌内涵。

除了利用微博进行品牌的对外宣传和推广外，品牌的对内传播也不容忽视。品牌是一个企业整体形象的体现，企业员工往往比用户更能体会企业品牌对自己的巨大影响力。因此，企业内部员工理解、认同、践行企业的品牌价值观显得尤其重要，是企业品牌营销取得成功的关键。例如鼓励员工开微博，建立微博群，加强员工之间非正式的交流，实际上是一种利用微博加强企业品牌、企业文化的内传播应用。

2. 客户管理

利用微博进行客户管理可分为以下两个方面：第一，客户信息梳理与关系维护。微博作为一个带有社交功能的平台，个人展示是很普遍的现象，用户通常能够在微博中主动提供他们的地域、年龄、学历、行业、兴趣爱好等多种信息。企业通过微博可以在不打扰用户的情况下收集必要的信息。在拥有一定的用户基数后，可以使用组建群组、应用标签分类、第三方"粉丝"分析软件等多种形式，灵活地进行客户归类。在以客户为核心的商业模式中，CRM（客户关系管理）强调时刻与用户保持和谐的关系，不断地将企业产品和服务信息及时传递给用户，同时全面及时地收集顾客的反馈信息。第二，在线客服。微博作为一个庞大的社交平台，具备24小时可随时联系的特点，服务人员通过微博可方便接收信息、进行反馈，可同时进行一对多的沟通交流。另外，企业微博还可以通过内容的构建，主动帮助用户解决问题，主动宣传自己的服务信息。

3. 公共关系管理

通过微博的信息收集，使用微博检索工具、检索组件，时时刻刻对企业品牌、产品和相关的话题进行监控，可以建立一个日常的监测预警机制。一旦在微博上发现和企业相关的负面信息，应及时向涉及的具体部门和人员报告，找出问题的根源，快速检索相关留言，了解情况后迅速通过私信等私下单独沟通的方式联系相关用户，实时检测受众对于品牌或产品的评论及疑问，如遇到企业危机事件，可通过微博第一时间表明企业态度，对消费者疑问予以解答，并对负面口碑进行及时的正面引导，使搜索引擎中的相关负面消息尽快"淹没"，让企业的损失降到最低。

二、微博营销策略

微博的发展如此引人瞩目，企业、政府机构以及其他各种组织和个人也越来越重视利用微博开展营销和推广，但从实际情况来看，很多人只是将微博作为短期炒作或进行危机公关的临时阵地，缺乏长远规划，自然很难真正及时有效地交流沟通、解决问题、达成营销目标。

（一）微博营销的方法和技巧

合理定位是进行微博营销的第一步，需要围绕企业总体营销策略来进行。企业在进行微博营销时势必要围绕本企业产品或品牌的调性、目标用户、目标市场的特点来制定营销策略。

1. 内容营销

作为典型的社交媒体，微博很好地展现了这个时代的众声喧哗，140字数的限制给观点表达和信息传递加上了短、平、快的特征。在微博上，只有具有高质量的内容，才可能引起网友关注，形成话题，只有形成自己高辨识度的风格与特色，才可能吸引到大众铁粉，在众多发声平台中脱颖而出，形成品牌效应。

作为一个可以和消费者进行实时沟通的平台，微博其实是一个非常好的能实现"价值观营销"的渠道。微博并不是一个简单的销售商品或创造消费需求的工具，而更多的是企业展现自身价值观和企业愿景与使命的平台。在这种观念下，企业不再以硬性方式推销商品，而是以真诚的态度，为消费者提供有价值的产品和服务，关注消费者生活和世界的变化，以"意义的营销"赢得消费者的信任和精神认同。

具体来讲，首先，微博应该摒弃"硬营销"的传统思路，尽可能为消费者提供有价值的信息，包括与企业所在行业相关的专业信息，以及各种能够引起消费者兴趣的内容、热点话题，让用户的关注更有价值。

其次，对专业内容与其他内容的平衡也要规划好。企业微博作为客户关系维护与服务的平台，既要考虑显示企业特点的专业性，以提高服务的质量和水平，增加用户对企业的信任度，同时又要适当地发布一些活跃气氛的内容，以拉近企业与用户的情感和关系。

2. 名人效应

现在大多数明星都在新浪微博注册了账号，其粉丝数量也非常可观，而由于明星自身有不同的定位，其粉丝也通常有着比较显著的特点。而这其中部分明星的粉丝就是某些企业的目标消费者。比如，TFBOYS 的粉丝群体包括"80 后"女性群体和"90 后"青少年群体，他们喜欢 TFBOYS 的青春活力以及与其他明星不同的稚气与脱俗，愿意关注 TFBOYS 的成长，并且想要和其他众多粉丝一起帮助这三个男孩的成长，或想效仿 TFBOYS，以之为自己的偶像。那么企业就可以大概知道 TFBOYS 的微博粉丝群体画像，如果符合本企业的目标受众特征，就可以和 TFBOYS 的微博进行合作，或者多多关注他们，发布与他们有关的微博内容，从而达到吸引有效关注者的目的。

3. 互动策略

目前微博营销中常用的互动策略为有奖转发，企业经常设置一些奖励来激励用户关注企业官微或者激励粉丝进行转发并分享给自己的好友，这种方式固然可以扩大企业微博的曝光度，但是另一方面，营销精准度也下降了，很多用户很有可能是为了奖励进行转发，对企业并无忠诚度可言，因此，虽然关注的人数可能增加了，但是"僵尸粉"的比例也提高了。这对于企业进行有效的宣传推广及客户关系管理都是不利的，企业应寻找更有效的互动方式。

企业微博首先应该像一个"人"，能够和消费者进行没有障碍的沟通，有自己的个性，能够与关注者形成一种类似"气味相投"的感觉，而不是为了单纯的曝光量而"逼"用户进行转发。

与用户进行互动沟通时，首先应该增加对用户需求的了解，根据其实际需要进行针对性的营销。企业可以用询问、关切的语气与用户进行交流，引起用户的讨论并引出其真实的需求。实时关注用户的搜索关键词及微博热点也是获知其需求的途径之一。其次，要用消费者喜欢的或者容易理解的语言进行交流。当下的网络语言不断丰富，微博上的"段子手"也是层出不穷，官方微博维护者不妨多关注这些"段子手"，多使用网络语言和用户进行交流，拉近与用户的距离，成为用户的一个人格化的"朋友"，这样才能为以后的关系维护奠定良好基础。

4. 掌握发布时间

多屏时代，人们的生活被分割成了碎片，微博用户一般都是利用上下班的空闲时间来刷新资讯，这就需要企业根据自身目标消费群体的作息时间来安排微博的发布，以便最大限度地抓住消费者的注意力，成功引起他们的兴趣。

根据相关统计显示，值得关注的时间段有三个：上午 9—10 点，可能刚上班就会上微博；下午 4—5 点，快下班或手头工作完成后刷会儿微博；晚上 8—11 点，回家吃完饭空闲时间看看微博。

通过分析目标群体的生活作息习惯及微博使用习惯，掌握好用户的时间，对微博的发布时间与时机进行合理规划，往往能收到事半功倍的效果。

5. 整合策略

微博营销通常不会作为一个孤立的营销手段来使用，而往往需要与企业其他营销策略和内容相整合，通过系统化地综合使用各种营销工具和手段，达到营销效果的最大化。

微博营销作为企业营销策略中的重要一环，势必要与企业其他的营销环节相整合，做好营销活动的线上宣传或者活动中期的客户服务、活动后期的其他服务等相关工作，企业需要在精力和财力允许的情况下根据不同营销渠道的特点，结合企业的特点设计合理的营销渠道组合，充分发挥每个营销渠道的特点，进而取得最佳的综合营销效果。

（二）微博营销的误区

在对微博营销的应用中，存在着一些似是而非的观念误区，比如，误认为粉丝越多影响力越大、转发越多活动越成功、促销越频繁推广越有效等。归根结底，除了行业不规范因素之外，其错误的根源仍然在于误把微博营销当作一种短期营利工具。

1. 粉丝越多影响力越大

粉丝数量是微博营销的基础，但是不能盲目地追求粉丝的数量。如果某企业的粉丝数量几十万，但是每次微博转发数量仅有数百次甚至数十次，那说明这些粉丝的质量并不高。有些企业为了追求粉丝的数量，不惜重金购买粉丝，这使得企业微博粉丝中存在太多"僵尸粉"，而"僵尸粉"对于企业微博营销来说没有任何价值。粉丝数量是一个容易量化的指标，但绝不是微博营销中最有价值的指标，正确认识到微博营销的价值并不停留在粉丝数量层面，是企业开展微博营销的第一步。

2. 转发越多活动越成功

转发量的确已成为衡量微博营销效果的一个重要指标，但比数量更重要的是质量，也就是说，需要分清转发微博的究竟是哪些类型的人，是不是企业的目标客户或优质客户。

与社会结构类似，微博的用户也具有明显的社会经济结构，其中，最活跃、转发意愿最强烈的，大多是在校学生或是刚刚参加工作的人群，他们非常活跃，但是购买力非常有限；他们喜欢在网上购买便宜打折的物品，追求物美价廉；他们很有可能不是企业的目标用户。

如果企业在微博营销活动时，只能调动这两类人的转发兴趣，那么微博营销活动的转化率和效果都会不理想。要想获得理想的营销效果，企业需要瞄准自己的目标消费者，不仅调动网上活跃人群的转发兴趣，更为重要的是获得自己目标消费群的注意和兴趣，为以后的购买或进一步参与做准备。

3. 促销越频繁推广越有效

对于企业来说，微博是一个低成本的甚至免费的营销平台，但是对于消费者来说，它应该是一个沟通和服务的平台。微博是企业与消费者零距离交流、互动的途径，其主要功能应该是服务消费者，做好客户关系管理，将消费者意见反馈给企业以改善产品，提升服务质量。如果企业在微博上发布大量促销推广的信息，用户关注的价值就会大大降低，而且这种信息也很容易被微博上的海量信息所淹没。试想，在网络上铺天盖地的信息中，企业发布单纯的促销推广信息，怎能不被其他信息所淹没或招来用户反感呢？

4. 一味模仿跟风

网上经常出现一些流行的网络段子或搞笑视频，企业需要学习网络流行语言来拉近与消费者的距离，但是如果企业只会一味简单地跟风模仿，找不到自己的独特之处，不能塑造自己的个性，那么在万千段子中，也只能做毫无存在感的那一个。企业微博应该找到与企业产品或品牌调性一致的个性，借势在热点中脱颖而出。

5. 猜错客户视角

要想做好微博营销，首先要找到企业的目标消费者，然后根据这部分人群的需要进行营销活动和服务。例如，宝马汽车的微博内容就应该符合中年成功人士的品味和需求，如果整日在其官方微博上发布八卦消息或搞笑段子，那么就算微博发布得再多，其内容再吸引人，不难想象之后的微博营销活动效果，一定不会理想。

6. 过于看重即时效果

微博营销的过程较为漫长，是一个循序渐进、潜移默化的过程。企业微博如果能在较长时间段内积累到质量和数量都较高的粉丝群体，并能与他们建立良好的关系，那么微博营销的效果才算达到了。微博作为一个社会化媒体，其营销过程是一个长期的互动管理过程。因此，要看长期的效果，而不是看当下的即时成效。

三、微博营销的挑战和发展趋势

随着微博营销的兴起壮大，微博营销所涉及的已不仅仅是营销者（如企业）、粉丝、微博运营商（如新浪微博）这几类主体，还培育出拥有大量粉丝的知名博主，并出现了专门的微博营销公司，以及能接入微博平台的第三方应用程序开发者。多样化的主体在进一步丰富微博生态环境的同时，也对微博营销的运作和管理提出了更高的要求。

以微博营销公司即利用微博平台开展微博营销的第三方公司为例，这些公司往往控制着大量知名博主，其中不乏拥有庞大粉丝群体的"段子手"。这些微博营销公司可以调动较多的微博资源，但也分不同的档次。低档次的微博营销公司往往通过所控制的微博账号或微博营销工具，以制造"水军"为主要手段。"水军"群体的存在，令微博营销的效果存在很大水分，也令市场的风气更加浮躁。

（一）微博营销面临的挑战

微博营销是依托于微博所做的营销，微博本身的特点和发展状况自然会在很大程度上影响和制约微博营销。除了市场不规范问题，当企业决定采取微博营销这种方式时，还需同时考虑和应对这种营销方式的特殊要求和问题。

1. 对粉丝的数量和质量均有要求

人气是微博营销的基础，只有拥有足够的粉丝数量，才可能达到预期的传播效果。没有数量，微博营销就失去了发挥影响力的基石。但是，在获得粉丝数量的基础上，还应该重视粉丝的质量。有的企业虽然关注数量很高，但大多是"僵尸粉"，活跃度基本为零，这对于企业的营销推广没有任何意义。积累有质有量的粉丝群体需要企业的用心经营和长期积累，是企业开展微博营销的第一大难题。

2. 信息量大，易被淹没

据新浪微博财报数据显示，截至2017年9月，微博月活跃用户共3.76亿，日活跃用户达到1.65亿。由于微博使用简单，能够迅速获得广泛传播，所以微博产生的内容非常多，更新速度十分快，这就导致企业在微博上发布的信息很容易被淹没，营销信息很容易被用户忽略。

3. 属于弱关系，信任度较低

微博是典型的弱关系，用户的社交网络异质性较强，即交往面很广，交往对象来自各行各业，获得的信息也是多方面的。弱关系社区更强调信息的价值、快捷，媒体属性更强。所以尽管你在微博上有很多"关注者"或"粉丝"，但是你们之间并不相互了解，只是在某一个方面时不时地进行信息共享。因此当某一个粉丝分享了某一条信息时，你只是基于兴趣很快地扫一眼，并不会对信息内容做深入的了解。尤其是当信息内容与你的认知或者兴趣不相符时，该信息根本不会在你脑海中留下任何印象，你也不会纠结于其真实性，而是坚持自己的想法。但是在强关系社区中，你会对朋友的一条信息花费更多的精力来分析、判断、接纳，有时甚至会因为朋友的一条信息而改变自己以往的认知。

因此，微博的弱关系属性给企业的营销效果带来很大的局限性。首先是用户所能付出的时间和精力都十分有限，其次是相互之间的信任度较低。一般来说，用户很难对一个提供消费品的企业产生很深的信任感和依赖感；反过来，企业也容易将用户视作三心二意、贪图便宜、永不满足"难伺候"的对象，在这种认知关系下，双方要建立平等、真诚、友善的沟通，自然是困难重重。

4. 负面信息传播速度快

微博上数量庞大的用户以及简单的使用规则，使得信息传播速度非常之快，这对企业进行营销推广有非常大的意义。但是另一方面，也使微博的信息内容很难控制。一旦企业在某方面处理不当，负面信息就会以惊人的速度传播开来，对企业的信誉和形象将造成严重的损害。

5. 受众细分不到位

企业往往根据微博用户在某一时间段内所关注的对象进行用户类型划分。比如，如果某个用户在某一段时间内对电影方面的关注较多，那么这个用户就很有可能只被电影营销方面的企业所关注。但事实却是，微博用户关注内容往往很分散，关注的对象也是不断变化的。广泛的关注内容和不断变化的关注对象经常让企业对用户的划分过于简单，从而导致其反而丧失掉真正的目标用户。

6. 微博用户总量及活跃用户数量正在被分流

移动端即时通信工具的发展以及社交类应用软件的更新，对微博用户产生了很大的分流。新兴的移动端即时通信工具和社交类应用软件有微信、QQ、陌陌、探探、知乎、豆瓣、钉钉、易信、旺信（阿里旺旺手机版）、火山小视频、快手、西瓜视频等不胜枚举。这都要归功于近几年移动端电子产品的爆发式发展，相应的各种类型的软件也就应运而生。除此之外，越来越多的软件和应用也开始向着多功能、全领域的方向发展，不再只专注于各自的行业之内，纷纷打破壁垒涉足即时通信或社交领域。这样的发展局面势必给微博带来一定的冲击，微博用户数量及活跃度的下降，给企业微博营销带来更大的考验。

（二）微博营销应对策略探讨

针对微博营销目前所面临的问题，企业可以从以下几个方面着手，提高微博营销的质量和效果。

1. 利用热点话题和营销活动吸引有效粉丝

尽管企业微博粉丝数量不是越多越好，但是一定的粉丝数量对企业开展微博营销活动还是必不可少的。只有在拥有一定数量的有效粉丝的基础上，企业的营销活动才能够顺利开展并且比较容易地进行扩散，达到微博营销的效果。

想要吸引到更多的有效粉丝，企业就需要利用微博自身的优势来吸引目标用户的关注，如利用热点话题来吸引粉丝，进行有针对性的营销活动来保持目标用户的兴趣，并在后期跟进维护与粉丝的关系。

2. 提供独特、有价值的内容和有趣、易参与的互动

要想让企业微博得到用户的持续关注，而不至于在微博海量的信息中被淹没，就需要发掘独特、有价值的信息，或者有趣、易参与的互动提供给用户，让他们主动关注微博内容，并且保持较高的忠诚度和活跃度。企业应该抓住用户的需求点和兴趣点，发布符合其日常认知的信息内容，或者反其道而行之，用无伤大雅的噱头来吸引用户的兴趣。只有微博粉丝愿意积极转发分享企业微博，才能有效地保持企业微博的曝光度和有效期，防止信息被迅速淹没。

除此之外，在用户决定营销效果的微博平台上，企业可以创造更多与用户互动的机会，进行适当的营销活动。保持企业微博的活跃度及和用户之间的联系，也是防止信息被淹没的有效对策之一。

3. 保证微博的真实有效性

企业需要确定消息的可靠性后再发布微博，以免因为传播不实的消息而降低企业的信誉。由于微博上信息过量，用户常常仅根据一次经验甚至第一印象，来判断是否持续关注或直接拉黑某微博，所以，企业在发布微博时需要对自己的微博内容负责，在保证信息及时性的同时还要确保所发布信息的真实性。赢得微博用户的信任，是企业进行微博营销的关键一步。

4. 关注用户态度并做好防范

微博是个"成也萧何败也萧何"的平台。如何能够在众多用户中赢得好口碑，除去产品质量之外，很重要的一点就是把握用户的心理，借势推出能够引起用户共鸣的信息。

如今，作为一个相对开放的新媒体平台，微博已成为企业检测、发现舆情的重要窗口，对企业的情报收集和危机公关具有重要价值。为防范企业和品牌陷入舆论上的被动或更严重的危机，企业很有必要建立专门的微博团队，时刻关注用户对企业形象、产品、品牌的使用体验和评价，做好服务工作，维护好企业形象，能够及时发现问题并寻找有效的解决方法，做好企业的危机公关。

5. 利用大数据精准定位目标用户

企业可以通过收集用户的浏览及上网习惯，建立企业自己关于目标用户的数据库，据此精准定位目标用户，进行有针对性的营销。借助口碑的力量，一部分活跃的目标用户能够扩大企业微博营销活动的范围，吸引其他有相同兴趣爱好的用户。如果企业能够利用大数据准

确识别用户类型与价值，就能够很好地开展口碑营销，提高营销的效果和效率。

6. 厘清微博营销在整体营销战略中的位置和角色

微博经历了几年的发展之后已经逐渐走入成熟期，微博的媒体属性日益加强，已经成为企业、个人和其他媒体信息发布的平台，难免存在内容过于广泛、信息量过于巨大的问题。但是随着微博用户的逐渐稳定，企业可以通过搜集微博用户的动态信息而进行舆情监测、行为检测，为企业线上线下的营销推广活动做好数据准备。

此外，企业在使用微博的同时也不能忽略其他社交类应用的使用，比如微信。诚然，微信的崛起的确对微博产生了一定冲击，造成了用户的分流，但是，二者各有特色和优势，可以在企业营销中发挥不同的作用，形成互补。作为营销者，应厘清微博在企业营销大格局中的地位和作用，并有效地利用其他营销平台和手段，进行优势互补，服务于企业的整体营销目标。

（三）微博营销的未来趋势

微博在发展的过程中不断加强基于兴趣的信息传播，在提升用户内容获取效率、阅读体验的基础上，面向垂直领域认证用户推出相应的内容生产、传播及变现工具，以此打造更完善的内容生产与消费生态。通过这些方面的发展，可以预见微博营销的未来趋势有以下几点：

1. 基于微博的兴趣聚合，实现更精准的营销

为了提升内容发现效率，微博推出了"发现"频道，并在导航栏设置重要入口，用户在不产生关注关系的前提下也能看到感兴趣的内容。通过前期的数据和关系沉淀，微博对用户兴趣进行了综合分析，筛选出不同类别的话题、微博及相关内容，在"发现"频道中进行聚合呈现，并提供了多组标签供用户进一步选择。有了更好的内容发现效率，企业可以更快地找到潜在目标消费者，而消费者也可以更快地找到自己感兴趣的产品或品牌信息，即使在不关注对方的情况下也能及时获得一手资讯。这对企业微博营销来说无疑是一个好消息，使企业能够更快捷地获取消费者信息，了解消费者的兴趣所在，以便有针对性地开展营销活动，进而实现更精准的有效营销。

微博同时打通了跨平台的限制，企业只需要提供一套素材，就能同时满足PC端和移动端的需求，其微博设计和运营的成本得以降低。视觉和架构上的统一，不仅能降低用户在不同终端使用微博的割裂感，也将帮助企业提升微博推广的效果。

2. 内容的生产、传播和变现实现工具化

除了提升内容发现效率，微博针对不同垂直领域的认证用户推出了专属功能应用，为其提供了丰富的内容生产、传播及变现工具。以唱片业为例，音乐人通过专属功能模块发布的歌曲，将以卡片形式呈现在其微博首页的显著区域，方便粉丝试听和分享，以提升内容生产和传播效率。在新歌上线时，音乐人还可以通过该模块实现付费下载。"发现"频道也对不同领域的优质内容进行了聚合，帮助内容生产者全面触达订阅用户，并通过内容的快速传播提升个人品牌。

随着内容生产、传播和变现工具的丰富与完善，更多的内容生产者将从中获益，微博也将对优质内容的创造形成持续刺激，从而进一步提升用户体验。

3. 渗透垂直领域，以兴趣节点扩充用户关系

一直以来，用户在微博上主要是关注热点事件以及明星动态，但新浪微博的发展将重心

放在用户需求的多元化上面，包括用户对图书、音乐、电影等内容的兴趣，这些兴趣节点的形成极大地扩充了微博上的总关系数。新浪微博就是要在实现人与人之间连接的基础上，全力推动用户和兴趣之间的关系建立。微博的下一个目标就是打造一张以信息为纽带，连接人和人、人和组织、人和物、人和兴趣的网络，成为社会网络的形态之一，用户可以关注不同类型的账号并发现信息，并通过与账号的互动获得服务。对微博而言，垂直领域的加速渗透，将进一步提升平台的用户体验和商业价值。

微博对人与兴趣之间的关系的发掘，对以信息为纽带、打造更全面的社会网络的未来规划，对于营销者来说，蕴藏着巨大商机。它将进一步提升微博营销的精准度和影响力，使微博对于企业的营销价值不再仅仅局限于炒作话题、引起关注、监测舆情、化解危机，而是往更深入、更精准的方向发展，提升微博营销的核心价值。

（四）案例赏析

××公司

3月28日 14：30 来自MIX2S全面屏

2018#××粉节#来了，属于你的狂欢盛宴即将开启！从4月3日到4月10日，百款科技好物特惠，××MIX 2S等旗舰新品首卖，还有超酷玩法等你来体验。××8周年，让我们一起狂欢"8"！转发本条微博，抽送3台××音箱mini！

××公司

3月19日 12：01 来自××MIX2S全面屏

转发抽送10份北京到巴黎的往返机票！［来］

@××手机

【××联手蓬皮杜，送你去巴黎】

蓬皮杜，极富盛名的世界级现代艺术博物馆，

它收藏了毕加索、杜尚等大师一生的思辨，

它收藏了××MIX系列手机。

为此，每套3.27#××MIX2S#发布会邀请函，都准备了一张蓬皮杜特别纪念门票。

我们还将送10人免费前往巴黎看展。

转发微博，抽送10份北京—巴黎往返机票。

简析：这是两篇非常简洁直白的微博营销文案，内容很简单：要求粉丝转发博文，奖励也很直接：抽奖送××音箱mini和北京到巴黎往返机票；粉丝想要获得奖励只需动动手指转发微博然后等着抽奖就行了。同时，在博文里也突出了产品的优势和特点，达到吸引粉丝眼球的目的。

小贴士：

微博营销面对的群体不是像微信那样的强关系，所以在进行文案写作时，对文本内容的趣味性、文本的长度和用户可获得的利益，相对来说要求都更严格一些。可以用有趣的方式把产品特色和用户利益放入有限的文本之内，这种简单直接的方式更有利于营销内容的广泛传播。

第三节　电子邮件文案写作

一、电子邮件的概念和作用

（一）电子邮件的概念

电子邮件是一种利用电子手段通过互联网提供信息交换的通信方式，是互联网应用最广的服务。通过网络的电子邮件系统，用户可以以非常低廉的价格（只需负担流量费用）、非常快速的方式（几秒钟之内可以发送到世界上任何指定的目的地），与世界上任何一个角落的网络用户联系。

电子邮件可以是文字、图像、声音等多种形式。同时，用户可以得到大量免费的新闻、专题邮件，并实现轻松的信息搜索。电子邮件的存在极大地方便了人与人之间的沟通与交流，促进了社会的发展。

电子邮件在 20 世纪 70 年代被发明出来，但是由于当时使用网络的人太少，而且网络传输速度非常慢，受网络速度的限制，那时的用户只能发送一些简短的信息。直到 20 世纪 80 年代中期，个人电脑兴起，电子邮件才得以在用户之间传播开来。20 世纪 90 年代中期，科学技术迎来了爆炸式发展，互联网浏览器的诞生促进了网络用户的激增，电子邮件也由此被广为使用。

（二）电子邮件的作用

与传统信函相比，电子邮件所具有的优势显而易见。

（1）快速，不受时间、地域的限制。电子邮件的传输速度非常快，从原来信件投递的几天、几十天减少到几分钟乃至几秒钟。

（2）成本低廉，实现一对多的邮件收发。电子邮件可以以附件的形式传递各种电子文件和多媒体商务信息。即写即发，不用粘贴邮票、去邮局投递，使用成本低廉。

（3）开放性广。即使是一些非 Internet 用户也可以通过一些称为网关的计算机与 Internet 上的用户进行电子邮件的传递。

（4）举办虚拟会议。通过电子邮件可以实现与他人更方便的沟通，进行非面对面的商务谈判，草签合同以及保密文件等商务活动。

二、电子邮件的特点

与传统信件相比，电子邮件文本的写作体现了以下特点：

1. 行款格式的简约化

传统信件中的许多成分如寄件人、收件人、写信时间等都可以由电子邮件系统自动完成，撰写电子邮件就不必像传统信件一样需要强烈的行款格式意识。收发双方看重的是文本的内容，甚至只是看重附件，所以，有些时候即使文本部分没有一个字，收件人也不会太在意，只要附件传来就行了。

2. 附加信息的多元化

虽然目前免费电子邮件服务系统一般只提供4～10M的附件大小，但是人们已经可以利用这4～10M空间传递许多信息，文字、图片、声音等都可以包罗之内。如需使用更大的附件容量，则可以选择某些运营商的超大附件功能或者升级为付费服务以满足自身需要。

3. 文本内容的个性化

电子邮件文本的写作与传统信件相比形式更加自由，可以说完全体现了"个性化"这一特点。根据不同情况和个体需求，可以长篇大论，也可以寥寥数语，甚至就像写个便条一样简洁。在表达上可以是比较正式的书面语，也可以是很随便的口语。

三、电子邮件的格式和写作要求

（一）电子邮件的格式

电子邮件由邮件头与邮件体两部分构成。

（1）电子邮件头一般由发件人、收件人、抄送、密抄、主题等几方面内容组成。

①发件人部分应填发件人的称呼或电子邮箱地址，现在多数电子邮箱会默认填写发件人的邮箱地址，这一栏只需填写称呼即可。

②收件人部分应准确无误地填写收件人的电子邮箱地址，以免电子邮件发错地址或无法寄达。

③抄送与密抄部分应填写除收件人外也需收到此封邮件或知晓邮件内容之人（可以是多个人）的电子邮箱地址。抄送与密抄的区别在于，抄送可以从邮件信息里知晓此封邮件还抄送给了谁；但是密抄不会显示密抄对象，也就是把密抄的对象给保密起来了。

④主题部分应填写邮件主要内容的提示或重要信息的概括。此项内容可以留白，但是在发送正式、重要或紧急电子邮件时还是应该将此栏填写完整，以免被收件人忽略、遗漏。现在有很大一部分电子邮箱在接收上传的附件内容时会自动把附件名称键入主题栏，为发件人省去一些麻烦。

（2）电子邮件体一般由正文和附件两部分组成。

①电子邮件的正文部分与传统信件的主体部分很相似，主要包括称谓、开头应酬语、主体、祝颂语、署名、日期等内容。这部分内容在撰写时应讲求主题的针对性和表述的扼要性。

②附件部分是除主体以外的附加内容，如与正文内容相关的资料、文件、图片、影像资料等。

（二）电子邮件的写作要求

（1）主题概括准确、精炼，富有吸引力。每一封邮件都设有一个主体，提醒收信人重视和阅读。

（2）正文有的放矢、言简意赅，起到及时沟通的作用。

（3）语言精炼直白、真诚坦率，可以采用对话语气，使邮件内容更富有人情味。

（4）内部之间的电子邮件可以结构从简，省略问候语与祝颂词，甚至只保留正文或附件，以提高工作效率。

(三) 注意事项

(1) 首次与别人往来信件或与不熟悉的人沟通时，要使用较为正式、庄重的结构和语气。

(2) 细节方面应多加注意，如字体字号、标点符号、落款日期等方面的内容，给人一种严谨细致的感觉，也方便收件人阅读邮件内容、领悟邮件主题。

(3) 为减少病毒风险，应适时使用杀毒软件或安全防护软件，以免给收发双方带来利益损失。在未征得对方同意的情况下需谨慎添加附件，或对所添加附件做出相应的解释说明。

(4) 收到来信后，无论是否能够及时处理来信待办的事项，都应告知对方已收到邮件，特别是对于企业或公司的公共邮箱，这样做也可以给发信人留下一个好印象。在这一点上，几乎所有的电子邮箱都提供了自动回复功能，可在编辑好回复语后开通此项服务。

(5) 电子邮件头部分的栏目要慎重填写，避免失误。这关系到收件人看到邮件的第一印象，也决定了收件人对邮件的重视程度；更有甚者，如填错了收件人电子邮件地址或抄送地址，则会出现邮件无法送达或送错人的情况。

(6) 如使用电子邮件签名或电子名片等功能，则应提供相对完整的信息以便对方联系，包括公司名称、电话号码、邮编、地址等。

(四) 案例赏析

吕教授道鉴：

时入深秋，天气仍然多变，望先生于繁忙工作中保重贵体。

首先容我自我介绍，敝人胡××，为××院××所研究员，目前承乏所务。兹有一事相恳。××院中国文哲研究所刻正进行新聘作业，拟征聘《经学研究》领域研究人员一名。素仰先生学养闳深，聘审委员会一致推荐，请先生担任应聘人员黄××博士之审查员，敬请惠予考虑。黄博士的研究领域为经学、三礼与儒家思想，代表作为《××学之重要著作与核心议题研究》。审查期限为12月22日之前。

深盼先生应允此项审查工作，以协助本所。祈于2017年11月3日（周五）前回函赐覆。

如蒙惠允，本所当即邮寄升等申请人之著作及相关资料，故请一并赐知寄送地址。

尚此奉恳

敬颂时祺

××中国××研究所　所长

胡××敬上

2017年10月31日

简析：这是一篇非常优秀的电子邮件范文。通过内容我们可以看出这是发件人首次向收件人发送电子邮件，发件人在邮件开头介绍了自己和写出了发文目的，请求收件人帮助自己的事项陈述清楚，语气谦恭、态度诚恳；格式、结构严谨，遣词造句颇有古风。总体来讲，这一篇电子邮件各方面的内容都值得我们学习。

小贴士：

电子邮件是在当今时代承担了更多传统信函角色的一种通讯方式，它在某些方面比打电话、发信息等形式更加正式，也更为大多数人所接受。所以在进行电子邮件写作的时候应更加谨慎认真，不管是遣词造句还是格式内容等方面都要仔细考量。在通讯形式多种多样的今天，如果想给对方留下一个独特的印象，不妨试试电子邮件。

拓展练习

你是一家商务装修公司的员工，有一天，你在一份报纸的广告页面看到了某办公大楼的装修招标启事，你决定给这个办公大楼后勤部发送一封电子邮件。要求在邮件中对自己所在公司的基本情况进行介绍，表明公司的资历与优势，并表达想要参与竞标的意愿。

附录：

中共中央办公厅　国务院办公厅关于印发《党政机关公文处理工作条例》的通知

中办发〔2012〕14号

各省、自治区、直辖市党委和人民政府，中央和国家机关各部委，解放军各总部、各大单位，各人民团体：

《党政机关公文处理工作条例》已经党中央、国务院同意，现印发给你们，请遵照执行。

中央中央办公厅
国务院办公厅
2012年4月16日

党政机关公文处理工作条例

第一章　总则

第一条　为了适应中国共产党机关和国家行政机关（以下简称党政机关）工作需要，推进党政机关公文处理工作科学化、制度化、规范化，制定本条例。

第二条　本条例适用于各级党政机关公文处理工作。

第三条　党政机关公文是党政机关实施领导、履行职能、处理公务的具有特定效力和规范体式的文书，是传达贯彻党和国家方针政策，公布法规和规章，指导、布置和商洽工作，请示和答复问题，报告、通报和交流情况等的重要工具。

第四条　公文处理工作是指公文拟制、办理、管理等一系列相互关联、衔接有序的工作。

第五条　公文处理工作应当坚持实事求是、准确规范、精简高效、安全保密的原则。

第六条　各级党政机关应当高度重视公文处理工作，加强组织领导，强化队伍建设，设立文秘部门或者由专人负责公文处理工作。

第七条　各级党政机关办公厅（室）主管本机关的公文处理工作，并对下级机关的公文处理工作进行业务指导和督促检查。

第二章　公文种类

第八条　公文种类主要有：

（一）决议。适用于会议讨论通过的重大决策事项。

（二）决定。适用于对重要事项作出决策和部署、奖惩有关单位和人员、变更或者撤销下级机关不适当的决定事项。

（三）命令（令）。适用于公布行政法规和规章、宣布施行重大强制性措施、批准授予和晋升衔级、嘉奖有关单位和人员。

（四）公报。适用于公布重要决定或者重大事项。

（五）公告。适用于向国内外宣布重要事项或者法定事项。

（六）通告。适用于在一定范围内公布应当遵守或者周知的事项。

（七）意见。适用于对重要问题提出见解和处理办法。

（八）通知。适用于发布、传达要求下级机关执行和有关单位周知或者执行的事项，批转、转发公文。

（九）通报。适用于表彰先进、批评错误、传达重要精神和告知重要情况。

（十）报告。适用于向上级机关汇报工作、反映情况，回复上级机关的询问。

（十一）请示。适用于向上级机关请求指示、批准。

（十二）批复。适用于答复下级机关请示事项。

（十三）议案。适用于各级人民政府按照法律程序向同级人民代表大会或者人民代表大会常务委员会提请审议事项。

（十四）函。适用于不相隶属机关之间商洽工作、询问和答复问题、请求批准和答复审批事项。

（十五）纪要。适用于记载会议主要情况和议定事项。

第三章 公文格式

第九条 公文一般由份号、密级和保密期限、紧急程度、发文机关标志、发文字号、签发人、标题、主送机关、正文、附件说明、发文机关署名、成文日期、印章、附注、附件、抄送机关、印发机关和印发日期、页码等组成。

（一）份号。公文印制份数的顺序号。涉密公文应当标注份号。

（二）密级和保密期限。公文的秘密等级和保密的期限。涉密公文应当根据涉密程度分别标注"绝密""机密""秘密"和保密期限。

（三）紧急程度。公文送达和办理的时限要求。根据紧急程度，紧急公文应当分别标注"特急""加急"，电报应当分别标注"特提""特急""加急""平急"。

（四）发文机关标志。由发文机关全称或者规范化简称加"文件"二字组成，也可以使用发文机关全称或者规范化简称。联合行文时，发文机关标志可以并用联合发文机关名称，也可以单独用主办机关名称。

（五）发文字号。由发文机关代字、年份、发文顺序号组成。联合行文时，使用主办机关的发文字号。

（六）签发人。上行文应当标注签发人姓名。

（七）标题。由发文机关名称、事由和文种组成。

（八）主送机关。公文的主要受理机关，应当使用机关全称、规范化简称或者同类型机关统称。

（九）正文。公文的主体，用来表述公文的内容。

（十）附件说明。公文附件的顺序号和名称。

（十一）发文机关署名。署发文机关全称或者规范化简称。

（十二）成文日期。署会议通过或者发文机关负责人签发的日期。联合行文时，署最后签发机关负责人签发的日期。

（十三）印章。公文中有发文机关署名的，应当加盖发文机关印章，并与署名机关相符。有特定发文机关标志的普发性公文和电报可以不加盖印章。

（十四）附注。公文印发传达范围等需要说明的事项。

（十五）附件。公文正文的说明、补充或者参考资料。

（十六）抄送机关。除主送机关外需要执行或者知晓公文内容的其他机关，应当使用机关全称、规范化简称或者同类型机关统称。

（十七）印发机关和印发日期。公文的送印机关和送印日期。

第十条 公文的版式按照《党政机关公文格式》国家标准执行。

第十一条 公文使用的汉字、数字、外文字符、计量单位和标点符号等，按照有关国家标准和规定执行。民族自治地方的公文，可以并用汉字和当地通用的少数民族文字。

第十二条 公文用纸幅面采用国际标准 A4 型。特殊形式的公文用纸幅面，根据实际需要确定。

第四章 行文规则

第十三条 行文应当确有必要，讲求实效，注重针对性和可操作性。

第十四条 行文关系根据隶属关系和职权范围确定。一般不得越级行文，特殊情况需要越级行文的，应当同时抄送被越过的机关。

第十五条 向上级机关行文，应当遵循以下规则：

（一）原则上主送一个上级机关，根据需要同时抄送相关上级机关和同级机关，不抄送下级机关。

（二）党委、政府的部门向上级主管部门请示、报告重大事项，应当经本级党委、政府同意或者授权；属于部门职权范围内的事项应当直接报送上级主管部门。

（三）下级机关的请示事项，如需以本机关名义向上级机关请示，应当提出倾向性意见后上报，不得原文转报上级机关。

（四）请示应当一文一事。不得在报告等非请示性公文中夹带请示事项。

（五）除上级机关负责人直接交办事项外，不得以本机关名义向上级机关负责人报送公文，不得以本机关负责人名义向上级机关报送公文。

（六）受双重领导的机关向一个上级机关行文，必要时抄送另一个上级机关。

第十六条 向下级机关行文，应当遵循以下规则：

（一）主送受理机关，根据需要抄送相关机关。重要行文应当同时抄送发文机关的直接上级机关。

（二）党委、政府的办公厅（室）根据本级党委、政府授权，可以向下级党委、政府行文，其他部门和单位不得向下级党委、政府发布指令性公文或者在公文中向下级党委、政府提出指令性要求。需经政府审批的具体事项，经政府同意后可以由政府职能部门行文，文中须注明已经政府同意。

（三）党委、政府的部门在各自职权范围内可以向下级党委、政府的相关部门行文。

（四）涉及多个部门职权范围内的事务，部门之间未协商一致的，不得向下行文；擅自行文的，上级机关应当责令其纠正或者撤销。

（五）上级机关向受双重领导的下级机关行文，必要时抄送该下级机关的另一个上级机关。

第十七条 同级党政机关、党政机关与其他同级机关必要时可以联合行文。属于党委、政府各自职权范围内的工作，不得联合行文。党委、政府的部门依据职权可以相互行文。部门内设机构除办公厅（室）外不得对外正式行文。

第五章 公文拟制

第十八条 公文拟制包括公文的起草、审核、签发等程序。

第十九条 公文起草应当做到：

（一）符合国家法律法规和党的路线方针政策，完整准确体现发文机关意图，并同现行有关公文相衔接。

（二）一切从实际出发，分析问题实事求是，所提政策措施和办法切实可行。

（三）内容简洁，主题突出，观点鲜明，结构严谨，表述准确，文字精炼。

（四）文种正确，格式规范。

（五）深入调查研究，充分进行论证，广泛听取意见。

（六）公文涉及其他地区或者部门职权范围内的事项，起草单位必须征求相关地区或者部门意见，力求达成一致。

（七）机关负责人应当主持、指导重要公文起草工作。

第二十条 公文文稿签发前，应当由发文机关办公厅（室）进行审核。审核的重点是：

（一）行文理由是否充分，行文依据是否准确。

（二）内容是否符合国家法律法规和党的路线方针政策；是否完整准确体现发文机关意图；是否同现行有关公文相衔接；所提政策措施和办法是否切实可行。

（三）涉及有关地区或者部门职权范围内的事项是否经过充分协商并达成一致意见。

（四）文种是否正确，格式是否规范；人名、地名、时间、数字、段落顺序、引文等是否准确；文字、数字、计量单位和标点符号等用法是否规范。

（五）其他内容是否符合公文起草的有关要求。

需要发文机关审议的重要公文文稿，审议前由发文机关办公厅（室）进行初核。

第二十一条 经审核不宜发文的公文文稿，应当退回起草单位并说明理由；符合发文条件但内容需作进一步研究和修改的，由起草单位修改后重新报送。

第二十二条 公文应当经本机关负责人审批签发。重要公文和上行文由机关主要负责人签发。党委、政府的办公厅（室）根据党委、政府授权制发的公文，由受权机关主要负责人签发或者按照有关规定签发。签发人签发公文，应当签署意见、姓名和完整日期；圈阅或者签名的，视为同意。联合发文由所有联署机关的负责人会签。

第六章 公文办理

第二十三条 公文办理包括收文办理、发文办理和整理归档。

第二十四条　收文办理主要程序是：

（一）签收。对收到的公文应当逐件清点，核对无误后签字或者盖章，并注明签收时间。

（二）登记。对公文的主要信息和办理情况应当详细记载。

（三）初审。对收到的公文应当进行初审。初审的重点是：是否应当由本机关办理，是否符合行文规则，文种、格式是否符合要求，涉及其他地区或者部门职权范围内的事项是否已经协商、会签，是否符合公文起草的其他要求。经初审不符合规定的公文，应当及时退回来文单位并说明理由。

（四）承办。阅知性公文应当根据公文内容、要求和工作需要确定范围后分送。批办性公文应当提出拟办意见报本机关负责人批示或者转有关部门办理；需要两个以上部门办理的，应当明确主办部门。紧急公文应当明确办理时限。承办部门对交办的公文应当及时办理，有明确办理时限要求的应当在规定时限内办理完毕。

（五）传阅。根据领导批示和工作需要将公文及时送传阅对象阅知或者批示。办理公文传阅应当随时掌握公文去向，不得漏传、误传、延误。

（六）催办。及时了解掌握公文的办理进展情况，督促承办部门按期办结。紧急公文或者重要公文应当由专人负责催办。

（七）答复。公文的办理结果应当及时答复来文单位，并根据需要告知相关单位。

第二十五条　发文办理主要程序是：

（一）复核。已经发文机关负责人签批的公文，印发前应当对公文的审批手续、内容、文种、格式等进行复核；需作实质性修改的，应当报原签批人复审。

（二）登记。对复核后的公文，应当确定发文字号、分送范围和印制份数并详细记载。

（三）印制。公文印制必须确保质量和时效。涉密公文应当在符合保密要求的场所印制。

（四）核发。公文印制完毕，应当对公文的文字、格式和印刷质量进行检查后分发。

第二十六条　涉密公文应当通过机要交通、邮政机要通信、城市机要文件交换站或者收发件机关机要收发人员进行传递，通过密码电报或者符合国家保密规定的计算机信息系统进行传输。

第二十七条　需要归档的公文及有关材料，应当根据有关档案法律法规以及机关档案管理规定，及时收集齐全、整理归档。两个以上机关联合办理的公文，原件由主办机关归档，相关机关保存复制件。机关负责人兼任其他机关职务的，在履行所兼职务过程中形成的公文，由其兼职机关归档。

第七章　公文管理

第二十八条　各级党政机关应当建立健全本机关公文管理制度，确保管理严格规范，充分发挥公文效用。

第二十九条　党政机关公文由文秘部门或者专人统一管理。设立党委（党组）的县级以上单位应当建立机要保密室和机要阅文室，并按照有关保密规定配备工作人员和必要的安全保密设施设备。

第三十条　公文确定密级前，应当按照拟定的密级先行采取保密措施。确定密级后，应当按照所定密级严格管理。绝密级公文应当由专人管理。公文的密级需要变更或者解除的，由原确定密级的机关或者其上级机关决定。

第三十一条 公文的印发传达范围应当按照发文机关的要求执行；需要变更的，应当经发文机关批准。涉密公文公开发布前应当履行解密程序。公开发布的时间、形式和渠道，由发文机关确定。经批准公开发布的公文，同发文机关正式印发的公文具有同等效力。

第三十二条 复制、汇编机密级、秘密级公文，应当符合有关规定并经本机关负责人批准。绝密级公文一般不得复制、汇编，确有工作需要的，应当经发文机关或者其上级机关批准。复制、汇编的公文视同原件管理。复制件应当加盖复制机关戳记。翻印件应当注明翻印的机关名称、日期。汇编本的密级按照编入公文的最高密级标注。汇编，确有工作需要的，应当经发文机关或者其上级机关批准。复制、汇编的公文视同原件管理。

复制件应当加盖复制机关戳记。翻印件应当注明翻印的机关名称、日期。汇编本的密级按照编入公文的最高密级标注。

第三十三条 公文的撤销和废止，由发文机关、上级机关或者权力机关根据职权范围和有关法律法规决定。公文被撤销的，视为自始无效；公文被废止的，视为自废止之日起失效。

第三十四条 涉密公文应当按照发文机关的要求和有关规定进行清退或者销毁。

第三十五条 不具备归档和保存价值的公文，经批准后可以销毁。销毁涉密公文必须严格按照有关规定履行审批登记手续，确保不丢失、不漏销。个人不得私自销毁、留存涉密公文。

第三十六条 机关合并时，全部公文应当随之合并管理；机关撤销时，需要归档的公文经整理后按照有关规定移交档案管理部门。

工作人员离岗离职时，所在机关应当督促其将暂存、借用的公文按照有关规定移交、清退。

第三十七条 新设立的机关应当向本级党委、政府的办公厅（室）提出发文立户申请。经审查符合条件的，列为发文单位，机关合并或者撤销时，相应进行调整。

第八章 附 则

第三十八条 党政机关公文含电子公文。电子公文处理工作的具体办法另行制定。

第三十九条 法规、规章方面的公文，依照有关规定处理。外事方面的公文，依照外事主管部门的有关规定处理。

第四十条 其他机关和单位的公文处理工作，可以参照本条例执行。

第四十一条 本条例由中共中央办公厅、国务院办公厅负责解释。

第四十二条 本条例自 2012 年 7 月 1 日起施行。1996 年 5 月 3 日中共中央办公厅发布的《中国共产党机关公文处理条例》和 2000 年 8 月 24 日国务院发布的《国家行政机关公文处理办法》停止执行。